# 青少年这样学习最有效

QINGSHAONIANZHEYANGXUEXIZUIYOUXIAO

苏成栋◇编著

贵州民族出版社

**图书在版编目（CIP）数据**

青少年这样学习最有效／苏成栋编著. —贵阳：贵州民族出版社，2013.4
ISBN 978 – 7 – 5412 – 2026 – 5

Ⅰ. ①青…　Ⅱ. ①苏…　Ⅲ. ①青少年 – 学习方法
Ⅳ. ①G442

中国版本图书馆 CIP 数据核字（2013）第 083064 号

青少年这样学习最有效

苏成栋　编著

出版发行　贵州民族出版社
地　　址　贵阳市中华北路 289 号
印　　刷　北京建泰印刷有限公司
经　　销　新华书店
开　　本　690mm×960mm　1/16
印　　张　18
字　　数　300 千字
版　　次　2013 年 5 月第 1 版
印　　次　2013 年 5 月第 1 次印刷
书　　号　ISBN 978 – 7 – 5412 – 2026 – 5
定　　价　35.80 元

# 目　录

# 第一章　青少年知识的学习

在学校教育中，知识是青少年学习的最基本内容，通过知识的学习，青少年获得了为自身的生存和发展所必需的各种经验，并在这一过程中逐渐形成了各种态度和能力。

## 第一节　知识的概述

### 一、知识及其涵义

从本质上说，知识是人对事物属性与联系的能动反映，是通过人与客观事物的相互作用而形成的。即个体通过与环境相互作用后获得的信息及其组织。人在与外界相互作用的现实活动中，获得来自客体的各种信息，用一定的方式对这些信息进行加工和组织，形成对事物的理解，从而形成知识。知识不同于数据和信息。数据是客观世界的、相对零散的事实，是信息的重要组成部分。信息由一条条合乎语法、语义的消息组成，信息给知识的建构提供了必要的材料。所以知识从某种程度上说，是经过主观建构的信息，个人在加工信息、获得知识的过程中加入了自己的某些观点和解释。信息本身是客观的、可以共享的，而知识却带有主观色彩，是以前学习的结果，并影响以后的学习。知识一方面存储在个体的头脑中，成为个体知识或主观知识，同时又可以通过文字符号等表述出来，传播开来，成为公共知识或客观知识，而人可以通过学习和交往活动，借助于公共知识来发展自己的个体知识。一般认为，知识是人们对实践经验或实践活动的认知成果，具有一定的稳定性和明确性，特别在教育领域中，各门学科所涉及的基本是该学科中较为确定、接近共识的内容，是人类积累下来的较为可靠的经验体系。但是，这些知识并不是完全正确、不可质疑的定论，正如亚里士多德的经典命题随着伽利略在斜塔上丢落的小球而被否定；作为科学之典范的牛顿力学也在爱因斯坦的相对论面前露出自己的缺陷，知识总在不断进化和更新，人总在试图对世界作出更准确、更完整、更深刻的理解和解释。因此，在学校教育中，我们不应把知识作为事先已经断定了的结论教给青少年，不要用知识的"权威"去

"压服"青少年，而应该把知识当成是一种看法，一种解释，让青少年去理解，去分析，去鉴别。在不可超越、无可挑剔的"权威"面前，青少年就不可能有展现自主性和创造性的空间。

知识是人对行为进行定向和调节的基础，是个体适应环境的重要因素。知识具有三个方面的功能：①辨别功能，人可以根据有关知识对感受到的事物进行辨认和归类，从而对它们不再感到陌生。②预期功能，在具备了相应的知识时，人就可以通过推论对事物形成一定的预期，推知事物会是怎样的，它会怎样发展变化等。③调节功能，个体总在以自己的知识为基础来确定活动的程序，并对活动的实施过程进行监控和调节。

知识不简单等同于能力，但知识是能力发展的重要基础。能力是更稳定的心理特性，对人的活动有更普遍、更一致的调节作用，而能力的发展依赖于知识的获得，它是知识、技能进一步概括化和系统化而形成的高度整合性的心理结构，是个体通过对知识、技能的广泛迁移应用而实现的。因此，在强调全面培养青少年素质的今天，如何使青少年形成深层的、灵活的、有用的知识，如何提高知识获得的效果和效率，应该作为教学活动的中心课题。

## 二、知识的分类

人们对知识的不同理解还体现在对知识的分类上，研究者从不同的角度划分了不同的类别。人类的知识本身复杂多样，了解知识的分类，有利于我们理解和区分不同知识的特点。

### （一）陈述性知识和程序性知识

陈述性知识也叫描述性知识，是个人能用言语进行直接陈述的知识。这类知识主要用来回答事物是什么、为什么和怎么样的问题，可用来区别和辨别事物。目前学校教学传授的主要是这类知识。

程序性知识也叫操作性知识，是个体难以清楚陈述、只能借助于某种作业形式间接推测其存在的知识。它主要用来解决做什么和怎么做的问题。如怎样进行推理、决策或者解决某类问题等。陈述性知识容易被人意识到，而且人能够明确地用词汇或者其他符号将其系统表述出来。程序性知识是与一定的问题相联系的，在一定的问题情境面前，它会被激活，而后被执行，这一过程几乎是自动进行的，不需要太多的意识。程序性知识的学习一般可以分为三个阶段。第一阶段是习得阶段，在此阶段程序性知识与陈述性知识的学习相同，也就是说程序性知识在习得阶段是陈述性知识；第二阶段是巩固与转化阶段，即通过应用规则的变式练习，使规则的陈述性形式向程序性形式转化；第三个阶段是提取与应用，即程序性的最高阶段，规则完全支配人的行为，智慧技能达到相对自动化。

程序性知识包括心智技能和认知策略两个种类。心智技能是运用概念和规则对外办事的程序性知识，主要用来加工外在的信息。认知策略是运用概念和规则对内调控的程序性知识，主要用来调节和控制自己的加工活动。

陈述性知识和程序性知识在实际的学习和问题解决活动中是相互联系的。在实际活动中，陈述性知识常常可以为执行某个实际操作程序提供必要的信息。反过来，程序性知识的掌握也会促进陈述性知识的深化。例如乘法交换律就是一个陈述性知识，青少年学会之后利用它解题的步骤就涉及程序性知识。另外，陈述性知识还常常是创造的基础，专家对问题的灵活解决常常与他的丰富的经验有关。在学习中，陈述性知识常常是学习程序性知识的基础。比如，儿童先背诵乘法口诀，然后学习乘法计算，而且在计算时还要边读口诀边计算。另外，掌握记笔记、阅读等程序性的知识对学习陈述性知识也具有很重要的意义。

这里所说的知识是一种广义的知识，它已不仅单单是对各种事物的了解，而且包含了运用知识解决问题的技能。其次，陈述性知识和程序性知识不是对客观知识的划分，而是对人的头脑内的个体知识的分类，同样是学习一个知识点，学习者既可以形成关于它的陈述性知识，也可以形成关于它的程序性知识，例如，中青少年学习摩擦力的知识，他们可以了解哪些因素在影响摩擦力的大小，如表面的光滑程度、接触面的大小等，这就成为学习者的陈述性知识。在此基础上，学习者还可以用这种知识来解决实际问题，例如，自行车为了省力，学习者便可以从这些影响摩擦力的因素上来分析这个问题，这就是关于它的程序性知识。因此，我们一般不能说课本里的某个知识点属于陈述性知识还是程序性知识，它是针对学习的结果而言的，是对个体头脑中的知识状态的分类，而不是对课本中的知识的划分。程序性知识是在陈述性知识的基础上进一步发展起来的，个体把陈述性知识与具体的任务目标联系起来，从而去解决某个问题，在解决问题的过程中，个体把陈述性知识转化成程序性知识的过程称为知识编辑。

青少年的学习常常从陈述性知识的获得开始，而后进一步加工消化，成为可以灵活、熟练应用的程序性知识。当然，程序性知识并不都是高级的，比如拿杯子喝水就很简单。他们的学习过程有所不同，陈述性知识的学习要经历理解符号代表的意义，建立符号与事物之间的等值关系；对事实进行归类，掌握同类事物的关键特征；理解概念与事实之间的关系等一系列的步骤。而程序性知识的学习在此基础上，还主要包括两个相互联系的部分：①模式识别，即将输入的刺激（模式）信息与长时记忆中的有关信息进行匹配，从而辨认出该刺激属于什么范畴的过程。和陈述性知识的学习一样，一般通过概括和区分的方法来完成，做到准确把握产生式的条件项；②动作序列是指顺利执行、完成一项活动的一系列操作序列，对动作进行排序。这个部分的重点是形成清晰的产生式，并对产生式进行综合。总之不管是模式识别还是动作序列，都需要接触大量的练习和反馈，从而达到熟悉和自动化。

### （二）显性知识和隐性知识

显性知识是指用"书面文字、图表和数学表述的知识"，通常是用言语等人为方式，通过表述来实现的，所以又称为"言明的知识"（明确知识）。

隐性知识是指尚未被言语或其他形式表述的知识，是"尚未言明的"或者"难以言传的"知识。例如，我们能够从成千上万甚至上百万张脸中认出某一个人的脸，但是在通常的情况下，我们却说不出是怎样认出这张脸的。教学中这种现象也广为存在，每次的学习方法交流会中，青少年提出的方法大同小异，但是效果却大不相同。这便是"我们知晓的比我们能说出的多"。隐性知识具有以下特征：

1. 默会性。不能通过语言、文字、图表或符号明确表述，隐性知识一般很难进行明确表述与逻辑说明，它是人类非语言智力活动的结果。这是隐性知识最本质的特性。

2. 个体性。隐性知识是存在于个人头脑中的，它的主要载体是个人，它不能通过正规的形式（学校教育、大众媒体等形式）进行传递，因为隐性知识的拥有者和使用者都很难清晰表达。但是隐性知识并不是不能传递的，只不过它的传递方式特殊一些，例如通过"师传徒授"的方式进行。另外，这里需要区别"个体性"与"主观性"。波兰尼认为，和主观心理状态局限于一己的、私人的感受不同，个体知识是认识者以高度的责任心，带着普遍的意图，在接触外部实在的基础上获得的认识成果。可见，个体的不同于主观的，关键在于前者包含了一个普遍的、外在的维度。

3. 非理性。显性知识是通过人们的"逻辑推理"过程获得的，因此它能够理性地进行反思，而隐性知识是通过人们身体的感官或者直觉、领悟获得的，因此不是经过逻辑推理获得。由于隐性知识的非理性特征，所以人们不能对它进行理性地批判。

4. 情境性。隐性知识总是与特定的情景紧密相联系的，它总是依托特定情境中存在的，是对特定的任务和情境的整体把握。这也是隐性知识的很重要的特征。

5. 文化性。隐性知识比显性知识更具有强烈的文化特征，与一定文化传统中人们所分析那个的概念、符号、知识体系分不开，或者说，处于不同文化传统中的人们往往分享了不同的隐性知识"体系"，包括隐性的自然知识"体系"，也包括隐性的社会和人文知识"体系"。

6. 偶然性。隐性知识比较偶然、比较随意，很难捕捉，所以获取的时候就比显性知识要困难。

7. 相对性。这里的相对性有两层含义：一是隐性知识在一定条件下可以转化为显性知识，显性知识通过内化和综合化也能成为隐性知识。内化指将新创造的显性知识转换成个人的隐性知识，在这个过程中，需要个人对新的显性知识与原有知识进行匹配结合。综合化涉及将显性知识加以综合，转换成更复杂的显性知识。传播某一方面的知识、编辑和系统化这类知识，是这个转换模式的关键。这样在知识外化过程中生产出新知识。培训和练习则是表达显性知识的重要途径。二是相对于一个人来说是隐性知识，但是同时对另一个人来说可能已经是显性知识，反之亦然。显性知识与隐性知识的存在是相对而言的，只是由于显性知识的特点，人们更容易识别它。过去由于把现行知识当成是知识的全部，没有突出它的"显性"特征，因此隐性知识也没有得到足够的重视，尚处于"缄默"的状态。但是两者之间却能够进行相互的转化。有人研究建立了一个知识转换的矩阵，就说明了两种知识转化的途径。通过社会化共享个人的隐性知识，分享别人的经历和经验，理解别人的思想和感情。通过外化把隐性知识用其他人能够理解的方式表达出来，特别是自然的交谈，是知识外化的有效途径。

8. 稳定性。与显性知识相比，隐性知识与观念、信仰等一样，不易受环境的影响改变；它较少受年龄影响，不易消退遗忘；也就意味着个体一旦拥有某种隐性知识就难以对其进行改造。这意味着隐性知识的建构需要在潜移默化中进行。

9. 整体性。尽管隐性知识往往显得缺乏逻辑结构，然而，它是个体内部认知整合的结果，是完整、和谐、统一的主体人格的有机组成部分，对个体在环境中的行为起着主要的决定作用，其本身也是整体统一，不可分割的。

从某种程度上说，对学习者而言，隐性知识比显性知识更重要。隐性知识的开发利用方式已经成为一个重要的研究课题。教学同样是这样一个储存着大量隐性知识的专业，每一个教师的教学和教育经验中都聚集着更丰富的知识和才能。

### 三、知识建构的基本机制

知识的学习是一个非常复杂的问题，人们对这一问题从不同角度做出了实质性解释，并根据他们的理论解释提出了相应的学习过程模式。根据图式理论，知识的获得经过图式的积累、调整和重构三种方式。积累指在原有的图式内积累新的事实和知识，从而引起图式的发展，这时，新经验与原来的图式是一致的，只要把新经验吸收到原来的图式里面就行了。调整指为了更准确地适应新的实际情况，已有图式常常需要做一些小的调整，包括推广或限制它的适用范围，确定其优劣之处等。重构指打破原来的图式，创建新的图式，这是图式的质变。有人提出，知识的掌握经历了领会、巩固和应用三个阶段，因此直观、概括化及具体化等认知动作与识记及保持等记忆动作是实现这三个环节的核心。斯皮罗等人提出知识获得经历初级学习和高级学习两个阶段，因此理解和应用是实现这两个环节的重点。

但是，知识的获得不是一次性完成的，知识的获得与知识的应用也不是绝对依次进行的。知识往往是在应用的过程中被获得、理解、深化和整合的。但为了叙述方便，知识的学习可以分为知识的生成与理解，知识的整合与深化，知识的应用与迁移三个阶段。所有阶段的知识学习都遵循知识的双向建构的过程，从建构观点看，个体获得知识的过程不单是知识从外到内的传送转移过程，不是学习者原封不动地接受、占有知识，而是学习者建构自己知识的过程，这种建构活动是通过新信息与原有知识经验之间双向、反复的相互作用而完成的。

首先，在知识建构过程中，学习者需要以原有知识经验为基础来同化新知识。对新信息的理解总是依赖于学习者原有的知识经验，学习者必须在新信息与原有知识经验之间建立适当的联系，才能获得新信息的意义。比如，在学习"三角形"时，儿童要将这一名词（符号）与他们看到过的各种不同形状的三角形物体联系起来，在学习"直角三角形"时，学习者需要联系自己有关"直角"和"三角形"的知识以及生活中的一些实际经验，离开了与这些知识经验之间的联系，这些名词就成了没有意义的符号。像这样，学习者通过将新知识与原有知识经验联系起来，从而获得新知识的意义，把它纳入已有认知结构的过程，就叫做新知识的同化。同化过程涉及感知、判断、推理、记忆等一系列复杂的认知活动。一旦学习者在新知识与原有观念之间建立了逻辑的联系，他就可以利用相关的背景知识对信息做出进一步的推论和预期。比如，只要学习者能将"定滑轮"与"杠杆"联系起来，即知道定滑轮实质上是一种等臂杠杆，那他就可以把有关杠杆力臂的知识推论到"定滑轮"上，知道它并不能省力。这样，通过积极地在新旧知识之间建立联系，将原有知识经验投射到新情境中，学习者就可以"超越所给的信息"，进一步生成更丰富的理解。因此，知识的同化过程实际上是一个不断建立联系、作出推论的过程，学习者正是通过这种联系和推论活动将外在信息转化成"自己的"知识。与此同时，随着新知识的同化，原有知识经验会因为新知识的纳入而发生一定的调整或改组，这就是知识的顺应。当新观念与原有知识之间可以融洽相处时，新观念的进入可以丰富、充实原有知识。比如在学习了"力"的概念后，学习者又学习"重力"、"摩擦力"等，把它们作为"力"的下位概念同化到原有知识结构当中，这就可以丰富青少年对"力"的具体理解。有时，新观念与原有知识之间有一定的偏差，这时，新观念的进入会使原有观念发生轻微的调整。比如上面提到的例子，定滑轮实质上是一种等臂杠杆，在把"定滑轮"作为"杠杆"的一种特例同化到认知结构当中时，学习者对"杠杆"的理解会发生一些变化，杠杆不一定是细长的，它也可以是一个圆轮子。更有甚者，有时新观念会与原有观念之间完全对立，比如青少年学习地球的形状，这会与他们的日常经验相冲突，这时，学习者需要转变原有的错误观念，原有观念会发生更为明显的顺应。同化意味着学习者联系、利用原有知识来获取新观念，它体现了知识发展的连续性和累积性。顺应则意味着新旧知识之间的磨合、协调，它体现了知识发展的对立性和改造性。通过同化理解新知识的意义是原有知识发生顺应的基础，而真正的同化也常常离不开顺应的发生，因为只有转变了原有的错误观念，解决了新旧知识之间的冲突，新观念才能与原有知识体系协调起来，从而真正一体化。知识建构一方面表现为新知识进入，同时又表现为原有知识的调整改变，同化和顺应作为知识建构的基本机制，是相互依存、不可分割的两个侧面。

综上所述，知识的建构是通过新旧知识之间充分的、双向的相互作用而实现的。在获得新知识时，学习者需要充分调动有关的知识经验，分析、组织当前的新信息，生成对信息的理解、解释。同时，学习者要反省新知识和旧知识的一致性，鉴别、评判它们的合理性。

### 四、知识学习的类型

### （一）活动性学习

即通过个体与客体的相互作用，通过活动实现的知识经验的增长。学习者以现有的知识经验为基础，带着一定的目的和对外界的预期，对现实的事物（客体）展开实际的观察、操作和实验等，直接获得关于客体的信息，同时在头脑中不断进行分析、判断、综合、推理、概括等，并对自己的活动过程及结果进行反思抽象，从而建构起关于客体及活动的知识经验。这是个体经验获得的最原始、最直接的途径。

活动性学习作为知识经验最直接、最自然的来源，它具有很多优越性。①内部动机：它融于个体的活动中，在有意识的情况下，它常常起源于人在活动中所遇到的障碍和麻烦，起源于个体原有知识经验无法解释、解决的疑惑和问题，因而个体会自愿对活动付出大量的心理努力，而问题的解决、疑惑的解除又会使个体体验到由衷的喜悦，获得内在的激励，所以，这种学习常常自然伴随着情感和动机的唤起，容易引起学习者的关注。②具体性：这种学习从具体经验开始，具有具体性和情境性，可以对问题的条件、背景及其相关因素形成更丰富的理解，形成丰富的个人体验，在具体应用的范围里，它有强大的生命力。③自我监控：活动性学习是通过人对自己的活动进行反思和抽象而实现的，在活动之前，个体会基于现有的经验来理解当前的情境，对活动的过程进行安排，并预期活动的结果（即所要达到的目的），在活动过程中，个体要看自己做得怎样，然后再对活动过程及其结果进行反思、分析，特别是看实际结果是不是像自己所预期的那样，自己原来的观念是否正确，是否需要调整，它不仅包含了新经验的获得，而且包含了对知识经验的合理性的评价、分析及调整。活动性学习更可能引发高水平的自我监控。

### （二）观察性学习

即个体通过对其他人与客体的相互作用（即活动）过程的观察而实现的知识经验增长。个体不仅可以从自己的活动中获得知识经验，而且可以通过对他人活动过程及其结果的观察和分析，来丰富或改造自己的经验。比如，学习者看到同伴按照某种方式连接电路，结果灯泡却没有亮，那他就可以分析、推测这种电路的错误在哪里，这会影响到他对电路的理解。观察性学习不仅可以指社会规范的获得，也可以是一般知识经验的形成。班杜拉等人提出并研究了"观察学习"，指出观察学习不仅是对具体行为的简单模仿，还可以是从他人的行为中获得一定的行为规则和原理（即抽象性观察学习），或者把各种示范行为的不同特征组合成新的行为（即创造性观察学习）。但这里的"观察性学习"又与班杜拉的"观察学习"的概念有所不同，这里的观察性学习仅指对活动的榜样行为的观察，而不包括对符号性榜样的观察。另外，班杜拉用信息的接收、保持以及复制与再现来解释观察学习的过程，而实际上观察并不是信息的单向的接收，观察者是以自己的经验为基础去理解被观察者的活动的，包括理解活动的背景、活动的目标（用意）、对客体的操纵以及这种操纵的结果等，不同的观察者会从这一过程中获得不同的信息，形成不同的理解。三个人同样看一个高明的小偷的偷窃过程，其中一个人学到的可能是偷窃技术，而另一个人却主要在思考如何防盗，而第三个人（一个心理学家）可能是在从他的表现中分析偷盗者的心理。可见，观察的过程也是一个建构的过程，是主、客体相互作用的过程，是所观察到的信息与原有经验的相互作用过程。

### （三）符号性学习

符号性学习不仅指对单个符号或一组符号本身的学习，更主要的是指个体在通过语言符号与他人进行交流的过程中实现的知识经验增长。个体通过语言（口语的或书面的）等符号与别人进行交流，在此过程中来理解其他人通过各种途径建构起来的知识经验，其中包括人类世代积累下来的文化、知识体系。这可以是学习的一种操作方法、对某种现象的解释，也可以是学习一条规范。这是人类特有的高级的学习活动，人类文化之所以得以继承和发扬光大，主要依赖于符号性学习。符号性学习的主要内容是词汇学习，但是符号不限于语言符号，也包括非语言符号（如实物、图像、图表、图形等）。符号学习还包括事实性知识的学习。如历史课中历史事件和历史人物的学习，地理课中地形地貌和地理位置的学习，均属于事实性知识的学习。

符号性学习的优势。①概括性：它有可能超越具体情境的限制，从而形成对事物或现象的更一般的概括，掌握基本的原理，特别是它可以帮助我们认识那些无法用感官直接感受的事物，如物质的微观结构；②系统性：借助语言符号，学习者可以系统地学习各种学科的知识，把握其知识体系；③高效性：它有可能大大缩短个体知识获得的过程，而不必花费大量时间去探索。正因为这些优越之处，符号性学习才得以在教学中居于显赫地位。但是，正如以上所说，它的这些优势只是一种可能，是潜在的、有条件的，这个条件就是学习者自己的建构活动，不注意这一条件的限制，符号性学习最有教条化、简单化和形式化的危险。

杜威早就对这种危险做过精辟的阐述。首先，用符号来代表意义有个前提，这就是学习者要有与之相关的实际经验，否则文字就无法理解，只是对知识有了字面的了解，只是具有重复警句、时髦名词、熟知命题的能力，就沾沾自喜，自以为富有学问，从而把心智涂上一层油漆的外衣，使得思想再也无法进入，这比真正的无知更危险；其次，人们由于懒惰而接受流行的观念，而不做调查和验证，从而以在语言中体现出来的别人的观念代替了自己的观念，阻碍了新的探究和发现；再次，如果只是要求青少年背诵知识，套用公式，这会使他们养成机械的学习态度，而且以文字代替了对事物意义的探究。

### （四）机械学习

机械学习是指青少年不理解学习材料的意义，死记硬背式的学习。其特点是，青少年以听代思，机械模仿，不求甚解，唯师唯书，所得到的是一堆孤立的知识。这是一种没有内化、没有"活性"、不能迁移、不能应用的学习，青少年从中既得不到智力上的开发，更感受不到精神上的愉快。

机械学习的机制实质上是各种联结的形成，这种学习对新旧知识仅局限于形成文字符号的表面联系，青少年不理解文字符号的实质。机械学习的产生主要是学习材料本身无内在逻辑意义（如外语单词、历史年代、门牌号码等），或青少年缺乏有意义学习的心向，即青少年缺乏积极主动地把符号所代表的新知识与自己认知结构中原有的适当知识加以联系的倾向性；青少年认知结构中不具备能够与新知识进行联系的适当知识。

### （五）有意义学习

有意义学习的实质就是理解的学习，是个体获得对人类有意义材料的心理意义的过程，也是青少年在头脑中将所获得的知识形成一个有机系统的过程。有意义的学习过程就是符号所代表的新知识与学习者认知结构中已有的适当观念建立非人为的和实质性的联系。智慧的发展就是新知识不断纳入认知图式（同化）、认知图式不断重建（顺应）以适应环境的过程。其实，这种新旧知识之间建立非人为的和实质性的联系就是经由同化和顺应过程来实现的；而且当这种新旧知识之间的联系积累达到一定的程度，将其组成网络状的知识体系时，就出现了知识的整合操作。尽管新信息的来源可能不同，但学习都是一个建构过程，都是通过新旧经验之间的相互作用而实现的，在这种相互作用中存在着两种相反的作用方式：同化和顺应。同化意味着学习者将新知识嫁接到原有的认知结构之中，以原有经验为背景去理解新知识、新信息，生成意义，将它们同化到已经构成的结构（先天的或习得的）之中。同时，学习者的同化性的结构又会受到它所同化的元素的影响而发生一定的改变，即顺应。没有同化就不存在认知结构的连续性，也就不可能有认知结构对新情境发生的顺应，但同时，同化又不只是单纯记录新信息，认知结构总是表现出一种积极的顺应，没有顺应也就没有同化。同化和顺应的有机统一就是知识建构的具体机制。

在活动性学习中，个体用既有的经验来指导当前的活动，解决所遇到的问题，并预测活动的结果，即个体以原有经验来同化新的情境，与此同时，这种经验又依照实际展开的活动及其结果而被充实、调整和改造，即顺应于新情境。这样，同化和顺应的统一问题在活动及其结果中便可以自然地得以实现。然而在符号性学习中，同化和顺应的统一就不太容易实现。此时，学习者面对的是他人总结出来的，用语言等符号表征的知识经验，学习就在于获得这些知识经验，我们常常只是关注新知识如何被同化，即怎样理解，又怎样记忆和应用，而把同化和顺应这两者割裂开，并在一定程度上轻视了后者。

同化决不是机械记忆，死记硬背，但也不简单是理解性记忆，它不仅意味着青少年"知道"某种知识，而且意味着"相信"它，相信这一说法的合理性，感到它与自己的经验体系是一致的，并且在活动中是有效的，从而使新知识真正与已有的知识经验一体化，成为（即建构成为）自己的经验。这不仅需要利用青少年头脑中与新知识一致的知识经验，作为同化新知识的固定点，而且还要看到青少年已有的与当前知识不一致的知识经验，看到新旧经验之间的冲突，并对新旧经验作出调整，解决这种冲突，这样才能使青少年感到它的合理性（因为合理与否总是依据我们的经验预期而判断的）。可见，学习不仅是新知识意义的获得，而且意味着看到它的合理性、有效性；学习不仅是新知识经验的获得，同时还意味着既有知识经验的调整和改造。顺应要以同化为前提，而真正的同化同时需要顺应的发生，离开顺应的一面，新知识的同化是很难最终完成的。同化和顺应的统一是知识建构的具体机制。

在以符号性学习为主线的教学中，同化与顺应的割裂是导致教学活动机械被动的重要原因，因为在忽视了顺应的教学中，学习仅仅意味着理解和记忆当前的知识，为了得到更好的成绩，青少年只是一味地把知识当成定论去理解和背诵，而不用自己的知识经验去分析和鉴别，这便很难把新旧知识经验整合起来，而只能形成一些粗浅的、机械的、零散的知识。只有从同化与顺应相统一的角度来理解学习，才能深入揭示学习的积极主动性和创造性。

综上所述，知识的建构是通过新旧知识之间充分的、双向的相互作用而实现的。在获得新知识时，学习者需要充分调动有关的知识经验，分析、组织当前的新信息，生成对信息的理解、解释。同时，学习者要反省新知识和旧知识的一致性，鉴别、评判它们的合理性。

1. 同化。当新旧知识经验相一致，可以融洽相处时，新观念的进入可以丰富和充实原有知识。比如在学习了"鸟"的概念后，再学习"麻雀"和"鸵鸟"等，就可以丰富青少年对"鸟"的理解。这种新旧知识之间的联系就叫做同化。在同化过程中，青少年需要以原有知识经验为基础来理解新知识，新信息必须与原有知识经验之间建立适当的联系，新信息才能获得意义。

比如，在学习"鸟"这一概念时，青少年必须将这一名词与他们看到过的各种类型的鸟联系起来；在学习"鸟"的定义时，青少年必须联系自己有关"卵生"、"羽毛"和"脊椎动物"的知识以及生活中的一些实际经验。如果个体既没有这些相关的知识，又缺乏相应的直接经验，这些名词就成了没有意义或意义混乱的符号，有意义学习就不能产生。

2. 顺应。当新观念与原有知识经验存在一定的偏差、对立甚至冲突时，原有的知识经验会因为新知识的纳入而发生相应的调整或改组，这就是知识的顺应。例如，在小学高年级科学课上，教师在讲授"鸟"的概念时，会发现有的青少年宁可把蜜蜂、蝴蝶说成是鸟，却不同意鸭和鸡属于鸟类。这是因为青少年在接受"鸟"的科学概念之前，已经在日常生活中形成了"鸟就是会飞的动物"的概念，他们用这个想当然的标准去衡量"鸟"和"非鸟"。当青少年接受"鸟是卵生、身上长羽毛的脊椎动物"的科学概念之后，以前在日常生活中形成的鸟的概念就被修订或取代，认知活动发生明显的顺应。

同化意味着青少年联系和利用原有知识来获得新观念，使原有知识得到丰富和充实。顺应则意味着新旧知识之间的整合与协调，使原有知识得到更新与改造。在学习中，青少年遇到已有经验无法解释的新现象、新观点时，让他们充分意识和体验到其中的不一致，体验到一种冲突感——认知冲突，非常必要。认知冲突产生时，人们往往不愿忍受认知冲突给自己带来的压力，所以会试图调整新旧经验，以建立新的平衡。认知冲突有助于青少年产生积极的认知活动。只有在这种积极的认知活动中，青少年才能更有效地获取和建构知识。

3. 整合。知识的整合是有意义学习的重要机制。在知识积累到一定程度后，会出现知识的整合，即知识的系统化，就是把有联系的知识组合起来形成一个网状的结构。知识整合的过程，就是青少年在先前知识学习的基础上，发现各知识之间的联系并概括出本质或规律的过程，也是以该本质或规律为中心环节，把其他零散的知识按层次形成体系的过程。知识的整合有助于青少年不仅能认识事物的外部特征，而且能理解其内在规律，能把握知识之间的联系。

## （六）概念学习

概念学习指掌握概念的一般意义，实质上是掌握同类事物的共同的关键特征和本质属性。它是意义学习的较高级形式。如"鸟"有"前肢为翼"和"无齿有喙"这样两个共同的关键特征。如果掌握了这两个关键特征，就掌握了这个概念的一般意义，这就是概念学习。

### （七）命题学习

意义学习的第三种类型是命题学习，即指学习由若干概念组成的句子的复合意义，也即学习若干概念之间的关系。不论表示特征关系的命题或是表示一般关系的命题，它们都是由单词联系组成的句子代表的，所以命题学习中也包含了符号学习。由于构成命题的单词一般代表概念，所以命题学习实质上是学习若干概念之间的关系。因此命题学习必须以符号学习和概念学习为基础，这是一种更加复杂的学习。

### （八）类属学习

类属学习是一种把新的观念归属于认知结构中原有观念的某一部位，并使之相互联系的过程。类属学习包括两种形式：①派生类属学习。指新观念是认知结构中原有观念的特例或例证，新知识只是旧知识的派生物。通过派生类属，不仅可使新概念或命题获得意义，而且可使原有概念或命题得到充实或证实；②相关类属。当新学习的知识从属于原有认知结构中的某一观念，但并非完全包含于原有观念之中，并且也不能完全由原有观念所代表，二者仅是一种相互关联的从属关系时，便产生相关类属学习。此时，新知识需对原有的认知结构做部分调整或重新组合，是原有观念的扩充、深化、限定或精确化的产物。例如，青少年原来认为"教学心理"就是研究知识掌握和技能形成的，现在要让青少年认识到"认知策略的学习"也是教学心理研究的内容之一，就是相关类属学习。

### （九）总括学习

总括学习即通过综合归纳获得意义的学习。当认知结构中已经形成某些概括程度较低的观念，在这些原有观念的基础上学习一个概括和包容程度更高的概念或命题时，便产生总括学习。

### （十）并列结合学习

当新知识与学习者认知结构中的已有观念既不是类属关系，也不是总括关系，而是并列关系时，便产生并列结合学习。例如，学习质量与能量、热与体积、遗传结构与变异、需求与价格等概念之间的关系就属于并列结合学习。假定质量与能量、热与体积、遗传结构与变异为已知的关系，现在要学习需求与价格的关系，这个新学习的关系虽不能归属于原有的关系之中，也不能概括原有的关系，但它们之间仍然具有某些共同的关键特征，如后一变量随着前一变量的变化而变化等。根据这种共同特征，新关系与已知关系并列结合，新关系就具有了意义。一般而言，并列结合学习比较困难，必须认真比较新旧知识的联系与区别才能掌握。

### 五、知识学习的作用

知识是人对客观现实认识的结果，反映客观事物的属性与联系、关系。知识历来是学校教育的重要内容。知识学习是增长经验、形成技能、发展创造力的重要前提。

#### （一）知识的学习和掌握是学校教学的主要任务之一

学校教师通过有计划、有组织、有目的地向青少年传授人类长期积累的宝贵知识经验，有助于青少年的成长，有助于青少年更好地适应现代社会的生活。

#### （二）知识的学习和掌握是青少年各种技能形成和能力发展的重要基础

心智技能作为通过学习而形成的合法则的活动方式，其掌握是以知识的学习为前提的，即心智技能包含有程序性知识的成分，心智技能的掌握需结合知识的学习才能有效实现。许多研究表明，知识掌握水平越高，越有助于心智技能形成。

#### （三）知识学习是创造性产生的必要前提

创造态度和创造能力是个体创造性的两个主要标志，通过知识的学习，个体体验着前人的创造成果，这对于创造态度的获得起到了积极作用。同时，缺乏知识的头脑是不可能有创造性的，创造性不会从无知识的头脑中产生。脱离知识的学习而空谈创造性的开发，是不可能有什么结果的。

#### （四）知识的学习和掌握是青少年的态度和品德形成的因素之一

在品德和态度的结构中，一个重要因素即是首先认知。首先认知是指一个人行为中是非、好坏、善恶及其意义的认识。这一认知成分是青少年态度和品德形成的基础，在一定程度上决定着品德形成的方向、内容和速度。如果不能正确掌握相应的道德知识，就会缺乏正确的观念的指导，容易产生盲目行动。因此，要形成态度和品德，首先要使青少年真正正确地认识、了解有关的价值观念和行为规范等。

# 第二节　知识的表征

知识的表征指知识在头脑中的表示形式和组织结构。陈述性知识的表征，是指知识在头脑中的储存方式，即信息在长时记忆中是如何编码的。程序性知识是以产生式和产生式系统来表征的。知识是通过个体与信息甚至是整个情境相互作用而获得的，个体一旦获得知识，就会在头脑中用某种形式和方式来代表其意义，把它储存起来。不同类型的知识在头脑中以不同方式表征，例如，陈述性知识以概念、命题、命题网络、表象或图式表征，而程序性知识主要以产生式表征，有时也可能以图式表征。

## 一、陈述性知识的表征

### （一）概　念

概念代表着事物的基本属性和基本特征，是一种简单的表征形式。比如"眼镜"就包含了这样一些特征：有两个圆镜片，有两条眼镜腿，用来矫正近视等等。特征本身又分为直觉特征（如颜色）、功能特征（如用于凿洞）、关系特征（如表弟是某人的姨的孩子）等。不同概念在头脑中是互相联系的，又具有一定层次关系，因此它们就构成了概念层次网络组织。

### （二）命题和命题网络

命题是从逻辑学和语言学中借用来的一个概念，指表达判断的语言形式，用于表述一个事实或描述一个状态。它是由系词把主词和宾词联系而成的。系词一般由动词、副词和形容词表达，表明一定的关系。主词和宾词一般由名词和代词表达，代表某种概念。命题是知识的最小单元，它一般由一个简单的句子来表达，但不等于句子，命题总是传达一定的信息，表达一定的含义。例如，"这是一本故事书。"这里"这"是主词，"是"是系词，"一本故事书"是宾词。这些词通过一定的组合表达某种意义，并成为人们传递知识信息，以及在头脑中进行加工、储存的单位。因此，知识的掌握从根本上说就是命题的学习。

命题通常由一个关系和一个以上的论题组成，关系限制论题。例如在"电脑坏了"这一命题中，"电脑"是命题谈及的话题，即论题，而"坏了"则是这一命题的关系，对我们所知道的有关电脑的全部情况作了限制，使得我们只注意到电脑坏了这一论题，而不关注有关电脑的其他情况。虽然一个命题只能有一个关系，但其中所包含的论题却可以不止一个。例如，在"小明读书"这一命题中，命题的关系仅有一个，即"读"，但涉及的论题有两个，即"小明"和"书"，"读"则对这两个论题作了限制，它说明在"小明"和"书"之间发生的情况是"读"而不是其他。

一个命题的形式与句子相似，但不能将它与句子等同起来。一个命题可能是一个完整的句子，但也可能是一个短语。同样，句子可以是一个命题，也可以包含多个命题。而多个命题则借助共同成分，即共同主题来形成命题网络。句子代表着交流观念的方式，而命题代表着观念本身，个体使用命题（句子的意思）而不是句子（确切的词语）将观念储存在头脑中的。

如果两个命题中具有共同成分，通过这种共同成分可以把若干命题彼此联系组成命题网络，或称为语义网络。它表现为较为复杂的句子或由多个句子围绕一定的意义组成的段落。如，"我向同学借了一本很有趣的故事书。"这里的复合句往往可以分解为多个简单的句子或命题。这些简单的命题通过其共同的成分彼此相连形成较为复杂的命题网络，用来表达较为复杂的知识信息。

命题网络是一种具有层次性的结构。例如"麻雀"与其他"鸟"所共同的特征（"有翅膀"、"能飞"、"有羽毛"）储存在上位"鸟"概念中，而不是与"麻雀"或其他任何一种"鸟"一起储存。"麻雀"水平虽不储存"鸟"的那些特征，但有连线与之相通，仍可得到"鸟"的特征。由于上位概念的特征只出现一次，无须在其他所有的下位概念中再储存，这样的分级表征可以大大节省储存空间，体现出"认知经济"原则，因而学习成效可以大为提高。命题和命题网络是陈述性知识的主要表征方式。

一些研究表明信息并非总是有层次的，概念使层次组的观点也发生了一定的变化。例如老虎在动物概念的层次结构中更接近哺乳动物而不是兽，但是人们一般却倾向于把老虎看作兽，而不是哺乳动物。熟悉的信息可能既储存在它的概念中，又储存在最概括的水平上。如果一个经常喂鱼吃东西的人，就可能会把"吃东西"和"动物"储存在一起，又和"鱼类"储存在一起。这样的结构并没有动摇命题是有组织的、相互联系的核心思想，虽然有些知识可能是按照层次结构来存储的，但还是有些信息可能没有按照系统的方式来组织。

## （三）表　象

虽然个体常以命题的形式来处理或保存自己所知道的知识，但在另一些情况下，也经常会采用表象这种非言语的形式来处理或保存知识。与命题建立在事物抽象意义的基础上，不必保留对象的知觉信息不同，表象建立在对事物知觉的基础上，保留了事物的知觉特征。从实用角度，当需要对陈述性知识所描述的物体的连续性加以表征时，"表象"显得比命题更为经济有效。

表象是人们头脑中形成的与现实世界的情境相类似的心理图像，是对事物的物理特征做出连续保留的一种知识形式，是人们保存情景信息与形象信息的一种重要方式。当我们形成表象时，总是试图回忆起或者重新建构信息的自然属性和空间结构。例如，判断"大象比狮子大"时，我们可能不加思索地说对，但是回顾做出判断的过程，你就会发现，这个短短的时间里，头脑中也出现了大象和狮子的模样，并在头脑中将这两个表象进行了比较，好像看到了这两个动物一样。因此，命题是一种断续的、抽象的表征，而表象是一种连续的、模拟的表征，它特别适合在工作记忆中对空间信息和视觉信息进行某种经济的表征。表象有如下特征：

1. 直观性。表象是在知觉的基础上产生的，构成表象的材料均来自过去知觉过的内容。因此表象是直观的感性反映。但表象又与知觉不同，它只是知觉的概略再现。与知觉比较，表象有下列特点：①表象不如知觉完整，不能反映客体的详尽特征，它甚至是残缺的、片断的；②表象不如知觉稳定，是变换的，流动的；③表象不如知觉鲜明，是比较模糊的、暗淡的，它反映的仅是客体的大体轮廓和一些主要特征。然而在某些条件下，表象也可以呈现知觉的细节，它的基本特征是直觉性。例如，在儿童中可发生一种"遗觉象"现象。向儿童呈现一张内容复杂的画片，几十秒钟后把画片移开，使其目光投向一灰色屏幕上，他就会"看见"同样一张清晰的图画。这些儿童根据当时产生的映像可准确地描述图片中的细节，同时他们也清楚地觉得画片并不在眼前。

在表象的分类上，反映某一具体客体的形象，称为个别表象或单一表象，上述遗觉象就属于个别表象。反映关于一类对象共同的特征称为一般表象。一般表象更具上述与知觉相区别的那些特点。

2. 概括性。一般来说，表象是多次知觉概括的结果，它有感知的原型，却不限于某个原型。因此表象具有概括性，是对某一类对象的表面感性形象的概括性反映，这种概括常常表征为对象的轮廓而不是细节。

表象的概括性有一定的限度，对于复杂的事物和关系，表象是难以囊括的。例如，上述产生遗觉象的图片，如果是表呈一个故事的片断，那么，关于整个故事的前因后果，人物关系相互作用的来龙去脉，则不可能在表象中完整地呈现，各个关于故事的表象不过是表达故事片断的例证，要表达故事情节和含义，则要靠语言描述中所运用的概念和命题。对连环画的理解是靠语言把一页页画面连贯起来，漫画的深层含义也是由词的概括来显示的。

因此，表象是感知与思维之间的一种过渡反映形式，是二者之间的中介反映阶段。作为反映形式，表象既接近知觉，又高于知觉，因为它可以离开具体对象而产生；表象既具有概括性，又低于词的概括水平，它为词的思维提供感性材料。从个体心理发展来看，表象的发生处于知觉和思维之间。

3. 表象在多种感觉上发生。表象可以是各种感觉的映象，有视觉的、听觉的以及嗅、味觉和触、动觉的表象等等。

表象在一般人中均会发生，但也可因人而异。由于视觉的重要性，大多数人都有比较鲜明的和经常发生的视觉表象。很多事例说明，科学家和艺术家通过视觉的形象思维能完成富有创造性的工作，甚至在数学、物理学研究中都相当有效。

视觉表象也给美术家、作家带来创造力。艺术家往往具有视觉表象的优势。

声音表象对言语听觉和音乐听觉智能的形成起重要作用，运动表象对各种动作和运动技能的形成极为重要；而对于某些乐器的操作，例如钢琴以及提琴等弦乐器，则既需要听觉表象，又需要动觉表象的优势。

## （四）图 式

1. 图式概述。前述的命题和表象均只涉及单个的观念，心理学家提出"图式"这一术语，用来组合概念、命题和表象，图式表征了人类对某个主题的知识具有的综合性质。比如，教师在头脑中都有关于教室的图式，与它相关的信息有教师、青少年、黑板、课桌、讲台等，记住这样的图式，我们可以预想到整个教室的布置，可以预想到上课时的情境。

一般认为，图式是指有组织的知识结构，是对范畴的规律性做出编码的一种形式。这些规律性既可以是知觉的，也可以是命题性的。图式是关于某个主题的一个知识单元，它包括与某主题相关的一套相互联系的基本概念，构成了感知、理解外界信息的框架结构。这样，图式就并不仅仅是命题表征的扩展，因为命题并不对知觉的规律性做出编码，它只是表征事物的抽象含义，而图式则表征了特殊事物间的共同点。这种相同点既可以是抽象命题水平的，也可以是知觉性质的。例如，在"树"这一个图式中，既包含了树是水土保持卫士的抽象特征，也包含了树的高度和形状等知觉特征。

一个图式中包括一些空位，也可以说是一些维度，每个空位的不同取值就说明了事物在这个维度上的不同特征，表明了它在这一维度上所属的类别。比如，一种树，我们还没有见过，但基于"树"的图式，我们可以想到以下问题：从树的外形来说，它会是乔木还是灌木；从生长季节上来说，它会是落叶的还是四季常青的；从叶子来看，是阔叶的还是针叶的等等。图式中这些空位构成了我们理解新信息的基础和参照框架，有助于形成对事件的预期，产生有关这一事物的疑问，从而引发对信息的探寻活动。

2. 图式的基本特征。

（1）图式中含有变量。如上课的人数可能不一样，上课的内容也会发生一些变化。但这些变化不会影响图式的形式。

（2）图式可按层次组织起来，并可嵌入其他图式当中。例如，上课的图式可被嵌入整个教学图式中。

（3）图式有助于推理。例如，如果我们对"鸟"这一图式有较深刻的理解。我们便能很快推论出"燕子也属于鸟类"。

3. 图式的类型。

（1）物体图式是指一些客观存在的实体范畴图式。这既包括自然界本身就具有的，如动物、植物等范畴；也包括社会文化所造成的人为范畴，如汽车、飞机等。

（2）事件图式是指对多次与我们发生联系的典型活动及其顺序的表征。如对三角形全等的一般证法，通常是先找出要求哪两个三角形全等，然后再看要证全等尚缺哪些条件，接着是找出这些条件，最后得出证明。

（3）文本图式是指对各种文本的一般规律的表征，如要表征一则新闻，需要注意的是"时间"、"地点"、"人物"、"经过"等。例如故事的六要素：时间、人物、事件、起因、经过、结果就是一种故事语法。理解故事时，我们选择合适的图式，再据此决定哪些细节更重要，选择记忆哪些信息。图式起到指导我们理解文本的目的。

因此，图式的形成与改变，其关键在于新旧表征形式发生冲突，而青少年可能采取的行动有：忽视、容忍或解决。为了更好地帮助青少年重建图式，需要重视原有图式在头脑中的表征。原有图式表征越深，他的知识联结也越丰富，既可能对新图式产生促进作用，也可能形成阻碍作用。所以，对于新图式的形成，有时不是一蹴而就的事情，而是需要较长时间的训练。

4. 线性排序。线性排序是不同于命题与表象的又一种陈述性知识的表征形式。这种表征结构是对一些元素所作的线性次序的编码。例如在第 29 届北京奥运会上，金牌总数第一的国家是中国，第二美国。如果别人问你，在那次奥运会上，美国与中国哪个国家获得金牌总数更多你会很快回答出"中国"。这是因为你在头脑中已对它们作了线性排序，在需要时能很快提取出来。这种情形就是所谓对一组元素按某一特征所作的先后次序上的编码。

**二、程序性知识的表征与分类**

**（一）程序性知识的表征**

程序性知识是知道如何行动的知识，其在头脑中的表征是通过产生式来完成。一个产生式就是一个"如果…那么…"规则。当"如果"得到满足，"那么"就得以执行。

### （二）产生式

1. 产生式含义。产生式是指在指定的条件满足时就采取指定的行动。在做出这些决策时，我们通常需要先确定当时的情境和条件，然后采取相应的行动。它具有自动激活的特点，一旦存在、满足了特定的条件，相应的行动就会发生。产生式包含了"如果某种条件满足，那么就执行某种动作"的知识，它表明了所要进行的活动以及发生这种活动的条件。

2. 产生式构成要素。一个是条件成分，另一个是行动成分，它们连接起来表现为"如果……，那么……"的句式或模式。

（1）一个产生式可以有多个条件和多个行动。

（2）条件与行动既可以是外部的，也可以是内部的，我们很强调内部的条件和行动。

（3）条件和行动既可以是个人的，也可以是公共的。我们很强调个人设定的条件和个人决定的行动。

（4）产生式的条件部分总归是有目标的，反映行动者的目的、意欲、期望等，否则一个人的行动就会难以系统完成所需解决的任务。因此我们在表达产生式的时候往往可以省略对目标的表达，但是这绝不意味着某个产生式是没有目标的，相反，我们应该实质性地把行动的目标看作为产生式的第一条件，可以专称为"目标条件"，其他条件可以称为"事态条件"。

3. 建立一个产生式的过程。

（1）如果一项行动的事态条件是公共的，那么只要记住它们就行了。这在我们追求行动本身的恰当性、行动结局的有效性，而不是强调实质意思的等价变换或推演的时候尤其是这样。

（2）如果一项行动的条件是个人的，那么只需自己设定就行了。虽然自行设定的条件不一定都是妥当的，却说明一个人能够或善于针对自己的实际情况来确立自己的行动准则，这从心理上来说，是比单纯的"记住"更好的。

上面讲的是单个的产生式，它通常刻画一个很小的、很简单的行为，这样的行为在实际生活中往往是应对实际问题的一组复杂行动里的一个片断。但是一个产生式的结果可以作为另一个产生式的条件，从而引发其他的行动，这样，众多的产生式联系在一起，就构成了复杂的产生式系统。表现为前一个产生式中表述行动的部分与后一个产生式中表述条件的部分相重叠。如此类推，我们就可以形成排列起来会显得很长、看起来有多个分支的复杂的产生式系统。

产生式系统虽然可以用来表达做"例行公事"之类的情况，但是它的更重要的价值在于为我们如何解决新问题提出了表征的方式。所以我们鼓励教师要善于形成解决新问题的产生式系统，更鼓励教师培养青少年善于形成解决新问题的产生式系统的能力。

4. 产生式系统。由于一个产生式只能表征一小块知识，当需要执行一个大的程序时，它就需要许许多多相关的产生式，在目标等级的控制下，构成一个产生式系统。产生式系统通过许多子目标，控制产生式的流向。产生式系统的这种监控式表明，它并不需要一个外在的监督系统，它的监控蕴藏于运行之中。

（1）产生式系统不但可以用来处理例行事务，而且可以用来解决有困难的新问题。

（2）在解决有困难的新问题时，包含在产生式系统里的行动既可以是有形的、外部的，表现为我们通常说的"实践"、"实际做"，也可以是无形的、内部的，主要有3种表现：①确立子目标；②获得认识或形成命题；③决定行动。

（3）产生式系统的运作体现了认识指导行动。

（4）如果认识指导行动是有效的，那就切实改变了现状，即做成了事情。

（5）如果一个产生式系统是有效的，那就可以套用于同类的情况，于是这个原来解决新问题的产生式系统将转变成解决"例行事务"的产生式系统，并且可以进一步简化为单个产生式。

产生式还是程序性知识的主要表征方式。程序性知识在获得之初是以命题网络的形式表征，在变式练习的条件下，就转化为产生式的表征方式。一旦条件满足，行为自动激活。这就解释了熟练技能自动执行的心理机制。

**（三）程序性知识的类型**

程序性知识的划分可以依据两个维度。第一个维度是按照知识与领域相关程度来划分，分为特殊领域的程序性知识与一般领域的程序性知识：前者仅适用于特殊领域之内，如某一几何题的解答。第二个维度是根据程序性知识执行的自动化程度来划分，分为自动化程序性知识和有意识的程序性知识。值得注意的是，这两种维度的划分是相对的，而不是绝对的。例如，特殊领域的程序性知识可以是自动化的，也可以是有意识控制的。

# 第三节　知识的理解

知识建构是通过新旧知识之间的同化和顺应而实现的。学习者学习知识的最终目的是为了更好地理解世界，灵活地适应世界，这就是说，知识的学习不只在于能够背诵多少概念、原理，更主要的是看所获得的知识的质量，看它能否灵活地被迁移运用到各种相关的情境中。为了达到这一目标，学习者需要对知识形成深层的、灵活的理解，而不只是字面的、表层的、僵化的理解。青少年掌握知识主要是占有前人积累的认识成果，变前人的知识为自己的知识的认识过程。而理解是青少年掌握知识的核心，是知识得以保持、实现迁移与应用的关键。为理解而学习，这是当今学习和教学理论的一条重要信念。

### 一、知识的理解类型与过程

关于理解的广义的概念认为凡是揭露事物本质的过程都叫理解。这是个体逐步认识事物的联系、关系、本质、规律的一种思维活动。

关于理解的狭义的概念认为利用已有的知识去认识新事物、或把某个具体的事物纳入相应的概念和法则中去才称作理解。由于人们对知识做出不同的分类，因此知识的理解也可以按照相应的知识分类而分类。例如，知识的理解可以分为陈述性知识理解和程序性知识理解；或者分为符号理解、概念理解和命题理解。知识的学习也可以按照学习方式分为知识的接受学习、知识的发现学习与知识的支架式学习。

一般所说的知识的理解主要指青少年运用已有的经验、知识去认识事物的种种联系、关系，直至认识其本质、规律的一种逐步深入的思维活动。它是青少年掌握知识过程的中心环节。青少年了解一个词的含意，明确一个科学概念，学习一个定理、定律、公式，掌握法则的因果关系，把握课文的段落大意及全文的中心思想都属于理解。无论是初步地、不完全地或比较完全地认识教材的联系、关系，认识其本质和规律，只要不限于单纯地通过感知觉或记忆的直接认识，而是通过思维活动的都可称为理解。

理解是掌握知识的重要环节。实验研究和教学经验都证明，理解在青少年学习过程中有重要作用。在学习的初级阶段中，对事物必须有直接的感知，但是"感觉到了的东西，我们不能立刻理解它，只有理解了的东西才能更深刻地感觉它。"有些知识需要记忆，而在理解的基础上进行，记忆的效果就高。如不理解即使记住了某些公式、定理、定律，用处也不大。理解与迁移、应用的关系也很密切，不理解就难以应用和迁移，只有理解的知识才有可能迁移和应用。因此，理解在学习知识中具有重要的作用。

理解有不同的水平，最初是初级水平的理解（又叫知觉水平的理解），这是对客观事物进行"是什么"的揭示。比如青少年学习关于"力"的知识，最初对力的认识不可能完全达到揭露其本质、规律的程度。他们起先认识力和力所作用的物体的质量的联系，只知力有大小。这是在对映象特征进行分析、综合的基础上，进行辨认、识别，确定名称的过程。文字、符号、词语的学习主要是达到这种理解。其次是中级水平的理解。这是揭露客观事物的"为什么"的问题，揭示客观事物的本质、客观事物之间的联系。比如，"力"不但有大小，还有方向、着力点等，力是事物之间的相互作用。改变物体运动状态的作用才是力。力有三大要素，即力的大小、方向和作用点。概念、原理、法则的学习，必须达到这种水平的理解，以掌握同类事物、同类现象的共同的、关键的特征。最后是高级水平的理解。这是个体在揭示客观事物"为什么"的基础上，进一步实现类化、具体化、系统化，把有关事物归入已获得的概念中去的过程。如对力的理解与力的运动、力的速度的关系联系起来，从而建立或调整认知结构。这是实现知识的迁移、知识的应用及创造性解决问题的基础。

知识的学习要通过理解。由于学习的对象及其特点不同，理解可以分为①对言语的理解；②对事物意义的理解；③对事物类属性质的理解；④对因果关系的理解；⑤对逻辑关系的理解；⑥对事物内部构成、组织的理解。

生成学习理论认为，学习是学习者生成信息的意义的过程，这一过程是通过原有认知结构及相关知识经验与从环境中接受到的感觉信息的相互作用而实现的。在这种相互作用过程中，学习者主动地选择信息和注意信息，主动地建构信息的意义。

## 二、知识理解的影响因素

### （一）客观因素

理解是新信息与原有知识经验相互作用的过程，学习材料的内容和表现形式会影响理解的过程和结果。

1. 学习材料的内容。

第一，学习材料的意义性会影响学习者的理解。有意义的学习材料应该逻辑地、清晰地表达某种观念意义，具有激活学习者相关知识经验的可能性。那些无意义的音节或乱码是难以导致理解活动的。

第二，学习材料内容的具体程度也会影响到学习者的理解。相对来说，具体材料中包含了更多具体的、形象的、与生活经验更为贴近的信息，比如自然课中的"水"、"植物的花"、"植物的根"等，这些内容更容易在青少年的经验背景中引起共鸣，从而形成丰富的联系。抽象的内容往往是对具体内容的提炼、概括，只保留了其中的关键信息，概括了事物的一般特征或规律，因而远离了学习者的具体经验，比如"化学键"、"分子式"等，对这样的学习材料，学习者需要用更多的意识努力，去分析、思考这些内容，更主动地去生成与原有知识经验的联系，缩短这些抽象内容与原有经验背景之间的差距。

第三，学习材料的相对复杂性和难度也影响到学习者的理解。一般来说，涉及因素较少、概念之间关系比较直接的知识较易于为青少年接受和理解，当一个知识中所揭示的关系超越了青少年现有的知识基础和认知发展水平时，学习者将会产生认知负荷超载，导致学习困难。

丰富有关的经验和感性材料为了促进青少年概念的形成，帮助其理解，必须丰富青少年的有关经验和感性材料。有人发现概念的形成与有关经验的丰富程度是相关的。前苏联心理学家鲁宾斯坦说："任何思维，不论它是多么抽象的和多么理论的，都是从分析经验材料开始的，而不可能是从任何其他东西开始的。然而直观的、感性的要素只是抽象思维的出发点，思维从这个出发点出发，而后离开它，摆脱它。"在教学上提供感性材料所采用的直观形式有实物直观、模象直观和言语直观。

2. 学习材料的形式。学习材料在表达形式上的直观性也会影响到学习者的理解。同样的内容，往往既可以用较抽象的方式来呈现，也可以用直观的方式来表现。

直观的方式包括：①实物，即对实物的直接观察；②模型，即用模拟的形象来描述、表现一种事物，让青少年看到无法或难以直接观察的东西。比如地球仪、分子结构模型、流程图等。③言语，形象的言语也可以使事物的信息丰富起来，生动起来，从而让青少年有活灵活现、身临其境之感，比如鲁迅笔下的孔乙己。这些直观方式可以为抽象内容提供具体感性信息的支持，但直观并不局限于感知水平，它也可以为更高级的认知活动提供支持，比如对实物特征的比较、分析、归纳，对模型结构中各种关系的辨别，对现象的实验操作、分析，等等，其中都包含了高水平的思维活动。不要为直观而直观，"在处理所有的事物时都渗透着推理……只教授事物而没有思维，只有感官知觉而没有与之相关的判断，这是最不符合自然本性的"。当所教的内容较为复杂时，多媒体计算机技术则会起到很好的教学辅助作用。多媒体技术可以用形象、直观的形式把一种动态的过程（如生物课中的生长、发育）；各种复杂的变化（如各种生物、物理、化学变化，立体几何中的图形旋转等）；关系（如数学中的比例、大小等）；结构（如化学中的物质结构等）等所有这些用言语难以描述清楚的内容很好地表现出来，这对青少年的理解是非常有帮助的。

3. 教师言语的提示和指导。教师在教学的不同阶段的言语提示对青少年的学习有直接的影响。在教学的开始阶段，教师用言语可以为青少年创设一个问题情境，激发起青少年探索和求知的欲望；在具体讲述某一知识以前，教师通过课堂提问可以唤起青少年对已有有关经验的回忆；在向青少年陈述和解释知识的过程中，教师的言语提示可以帮助青少年正确建立起知识中所包含的各概念之间以及新学知识和青少年的已有知识之间的内在的联系，并使青少年从中获得所学知识的具体意义。在教学中，教师言语的作用不应仅仅局限于对某一具体知识的描述和解释，重要的是用言语引导青少年进行主动的建构。

**（二）主观因素**

理解作为新信息与原有知识经验的相互作用过程，它的生成依赖于学习者积极主动的加工活动，这样看来，理解的效果会受到以下因素的影响。

1. 原有的知识经验背景。

（1）知识经验背景的广泛含义。学习者对新信息的理解会受到原有知识经验背景的制约，这种知识经验背景有着广泛的含义。

第一，它既包括学习新知识所需要的直接的基础性知识（准备性知识），也包括相关领域的知识以及更一般的经验背景。比如，学习者解决数学问题的经验很可能会影响到他对物理问题的解决，学习者的生活经验以及语文知识都会影响到他们对数学应用题的学习。

第二，这种知识背景不仅包括学习者在学校学习的正规知识，也包括他们的日常直觉经验。比如，儿童在生活中形成的关于多少、相等的观念是他们学习数学的重要基础，青少年对水、动植物以及各种机械的观察经验会直接影响到他们对自然科学的学习。

第三，这种知识背景不仅包括与新知识相一致的、相容的知识经验，而且也包括与新知识相冲突的经验。与新知识相一致、相容的知识经验可以帮助学习者理解新知识，这就是奥苏伯尔所说的可以作为新知识的固着点的先前知识。而那些与当前科学知识相违背的错误观念则会使学习者难以真正理解新知识，感到它不可思议。

第四，这种知识背景不仅包括具体领域的知识，而且还涉及学习者的基本信念，这主要包括：①本体论信念：即他们关于世界及其运行方式的假定，比如万事万物都是有规律可循的吗？事物的性质是确定的还是偶然的？时间和空间是绝对的吗？这些形而上学的信念会影响到学习者对科学知识的理解。②认识论信念：这主要是指学习者对知识、对学习的看法。比如，知识是静态的还是动态的，知识是一堆零散的事实材料还是一个相互联系；的体系学习是对这些知识的接受和记忆吗？等等，这种知识观和学习观会影响到他们对知识的加工理解方式以及学习的效果。

第五，这种知识背景既包括直接以现实的表征方式存在于长时记忆中的知识经验，也包括一些潜在的观念。对于有些问题学习者还从未接触过，但一旦面对这种问题时，他们便可以自己的知识经验为背景，依靠自己的推理和判断能力，形成自己的假设和解释。这并不都是胡乱地猜测，它们常常是从其经验背景中得出的具有一定合理性的推论。这种潜在的背景知识同样也会对新知识的理解产生影响。

综上所述，学习者的原有知识背景会影响到新知识的理解，而这种知识背景有着丰富而广泛的含义，它包括来源不同的，以不同的表征方式存在的知识经验，是一个动态的、整合的认知结构。

（2）认知结构的特征。

第一，认知结构中有没有适当的，可以与新知识挂起钩来的观念。这种原有的适当观念对新知识起固定作用，故称这种观念为固着观念。青少年是否具有起固定作用的观念，对学习是否有意义起重要作用。认知结构中最好有一些具有更高概括水平的相关观念，可以作为固定点将新知识同化到认知结构中。例如，在学习者具有了"力"的基本概念之后，他就可以更好地理解"浮力"的特征和规律。如果认知结构中没有可以同化新知识的观念，学习者就往往难以对新知识形成明晰的、稳定的理解。在奥苏伯尔看来，对教材进行机械学习的主要原因之一，就是在青少年还没有具备固着观念之前，就要求他们学习新内容。由于青少年认知结构中还没有可以同新教材建立联系的有关观念，因而使得教材也失去了潜在意义。

第二，新学习材料与原有观念之间的可辨别性，亦即这些观念与新观念之间区别的程度如何。要防止新旧观念的混淆，使新观念能够作为独立的实体保持下来。人在理解活动中有简化的趋势，当新学习内容与原有观念有些相似而又不完全相同时，由于它们之间的可辨别性、可分离性比较差，新知识便常常被理解（还原）为原有观念，或者学习者意识到新旧知识之间有些差别，但又无法说明它们的差别在哪儿，这时，学习者便难以对新知识形成清晰的理解，而且难以形成稳定、持久的记忆，很容易被遗忘。为了提高新旧知识之间的可辨别性，教师可以通过对比的方法，明确它们之间的不同之处，比如"匀变速直线运动"与以前学习过的"匀速直线运动"的不同，"加速度"与"速度"的差别，等等。

第三，认知结构中起固定点作用的观念是否稳定、清晰。这将既影响到为新教材提供的固定点的强度，也影响青少年能否对新旧观念做出区别。例如，对关于基督教的知识掌握得比较好的青少年在学习佛教的知识时会理解得更好。所以，在教学中，在学习一种观念之前，有时要先通过复习的方法来使原有知识清晰起来，稳定起来。有意义学习理论强调，在新知识的学习中，认知结构中的原有的适当观念起决定作用。

2. 青少年的能力水平。

（1）青少年的认知发展水平。知识的学习还会受到自身认知发展水平的制约。青少年能否理解一个事实和一种特定的关系和其自身的认知发展水平有直接的关系。两类事物或现象可以构成各种各样的关系，如类属关系、交叉关系、并列关系、因果关系等等。青少年对这些关系的认识能力是渐进发展的，一般来说，青少年对知识的理解水平是和其认知水平同步的，低年级青少年的思维对事物的形象和表象有很大的依赖性，而不能借助各种抽象的符号来进行心理操作，因此，他们往往只能理解两类事物或现象之间的一些直接的、初步的关系，只有当青少年的抽象逻辑思维发展到一定水平后，他们才能真正理解一些较为复杂的、抽象的原理。

（2）青少年的语言能力。知识尤其是抽象知识是用语言来表述的，有时青少年语言能力的缺失往往会制约其对某些知识的理解。在教育实践中我们经常会看到，由于学习兴趣和其他因素的影响，有些青少年中存在着明显的偏科现象，有的青少年有数学天赋，数学能力发展较好，但不太重视语文知识的学习，到了高年级后，随着所学内容难度的不断加大，数学学习对一些基本的语文知识的依赖性不断增大，这些语文基础较差的青少年由于不能正确理解一些数学原理的表述和数学问题的情境而直接影响了对数学的学习。

3. 主动理解的意识与方法。新信息与原有知识经验之间的相互作用是通过学习者积极的认知加工活动而实现的，学习者需要有主动理解的意识和建构理解的有效方法。

（1）主动理解的意识倾向。思维是由问题开始的，在教学中要激发青少年的思维活动和学习的主动积极性，让青少年用自己的思考来寻求了解，发现要点，获得知识。知识的掌握是要通过一系列的认识活动来实现的，因此，学习的积极主动性是知识理解的一个重要前提条件。教学经验表明，当青少年对所学的知识有兴趣，意识到其重要性，并进入一种积极进取、高度聚精会神的状态，对所学材料进行深入分析、加工时，知识的理解效果最好。因此，在教学中教师应注意启发青少年学习的自觉性，从而调动起学习的积极性。许多教师和青少年都认为，青少年听了、记下了教师所讲的概念、规则和方法策略，看到了书中写的内容，便可以自然而然地理解这些内容了，理解性的学习便自然而然地发生了。这种关于学习的观念会严重阻碍理解性学习的实现，学习者常常一遍一遍地看，一遍一遍地练，但却无法真正理解所学的内容，或者只是获得了一点儿字面的理解。其实，理解并不是随着这些新信息的进入而轻易地实现的，它需要学习者主动去生成知识经验间的联系。如果青少年能主动地生成知识间的联系，他将会形成更深、更好的理解。

为了促进理解的生成，必须改变青少年对学习活动的认识，改变他们对自己在学习活动中的作用的认识，即从记录、背诵教师所给的知识改变为通过把所学知识与原有知识及真实生活经验联系起来而进行生成性学习。要让青少年知道理解性的学习不是自动发生的，理解的程度取决于青少年在学习中的思考活动以及他们对自己的学习过程的意识和控制。为了生成自己的理解，学习者需要努力建立两类联系：①当前学习内容的各个部分之间的联系（比如词、句、段以及更大的单元）；②当前学习内容与原有的知识、信念或经验之间的联系，学习者必须带着"主动联系"的准备去学习，有意识地把自己的注意力集中在知识间的联系上，去思考、推断知识的真正含义。

（2）主动理解的策略和方法。带着积极主动的倾向，学习者会积极地进行有意义的生成活动，在此过程中，学习者需要使用一些促进理解的有效方法。

为了促使青少年把当前内容的不同部分联系起来，教学中可以采用如下策略：①加题目：为了给一篇文章加题目，学习者需要把不同的内容综合起来，加以提炼。加什么题目，这并没有标准答案，但要抓住中心，醒目而富有想象和创意。②列小标题：为了给一个或几个段落写小标题，学习者需要综合这一部分的意思，这不仅可以用于语文教学，也可以用于其他社会学科和自然学科的教学。③提问题：针对当前的内容，提出自己想弄明白的问题，这很需要青少年对内容进行综合和分析。提问题也可以用于多种学科。④说明目的：说明作者写这些内容的目的，这需要青少年综合这段内容，结合前后文内容做出分析和推测。⑤总结或摘要：为全部内容写一份总结，或者更精要地概括它的中心意思，要尽量用自己的话来表达，而不是摘抄、罗列书上的原话，东拼西凑。要把内容的要点提炼出来，说清楚、说完整。这种方法可以用于语文、历史、地理、物理等学科的教学。⑥画关系图或列表：用画图或列表的方法概括、整理这段内容的要点，表现它们之间的关系，分析、比较相关概念的异同。

为了帮助青少年把当前的学习内容与原有的知识、经验联系起来，教师可以采用以下策略：①举例：从原有经验中找到适当的例子，来解释说明当前的内容。②类比与比喻：用自己熟悉的事物来比喻、类比新学习的知识，比如用"水流"来类比"电流"。③证明：以原有知识、经验为基础来论证当前的概念、原理，为它们提供理由和证据。④复述：不是重复课本中的原话，而是用自己的话来表达所学知识的意思。⑤解释：用有关的知识经验来解释新学的知识，说明自己的具体理解。⑥推论：从这一知识出发，可以进一步推知什么。⑦应用：应用所学的知识来解决相关的问题，特别是与实际生活密切相关的实际问题，以及需要综合运用多种知识的综合性问题。

# 第四节　知识的保持

保持是指新意义的可利用性维持，保持的反面是遗忘，遗忘则指的意义可利用性的下降。在人们利用头脑中已有的知识同化了新知识，使其得到理解，并在认知结构的适当位置固定下来之后，接下来的就是如何使这些获得的知识在记忆系统中保持和储存的问题。知识的保存在学习过程中起十分重要的作用。最近的研究表明，遗忘的程度不像我们最初所设想的那样严重，帮助青少年与遗忘作斗争，加强保持是完全可能的。

## 一、记忆系统及其特点

### （一）瞬时记忆

瞬时记忆（感觉记忆）是指客观刺激停止作用后，感觉信息在一个极短的时间内保存下来的记忆。瞬时记忆（感觉记忆）是记忆系统的开始阶段，储存时间大约为0.25秒～2秒。信息储存的方式具有鲜明的形象性，它完全保持输入刺激的原样，而且有一个相当大的容量。如果这些感觉信息受到特别注意，就会进入短时记忆；如果刺激极为强烈深刻，也可能一次性印入长时记忆系统。而那些没有受到注意的信息，则会很快变弱而消失。

### （二）短时记忆

短时记忆是感觉记忆和长时记忆的中间阶段，保持时间大约为5秒～2分钟。短时记忆的信息既有来自感觉记忆的，也有来自长时记忆的，它一般包括两个成分：①直接记忆，即输入的信息没有经过进一步加工。其容量相当有限，大约为$7 \pm 2$个组块。如果信息得到及时复述，则可能转入长时记忆系统而被长久保存；反之则会很快消失；②工作记忆，指长时记忆中存贮的、正在使用的信息，是将储存在长时记忆中的信息提取出来解决当前问题的过程。在工作记忆中，来自环境的信息与来自长时记忆的信息发生了意义上的相互联系，从而使人们能够进行学习和做出决策。

### （三）长时记忆

长时记忆是指信息经过充分的和有一定深度的加工后，在头脑中长时间保留下来。它从 1 分钟以上到许多年甚至终身，容量没有限度，因此是一种永久性储存。长时记忆的信息的来源大部分是对短时记忆的内容进行深度加工的结果，但也有由于印象深刻而一次获得的。信息储存的方式是有组织的知识系统，对人的学习和行为决策有重要意义，它使人能够有效地对新信息进行编码，以便更好地识记，也能使人迅速有效地从头脑中提取有用的信息，以解决当前的问题。现代认知心理学的研究表明，人的长时记忆能力决定于他的知识的加工深度。知识加工程度越深，记忆效果越好。

从系统论的观点看，以上三种记忆是统一的记忆系统的三个不同的信息加工阶段，任何信息都必须经过瞬时记忆、短时记忆才可能转入长时记忆，没有瞬时记忆的登记、短时记忆的加工，信息就不可能长时间储存在头脑中。

## 二、知识的遗忘及其原因

### （一）遗忘及其进程

在学习的材料刚刚能记得的一小时后，受试者对他所学的材料仅仅保持44%左右；第一天终了时，遗忘已达到最初材料的2/3；六天后，这种保持逐渐缓慢地降低到25%左右，该理论得到了证实。遗忘在学习之后立即开始，而且遗忘的过程最初进展得很快，以后逐渐缓慢；过了相当的时间后，几乎不再遗忘。也可以说，遗忘的发展是不均衡的，其规律是先快后慢，呈负加速型。

### （二）遗忘的理论解释

1. 痕迹衰退说。痕迹衰退说认为，遗忘是由记忆痕迹衰退引起的，消退随时间的推移自动发生。习得的刺激——反应联结，如果得到使用，其力量会加强，如果失去使用，则联结的力量会减弱，以致逐渐消失。至今没有可靠的证据表明神经系统中留下的记忆痕迹可以永久保持而不会衰退，并且记忆痕迹随时间的推移而逐渐消退的观点也符合事物的发生、发展和衰亡的一般规律，所以痕迹衰退仍然被认为是导致遗忘的原因之一。

2. 干扰说。干扰说认为，遗忘是由于在学习和回忆之间受到其他刺激干扰的结果。一旦排除了干扰，记忆就可以恢复。在保持期间，如果没有其他信息进入记忆系统，则原有的信息不会遗忘。干扰主要有两种情况：①前摄抑制，是指前面学习的材料对识记和回忆后面学习材料的干扰；②倒摄抑制，指后面学习的材料对保持或回忆前面学习材料的干扰。前摄抑制和倒摄抑制在许多记忆实验中，都获得了强有力的证据。在其他条件相等的情况下，一个学习材料的两端的项目学习快、记忆得牢一些，而中间部分的项目总是学得慢、记得差一些。最前部与最后部的记忆效果之所以较好，可能是由于仅受到倒摄抑制或前摄抑制造成的；而中间部分的记忆效果之所以较差，可能是由于同时受到前摄抑制和倒摄抑制双重干扰的结果。

3. 同化说。在真正的有意义学习中，前后相继的学习不是相互干扰而是相互促进的，因为有意义学习总是以原有的学习为基础，后面的学习则是前面的学习的加深和扩充。遗忘就其实质来说，是知识的组织与认知结构简化的过程。当我们学到了更高级的概念与规律以后，高级的观念可以代替低级的观念，使低级观念遗忘，从而简化了认识并减轻了记忆，这是一种积极的遗忘。但在有意义学习中，或者由于原有知识结构不稳固，或者由于新旧知识辨析不清楚，也有可能以原有的观念来代替表面相同而实质不同的新观念，从而出现记忆错误。这是一种消极的遗忘，教学中必须努力避免。一般来说，有意义遗忘的基本原则是：新的不稳定的观念倾向于朝同化它的较稳定的原有观念还原，下位观念倾向于朝上位观念还原，结果就导致知识按层次组织在认知结构网络中。

4. 动机说。动机性遗忘理论认为，遗忘是因为我们不想记，而将一些记忆信息排除在意识之外，因为它们太可怕、太痛苦或有损自我的形象。遗忘不是保持的消失而是记忆被压抑，故这种理论也叫压抑理论。

### 三、运用记忆规律，促进知识保持

#### （一）深度加工材料

深度加工是指通过对要学习的新材料增加相关的信息来达到对新材料的理解和记忆的方法，如对材料补充细节、举出例子、做出推论，或使之与其他观念形成联想。认知心理学研究表明，如果人们在获得信息时对它进行深度加工，那么这些信息的保持效果就可得到提高，并有利于信息的提取和回忆。

#### （二）有效运用记忆术

记忆术是运用联想的方法对无意义的材料赋予某些人为意义，以促进知识保持的策略。有人在利用记忆术帮助记忆外语单词的研究中创设了"关键词方法"，即在记忆外语单词时先在本族语言中找一个读音与外语类似，且能产生有趣联想的词。

#### （三）进行组块化编码

所谓组块，指在信息编码过程中，利用储存在长时记忆系统中的知识经验对进入到短时记忆系统中的信息加以组织，使之成为人们所熟悉的有意义的较大单位的过程。组块可以是一个字母、一个数字、一个单词、一个词组，甚至是一个句子。组块的方式主要依赖于人过去的知识经验。

### （四）适当过度学习

过度学习是指在学习达到刚好能背诵以后的附加学习。如，读一首短诗，某人学习 10 分钟就刚好能背诵，在能够背诵之后增加的学习（如再读 5 分钟或再读 5 遍）便是过度学习。

在日常教学中，一般教师都知道，对于本门学科的一些基本概念、基本原理的学习，仅仅达到刚能回忆的程度是不够的，必须在全面理解的基础上达到牢固熟记的程度。研究表明，学习的熟练程度达到 150% 时，记忆效果最好；超过 150% 时，效果并不递增，很可能引起厌倦、疲劳等而成为无效劳动。

### （五）合理进行复习

1. 及时复习。遗忘曲线表明，在学习 20 分钟以后，知识就被遗忘了 42%；一天以后，遗忘就达到了 66%。如果过了很长时间，直到考试前才复习，就几乎等于重新学习了。所以，新学习的材料一定要注意及时复习，至少要在当天加以复习，以减缓遗忘的进程。

2. 分散复习。相对于集中复习（集中一段时间一次性重复学习许多次）而言，分散复习就是每隔一段时间重复学习一次或几次。对于大多数学习而言，分散复习的效果优于集中复习，因为分散复习可以降低疲劳感，可以减少前摄抑制和倒摄抑制的影响。

3. 反复阅读结合尝试背诵。研究表明，反复阅读结合尝试背诵的效果优于单纯的重复阅读。因为，反复阅读结合尝试背诵可以及时发现学习中的薄弱点，从而在重复学习时，便于集中注意，有针对性地加强薄弱点的学习；而单纯重复阅读不利于及时发现学习中的薄弱点，因而在重复学习时有一定的盲目性。为此，教师在教学（如英语、语文）中应注意教育青少年在阅读过程中，边阅读边背诵，将阅读与背诵交替进行。

# 第五节　知识的掌握

知识是人对客观现实认识的产物，反映客观事物的属性以及它们之间的联系。青少年对前人知识的掌握是一种特殊的认知过程，是由教师根据一定的教学目标有计划、有目的地进行传授并通过青少年的积极认知活动而实现的。知识的掌握过程一般可分为领会、巩固与应用这样三个彼此相互联系而又有相对独立性的阶段。

## 一、知识的领会

青少年领会知识，主要是通过对学习对象的感知与理解两个认知环节实现的。

### （一）感 知

学习是从对学习材料的感性认识开始的，感性知识是对事物的表面特征与外部联系的反映。感知活动作为青少年学习过程的开始阶段，主要是在直观的教学形式下，青少年通过感知、表象和再造想象等心理活动获得对材料的感性知识，如了解事物的现象和教材中的基本事实等，从而为进一步理解事物的本质与规律打下必要的认识基础。

### （二）理 解

靠直接感知虽然可以获得一些对客观事物的认识，但仅靠这种认识是很不够的，只有通过理解才能迅速地占有前人的认识成果。离开理解的死记硬背，并不能真正掌握知识，往往只学得了一些空洞无意义的词句和很难加以灵活应用的知识。

理解作为掌握知识过程的中心环节，指的是青少年对教材中有关事物的本质和规律的认识。具体包括对言语（口头的或文字的）的理解、对事物意义、类属、因果以及逻辑关系、事物内部结构等的理解。

根据认知规律，应从以下几个方面入手来加深青少年对教材的理解：

1. 调动青少年思维活动的积极性。积极思维是青少年顺利理解新教材的前提条件，而思维活动的积极性是与问题的产生和解决过程相联系的。因此，根据教学目的和教材的重点、难点来引导青少年发现问题，常常能有效地调动青少年思维活动的积极性并促进他们对教材的理解。

为了启发青少年发现问题，通常采用下面三种形式：一是课前向青少年布置活动性作业，如观察自然现象、进行实地测绘和做社会调查等，使青少年在实际活动中产生教学上需要解决的问题。二是在复习旧课时引出新课题，揭示青少年已有知识经验与新课题之间存在的联系与矛盾。三是提问，这是最常用的形式，但不能将提问简单等同于启发；应注意问题的质量，而不是因为片面追求提问而搞形式主义的"启发"式教学。

2. 提供感性材料的变式。理解是通过对感性知识的加工改造完成的，因此缺乏必要的感性材料，或已有的感性材料缺乏典型性、代表性，青少年就难以对事物的各种要素进行鉴别，难以区分一般与特殊，本质与非本质。

为了克服感性材料的局限性，教学上常常利用变式。所谓变式就是在向青少年提供各种直观材料或事例时，有意地变换同类事物的非本质特征，而使其本质属性保持恒在。关于变式问题前面已讲过，这里就不重复了。

3. 揭示事物间的联系与区别，使青少年形成合理系统的知识结构。任何水平的理解都是以旧有知识经验为基础的。经验的丰富性、正确性以及知识的数量与质量等都会影响到青少年对教材的理解。

一般说来，原有的知识经验能促进对新知识的理解，但在某些情况下，旧有知识经验也能阻碍对新的概念、法则的领会。这不但表现在相近概念的容易混淆，还表现在青少年常常用日常概念来代替科学概念。因此在教学中要通过分析揭示事物间的联系与区别，以发挥知识经验的积极作用，防止消极影响。

知识的系统化对理解也有影响。为了提高教学效果，一定要遵循渐进原则，在讲解新教材时要与青少年的已有知识联系起来，讲清其中的关系以协助青少年更好地将新知识纳入已有的认知结构中。这个过程不仅可以使青少年形成更完善的知识体系从而有助于长时记忆；同时也减轻了青少年的认知负荷，让大脑有更多的空间进行其他的认知操作。

## 二、知识的巩固

知识的巩固是指对所学知识的持久记忆。如果青少年不能把教材内容在头脑中保持下来，也就不能真正把前人的经验内化为个体的经验。为了提高青少年的记忆效果、很好地巩固所学的知识，教师要做好以下两方面的工作。

### （一）在讲解中使青少年初步识记教材

青少年对于教材的识记开始于教师的讲解。在这种情况下，识记是伴随对教材的领会而发生的。为了促进青少年对教材的这种初步识记，教师必须注意以下几点：

1. 启发青少年学习的自觉性。青少年的记忆是有选择性的，他们只有对自己认为是重要的或感兴趣的内容才会主动地去学习并试图记住。因此，教师在教学过程中必须使青少年认识所学教材的重要性，唤起他们的求知欲并培养对学习活动的真正兴趣。

2. 讲授生动形象，增强识记材料的直观性。前面已经谈到，记忆从其意识程度来看可以分为有意记忆和无意记忆。前者是有明确记忆目的和任务的一种记忆，而后者是不需要意志努力也没有明确的记忆指向的一种记忆形式。

青少年在课堂上的识记，除了有意记忆之外，在很大程度上也具有随意性。因此，老师在教学时把词与形象结合起来，增强教学的直观性、形象性，使之带上情绪色彩就常常能引起青少年的兴趣，使青少年在感知和理解教材的同时产生良好的无意记忆。教师的讲解如果过于冗长繁杂、模棱两可或平铺直叙、缺乏感情，就会妨碍青少年的理解与识记。

3. 使要记住的材料成为青少年行动或思考的直接对象。研究表明，青少年智力活动的积极性对识记教材有很大的影响。例如，让青少年自己编写课文提纲较之应用现成提纲，前者对课文的识记效果较好；而应用现成提纲又比没有提纲的单纯阅读为好。由此可见，改变青少年在教学过程中的消极被动状态，加强青少年活动的独立性、主动性，使学习材料成为活动的直接对象，就能够提高识记的效果。

4. 引导青少年把视、听、读、写结合起来。多种分析器官的协同活动，是提高识记成效的有效条件之一。如在识字教学中，采用视、听、读、写结合的方法可以提高对字词的识记成效；在地理教学中，仅仅是让青少年阅读地图就不如让青少年自己绘制地图更能有助于他们对地理地貌的记忆。教学经验和实验都一致证明：来自不同感觉通道的信息同时作用对于知识的巩固有积极的影响。

5. 注意教材的系统性。识记依赖于理解。割裂的材料难以理解也难以识记，相反，系统化了的教材便于理解也便于保持及重现。因此，教师在讲解时要揭示新旧教材的联系及新教材各部分之间的联系，要注意由已知到未知、由易到难、由简到繁的循序性原则。对教材讲授越透彻、越明白，青少年就越容易记住。

### （二）指导青少年对知识进行精细和深度的加工

有心理学家指出，对知识进行精细和深度的加工将同时有助于知识的理解和巩固。有实验结果为证：研究者让被试学习一系列的短句并在一定时间后检验记忆的效果。被试分为两组，一组学习的短句如"一个灰头发的人拿着一个瓶子"这类；另一组学习的短句则是"一个灰头发的人拿着一瓶染发剂。"可以看出，前一组学习的短句是没有经过精细加工的，灰头发的人与瓶子间的联系是任意的；而后一组学习的短句由于附加了"染发剂"一词就使得青少年能将这些与他们头脑中已有的结构良好的图式联系起来，使得句子的意义变得更明显，因而能促进较为深入的精细加工。研究结果也确实表明，前一组记忆的正确率较后一组更差，对精细加工的信息的记忆将更牢固。教师可以利用这种规律来帮助青少年对学过的知识进行更好的巩固和记忆，具体的方式如：概括段落大意、举出某种观点的相关例证、思考这个主题是如何同自己已经学过的其他更大的主题相联系的，或者以自己的思路重新组织学习材料并做小组呈现，等等。

### （三）帮助青少年采用正确的识记方法以克服遗忘

知识的巩固涉及两个方面的问题：一是如前所述如何主动积极地提高记忆质量；另一个方面则要致力于帮助青少年和遗忘现象作斗争，遗忘一般发生在前后知识之间发生干扰、记忆痕迹由于没有得到增强而衰退或是缺少必要的提取线索时。

指导青少年采用正确的识记方法并合理地组织青少年复习，是教师的重要职责。根据记忆和遗忘的规律，要提醒青少年注意以下几点：①了解自己的记忆规律，有的青少年是"猫头鹰"型，而有的属于"百灵鸟"型，要把自己的精力最旺盛的时间用于记忆重要的知识点；②合理分配复习时间；③重复感知与尝试再现结合；④整体识记与部分识记结合；⑤不同材料交错复习等。

### 三、知识的应用

学习知识的目的在于应用，应用知识解决问题既是检验青少年对知识的理解和保持的一种手段，也是使青少年加深理解和巩固知识的重要方式。

根据不同学科和不同教学目的，青少年对知识的应用可有不同形式，如解决各种口头或书面的问题、通过实际操作去完成各种实验和实习作业、解决生活和生产中的实际课题等。

当前的教育和学习理论越来越注重知识在现实生活情境中的应用，这同时也是对青少年学习的一种强有力的推动，让青少年可以真切感受到知识的价值，也有助于克服学习内容与青少年当前的生活实际相脱节以及学习动机缺乏等问题。

### （一）青少年应用知识的一般过程

青少年应用知识的具体过程因课题的性质与难度而有所不同，但就其智力活动来说，一般包括以下几个互相联系而又相对独立的环节：

1. 审题。审题就是了解题中的条件与任务，搞清课题的基本结构，在头脑中建立起课题的印象。审题有时是简缩的因而可以一次完成，但遇到结构复杂而又比较生疏的课题时，则往往需要与后面的环节反复交错进行。

审题是应用知识解决问题的第一步，青少年在解答课题中发生障碍或错误常常是由于审题方面的原因造成的。有些青少年不重视审题，题意或课题结构尚未弄清就急于猜测或盲目尝试；有些青少年不善于审题，往往忽视和遗漏课题中的某些条件或弄不清题目中关键词语；还有些青少年不能在解题全过程中始终保持课题印象，常常发生"跑题"现象。为了防止和纠正这些缺点，教师要指导青少年养成良好的审题习惯，掌握审题的技能，比如可以引导青少年对题目进行改造，用自己的话来叙述题意等；同时，在出题目时要使题目类型尽可能变化，以防止青少年简单照搬。

2. 有关知识的重现。任何一个新问题的解决都要利用主体经验中已有的同类课题。在审题的基础上，通过联想使长时记忆中有关的知识复活起来；只有这样，才能产生对课题性质的理解，找到解决的途径或方法。青少年在解题时常常发生重现有关知识的困难，究其原因主要有以下几个：一是刚刚习得的知识还不够巩固；二是受到与其相近的旧知识的干扰；三是由于身心状态的干扰，比如心情过于紧张、大脑处于疲劳状态或注意力涣散等。为了帮助青少年顺利地再现有关知识去解决新课题，教师必须针对具体情况采取相应措施。

3. 课题的类化。课题的类化就是把课题归类，即青少年通过思维把握具体课题内容的实质，找到它与相应知识的关联，把当前课题纳入同类事物的知识系统中去，从而根据已有知识做出解题方法的判断。

课题的类化是在审题与联想的基础上，通过对习得的概念、原理、法则、公式的重现，对课题进行一系列分析、综合，揭示出当前课题与过去例题的共同本质特征后实现的。为了帮助青少年掌握对课题进行归类的本领，教师要注意培养青少年的思维或智力技能，使他们学会从具体事物中排除无关的或次要的因素，找到本质的东西。

4. 检验。检验是知识应用的最后一个环节，即将课题解答的结果再重新回到原问题中以检验其是否真正解决了问题；还可以以另外的思路来核实答案的正确与否。如果正确，则一次知识的应用告一段落；若是检验后发现结果有误或者没有考虑到所给的全面条件因而得出不完善的解释，则要重新回到第一步再重复这几个环节，直到得出正确答案为止。

**（二）影响知识应用的主要因素**

1. 知识的理解与巩固。对知识融会贯通才能用起来得心应手，左右逢源。如果对知识的理解仅仅停留在感性阶段，其应用的范围将很狭窄，往往局限于本人所经历过的事物上而不能解释新的情况；同样地，如果对知识的理解不够确切，也会发生扩大或缩小应用范围的错误。

知识的巩固程度与知识的应用也密切相关。如果学过的知识记不住，那么就无法在解题时将所需要的知识准确地再现出来。

2. 课题的性质。应用知识的难易与课题的性质有关。一般说来，以抽象形式提出的课题比带有具体情节的课题容易；单一的计算题比综合的应用题容易；不需实际操作的"文字题"比需要通过操作来解决的"实际题"容易。造成这些差别的原因主要是课题情境的复杂性不同。抽象单一的文字题与学习有关知识时的情境较为接近，易于实现课题的类化；而综合的带有具体情节的实际题情境较复杂，没有现成线索可利用，需经过独立分析才能实现课题的类化。能否把知识应用于各种类型的课题，在一定程度上取决于学习这些知识时是否联系实际以及联系实际的范围。

3. 智力活动的方式。青少年解题时的智力活动方式和认知风格具有显著的个别差异，从而对知识的应用产生重要的影响。有的青少年解题时较为冲动或习惯采用整体性的策略；而有的青少年则属于沉思型或更倾向于序列型思维；有的青少年擅长发散思维，而有的青少年则是聚敛性思维占优势；有的青少年缺乏思维活动的灵活性、独立性和创造性，常常刻板地套用法则、定理和老方法，而有的青少年却能随机应变，善于根据课题特点采用具体解决办法。作为教师，必须注意培养青少年的独立思考习惯与技能，如果只让他们照葫芦画瓢会很容易导致思想僵化、影响创造能力的发展，从而妨碍青少年对知识的应用。以及敏感性等良好品质，养成认真思考的习惯。

# 第二章　青少年知识的获得

对教学材料所进行的一系列的信息加工的目的之一，自然是为了获得知识。获得知识和发展能力一起构成现代学校教学的两项最基本的认知任务。如何提高传授知识的效率，也就成为学校教学改革的一个永恒的课题。要提高这一效率，就必须深入了解青少年知识获得的过程，以便根据青少年知识获得的规律来进行教学。

## 第一节　知识获得的概述

### 一、知识获得的概念

知识获得即知识的掌握。我国传统上认为知识是前人的认识成果，青少年要掌握知识，就要把前人的认识成果变为自己的认识，在头脑中建立起相应的知识结构，从而知识的定义在这一观点基础上有了进一步发展。

从信息加工的观点看，广义的知识是个体与环境相互作用后获得的信息及其组织。知识是后天经验的产物，而且是通过主客体相互作用产生的。广义的知识可分为两大类：陈述性知识和程序性知识。陈述性知识是关于世界的事实性知识，主要回答"是什么"、"为什么"等问题。程序性知识是个人在特定条件下可以使用的一系列操作步骤或算法，也就是"怎么做"的知识。如运算法则、语法法则等，我们可用这些规则来处理问题。程序性知识既涉及运动技能，也可涉及如何运用公理、原理和规则等解决问题的认知技能，还包括如何使用学习者自身的认知资源的认知策略。其中认知技能又可称为智慧技能，而认知策略亦可称策略性知识，即个人调控自己的认识活动以提高认知操作水平的能力，是关于如何使用前两种知识去学习、记忆、解决问题的一般方法的知识。比如学习时如何有效记忆、写作时如何拟订提纲等。广义知识主要包括三类：陈述性知识、智慧技能和策略性知识。

知识获得是新知识和学习者认知结构中原有相关知识相联系并发生相互作用以后，转化为个体理解的意义的过程；从知识的广义定义看，知识的获得是个体获得事实性知识并获得对外办事、对内调控能力的过程，即个体获得陈述性知识、认知技能和策略性知识的过程。

为了让青少年更好地掌握知识，教师必须运用各种教学方法、教学手段、教学策略，以提供良好的教学环境。但是，很多教师都是凭多年经验才摸索出某些规律的。对新教师来说，为了促进青少年的知识获得，首先应该明确知识及知识获得的本质，明确自己所教授的学科究竟何种知识居多，以便产生相应的教学对策。

## 二、影响新知识获得的知识背景

学习新知识总是需要一定的知识基础，这是每个教师都知道的常识，然而，影响新知识形成的知识经验背景并不这么简单，它有更丰富、更广泛的含义。对新信息的理解总是依赖于学习者原有的知识经验，学习者必须在新信息与原有知识经验之间建立适当的联系，才能获得新信息的意义。比如，在学习"三角形"时，儿童要将这一名词（符号）与他们看到过的各种不同形状的三角形物体联系起来，在学习"直角三角形"时，学习者需要联系自己有关"直角"和"三角形"的知识以及生活中的一些实际经验，离开了与这些知识经验之间的联系，这些名词就成了没有意义的符号。像这样，学习者通过将新知识与原有知识经验联系起来，从而获得新知识的意义、把它纳入已有认知结构的过程，就叫做新知识的同化。同化过程涉及感知、判断、推理、记忆等一系列复杂的认知活动。

首先，在知识建构过程中，学习者需要以原有知识经验为基础来同化新知识。既包括学习新知识所需要的直接的知识基础，也包括相关领域的知识以及更一般的经验背景。为学习新知识，学习者需要具备与此相应的基础知识，即准备性知识，在设计教学时要进行任务分析，逐级找到各个知识点的基础和前提。但是，不仅这些直接的基础知识会影响到新知识的学习，而且，学习者的相关领域的知识、乃至更一般的经验背景都会对新知识的形成产生影响，比如，学习者解决数学问题的经验很可能会影响到他对物理问题的解决，学习者的生活经验以及语文知识都会影响到他们对数学应用题的学习，等等。

其次，这种知识背景不仅包括学习者在学校学习的正式知识，也包括他们的日常直觉经验。青少年在学校中所学习的课本知识固然会影响到新知识的获得，而青少年的日常经验也常常会对此产生重要影响。比如，学习者在日常生活中形成的关于多少、相等的观念是他们学习数学的重要基础，青少年对水、动物、植物以及各种机械的观察经验会直接影响到他们对自然科学的学习。维果茨基把青少年的正式知识称为科学概念，或者"自上而下的知识"，把他们的日常经验称为日常概念、自发概念或"自下而上的知识"，他认为，科学概念的掌握要通过先前已经形成的概念的途径才能实现。随着新知识的同化，原有知识经验会因为新知识的纳入而发生一定的调整或改组，这就是知识的顺应。当新观念与原有知识之间可以融洽相处时，新观念的进入可以丰富、充实原有知识，比如在学习了"力"的概念后，学习者又学习"重力"、"摩擦力"等，把它们作为"力"的下位概念同化到原有知识结构当中，这就可以丰富青少年对"力"的具体理解。

第三，这种知识背景不仅包括与新知识相一致的、相容的知识经验，而且也包括与新知识相冲突的经验。在学习者的经验结构中，有些经验是与新知识相一致的，它们可以与新知识相容并立，可以帮助学习者理解新知识，这就是奥苏贝尔所说的可以作为新知识的固定点的先前知识，它们可以与新知识构成上位关系、下位关系或者并列结合关系。然而，学习者的先前经验并不总是与新知识相一致的，有时它们之间会存在尖锐的冲突。因此新观念的进入会使原有观念发生轻微的调整。在以往的生活、交往和学习中，学习者往往形成了一系列的与科学知识相违背的错误观念，而这种错误观念并不简单是由于理解的偏差和遗忘而造成的，它们常常与学习者大量的直觉经验和信念联系在一起，植根于一个与科学理论不相容的概念体系，学习者常常对它们深信不疑。比如，学习者常常把"力"看成是一种物质（实体），把它看成是使物体运动的原因，于是，他们认为重物体会比轻物体下落得快；他们习惯于在物体运动的方向上去标识实际上并不存在的力，等等，这很像是牛顿以前的力学观点。由于这些错误观念的存在，学习者常常很难真正理解科学知识，感到课本里的说法不可思议，尽管他们也可能记住课本里的说法，提醒自己在考试时按照课本上的说法答题，但是，在遇到实际问题时，在问题情境稍稍改变之后，他们的错误观念便会被激活起来。错误观念会妨碍学习者对科学知识的理解，而这种冲突是不可回避的。同化意味着学习者联系、利用原有知识来获取新观念，它体现了知识发展的连续性和累积性。顺应则意味着新旧知识之间的磨合、协调，它体现了知识发展的对立性和改造性。通过同化理解新知识的意义是原有知识发生顺应的基础，而真正的同化也常常离不开顺应的发生，因为只有转变了原有的错误观念，解决了新旧知识之间的冲突，新观念才能与原有知识体系协调起来，从而真正一体化。知识建构一方面表现为新知识进入，同时又表现为原有知识的调整改变，同化和顺应作为知识建构的基本机制，是相互依存、不可分割的两个侧面。

第四，这种知识背景不仅包括具体领域的知识，而且还涉及到学习者的基本信念。学习者不仅对具体的事物和现象有一定的理解，而且，他们还逐步对世界、对自己、对活动等形成了一定的基本信念，而这也会影响到新知识的学习。这种知识观和学习观是学习者对其学习进行自我调节的观念基础，会影响到他们对知识的加工理解方式以及学习的效果。

第五，这种知识背景既包括直接以现实的表征方式存在于记忆中的知识经验，也包括一些潜在的观念。有些问题可能是学习者听过的、看过的、想过的，关于它们的观念已经存在于学习者的记忆之中，而有些问题是学习者从未接触过的，但一旦面对这种问题时，他们便可以以自己的知识经验为背景，依靠自己的推理和判断能力，来对当前的问题形成自己的假设和解释，这并不都是胡乱的猜测，它们常常是从其经验背景中得出的具有一定合理性的推论。这种潜在的背景知识同样也会对新知识的学习产生影响。实际上，学习者的许多信念都是潜在的观念，另外，学习者常常也可以对各种自然现象做出推测性的解释。

综上所述，学习者的原有知识背景会影响到新知识的学习，而这种知识背景有着丰富而广泛的含义，它包括各种来源不同的、以不同的表征方式存在的知识经验，是一个动态的、整合的经验体系。有人把这种影响新知识获得的知识背景称为"概念生态圈"，也有人称之为架构。一旦学习者在新知识与原有观念之间建立了逻辑的联系，他就可以利用相关的背景知识对信息做出进一步的推论和预期。比如，只要学习者能将"定滑轮"与"杠杆"联系起来，即知道定滑轮实质上是一种等臂杠杆，那他就可以把有关杠杆力臂的知识推论到"定滑轮"上，知道它并不能省力。这样，通过积极地在新旧知识之间建立联系，将原有知识经验投射到新情境中，学习者就可以"超越所给的信息"，进一步生成更丰富的理解。因此，知识的同化过程实际上是一个不断建立联系、作出推论的过程，学习者正是通过这种联系和推论活动将外在信息转化成"自己的"知识。

### 三、知识的获得与新信息的思维加工

知识的获得是知识学习的第一个阶段。在这个阶段，新信息进入短时记忆，与来自长时记忆系统的原有知识建立一定的联系，并纳入原有的认知结构，从而获得对新信息意义的理解。

要理解新信息的意义，必须获得充分的感性经验以及对所获得的感性经验进行充分的思维加工，对所获得的感性经验进行思维加工要通过知识直观和知识概括两个环节来实现的。

#### （一）知识直观

1. 知识直观的类型。直观是主体通过对直接感知到的教学材料的表层意

义、表面特征进行加工，从而形成对有关事物的具体的、特殊的、感性的认识的加工过程。直观是理解科学知识的起点，是青少年由不知到知的开端，是知识获得的首要环节。在实际的教学过程中，主要有三种直观方式，即实物直观、模象直观和言语直观。

（1）实物直观。实物直观是通过直接感知要学习的实际事物而进行的一种直观方式。观察各种实物标本、演示实验以及教学性参观、实地调研等，都是通过实物直观的途径为理解知识提供感性材料。由于青少年同实际事物有直接的接触，他们所得的感性材料就较为真实亲切，这不仅有利于正确理解教材，也易于激发青少年的求知欲，提高学习的兴趣和积极性。同时由于实物直观所得的感性材料与实际事物之间的联系较为紧密一致，青少年在将来的实践活动中也能直接运用，因此生态化效率较高。但由于实际事物中的本质特征与非本质特征常常是结合在一起的，事物的非本质特征往往又比较显著，因而使本质要素难以在头脑中得到清晰的反映，这就对青少年"透过现象看本质"的能力带来了很大挑战。另外，实物直观受时间、空间或感官特性的限制较大，许多事物的特征与联系在实物直观过程中是难以直接觉察的，难以通过实物直观获得清晰的感性知识。尤其是自然科学中有许多微观的物质，如，植物生长过程，原子、电子的结构等都难于通过实物直接感知，所以还必须采用其他辅助手段。由于实物直观有这些缺点，因此它不是唯一的直观方式，还必须有其他种类的直观。

（2）模象直观。模象直观是在对事物模象的直接感知基础上的一种能动反映。通过模拟实物的形象提供感性材料，如各种图片、图表、模型、幻灯和教学电影等。由于模象直观的对象可以人为制作，因而模象直观在很大程度上可以克服实物直观的局限，不仅有助于扩大直观的范围，而且能在很大程度上提高直观的效果。比如为了突出事物的主要特征，可以人为地排除与认识当前对象无关的东西，从而便于突出对象的本质因素。为了便于观察，还可以根据需要通过大小变换、动静结合、虚实转化等方式扩大直观范围。将以实物直观难以突出的特点清晰地呈现在人们的感受能力可及的范围之内。例如，利用地图或模型，可以把某一地区的地形和地貌置于青少年的视野之内（缩小）；利用原子结构示意图，可以清楚地看到原子核与电子结构（放大）；利用幻灯或电影胶片，可以观察到动植物的缓慢生长过程（加快）和化学反应的快速运动过程（变慢）。正因为模象直观具有这些独特的优点，因此它已成为现代化教学的重要手段，是现代教育技术学研究的重要内容。

模象的独特作用使它已经成为现代化教学的重要手段之一。当然模象直观也有消极影响：由于模象与实际事物间存在一定的距离．因此有时青少年难以把模象知觉或表象同真实的对象联系起来，甚至可能产生曲解。为了使得通过模象直观而获得的知识在青少年的生活实践中发挥更好的定向作用，因此，在制作和使用直观教具时，要注意教具中的事物与事物之间的比例正确，要把青少年不熟悉的对象与熟悉的对象作比较，在可能的情况下，还要把模象直观与实物直观结合起来。

（3）言语直观。言语直观是在形象化的语言作用下，通过青少年对语言的物质形式（语音、字形）的感知及对语义的理解而进行的一种直观形式。教学中可以通过生动的言语描述唤起表象。这样唤起表象不受时间限制，可以是记忆表象，也可以是再造想象，从而使可利用的感性材料来源丰富多样。由于表象带有概括性的特点，也有利于向抽象概括过渡。所以语言直观本身能为理解知识创造良好条件。

言语直观的优点是不受时间、地点和设备条件的限制，可以广泛使用。言语直观的优点是能运用语调和生动形象的事例去激发青少年的感情，唤起青少年的想象。言语直观的缺点在于所引起的表象，往往不如实物直观和模象直观鲜明、完整、稳定。因此，在可能的情况下，应尽量配合实物直观和模象直观。

上述直观方式都各有利弊。在实际运用时，老师应该根据不同的教学目的、内容性质以及青少年的发展水平等选择适当的直观方式或是它们的组合，以达到最佳的教学效果。

2. 影响直观的条件。

（1）教师的指导。一般说来，观察的目的性越强、步骤越明确，感知便越清晰。因此为了提高直观教学的效果，教师要加强对观察的指导：如在观察前对所要观察的对象有一个总括性的说明、对观察的目的有明确的指示、对观察的合理程序有所提示等，从而有助于青少年始终将注意力集中在所要观察的对象特征上。

（2）对象本身的特点。对象与背景的差别越大就越容易被感知；活动的对象在固定的背景上容易被感知；对象各要素的强度（物理强度与生理强度）不同，其感知效果也有差异；刺激物本身的结构也常常影响直观，凡是距离上接近或形态上相似的部分容易结合在一起。因此，在进行直观教学时要充分利用这些感知规律，使所观察的对象在时间上、空间上组成一个有意义的系统，并能利用对象与背景间的差别和对象的活动性，尤其要突出的是那些强度弱的但是重要的因素。

（3）青少年的活动。青少年的独立性、主动性以及多种分析器协同活动也是影响直观效果的一个重要条件。实践证明，教师讲、演，而青少年仅仅是听、看的教学方式其效果往往不如青少年自己动手操作。有关研究还表明，在接受知识方面，看到的要比听到的印象深。单纯靠听觉一般只能记住15%左右；单纯靠视觉能够记住25%左右；如果二者结合起来又听又看，则能记住65%左右。另外，在感知活动中，运动分析器的参与具有重要作用，因为对象的某些特征（如物体的软硬、质地等）只有在运动分析器的参与下才能更好地被感知，而且人对动作的记忆一般比对语言和视、听觉的记忆更牢固。

3. 如何提高知识直观的效果。

（1）灵活选用实物直观和模象直观。模象直观虽然与实际事物之间有一定距离，却有利于突出本质要素和关键特征。因此，一般而言，模象直观的教学效果优于实物直观。

心理学家曾经研究过实物直观和模象直观对掌握花的构造的不同效果。从而证明了模象直观一般比实物直观教学效果好。但是，这一结论只限于知识的初级学习阶段。当学习有了一定基础后，由简化的情境进入实际的复杂情境，即更多地运用实物直观，自然是必要的。我们强调的是先进行模象直观，在获得基本的概念和原理后再进行实物直观，比一开始就进行实物直观的学习效果好。

（2）加强词与形象的配合。为了增强直观的效果，不仅要注意实物直观和模象直观的合理选用，而且必须加强词与形象的结合。在形象的直观过程中，对教师的要求是：①应提供明确的观察目标，提出确切的观察指导，提示合理的观察程序。②应以确切的词加以表述形象的直观结果，以检验直观效果并使对象的各组成要素进行分化。③应依据教学任务，选择合理的词与形象的结合方式。如果教学任务在于使青少年获得精确的感性知识，则词与形象的结合，应以形象的直观为主，词起辅助作用；如果教学任务在于使青少年获得一般的、不要求十分精确的感性知识，则词与形象的结合方式可以采取词的描述为主，形象直观起证实、辅助作用。

（3）运用感知规律，突出直观对象的特点。①强度律。指作为知识的物质载体的直观对象（实物、模象或言语）必须达到一定强度，才能为学习者清晰地感知。②差异律。指对象和背景的差异越大，对象从背景中区分开来越容易。在物质载体层次，应通过合理的板书设计、教材编排等方面恰当地加大对象和背景的差异；在知识本身层次，应合理地安排新旧知识，使旧知识成为学习新知识的支撑点。③活动律。在不动的背景上活动的事物，容易成为知觉的对象。因此，要善于在变化中呈现对象，即通过活动性教具进行教学，使教材成为活动对象，容易为青少年感知和理解。④组合律。指空间上接近、时间上连续、形状上相同、颜色上一致的事物，易于构成一个整体为人们所清晰地感知。

（4）培养青少年的观察能力。观察是青少年学习和理解知识的前提，教师在利用各种直观手段进行教学时所取得的效果如何，主要取决于青少年的观察能力。因此，要培养青少年的观察力，应从以下几方面入手：

①明确观察的目的、任务。青少年观察活动的目的越明确具体，计划步骤越周详，观察效果越好。所以，每次观察前，要让青少年知道观察什么，哪里是观察的重点，哪里只要一般了解，这样才能得到好的观察效果。

②教给青少年观察的方法。青少年可根据不同的观察目的、任务，选择有效的观察方法或观察顺序。观察可以按由整体到部分，再由部分到整体的顺序进行，也可按由近及远，由远及近的顺序。选择什么样的观察方法，要根据需要确定，不能顾此失彼。

③启发青少年积极思维。在观察过程中，要鼓励青少年善于从多角度、多层次对要观察对象加以分析，不要满足于现成的答案。分析得越仔细，观察得越全面越深入。

④做好观察记录和总结。要让青少年边观察边记录，在观察结束后，运用分析整理资料的方法进行总结。总结的形式可以是书面、口头的，也可以是图表、图解的。这一要求会大大促进青少年观察的积极主动性，并使观察过程变得更认真。

⑤让青少年充分参与直观过程。由于知识归根到底要通过青少年头脑的加工改造才能掌握，因此在直观过程中，应激发青少年积极参与的热情，在可能的情况下，应让青少年自己动手进行操作，改变"教师演，青少年看"的消极被动的直观方式。

**（二）知识概括**

1. 知识概括的类型。概括指主体通过对感性材料的分析、综合、比较、抽象、概括等深度加工改造，从而获得对一类事物的本质特征与内在联系的抽象的、一般的、理性的认识的活动过程。在实际的教学过程中，青少年对于知识的概括存在着抽象程度不同的两种类型：

（1）感性概括。感性概括即直觉概括，它是在直观的基础上自发进行的一种低级的概括形式。例如，有的青少年由于经常看到主语在句子的开端部位，因而就认为主语就是句子开端部位的那个词；有的青少年看到锐角、直角、钝角等图形中都有两条交叉的线，就认为角是由两条交叉的线组成。

虽然感性概括从形式上看也是通过一定的概括得来的，是抽象的；而且从外延上看，它也涉及一类事物而非个别事物。但是从内容上看，它并没有反映事物的本质特征和内在联系，所概括的一般只是事物的外表特征和外部联系，是一种知觉水平的概括。

（2）理性概括。理性概括是在前人认识的指导下，通过对感性知识经验进行自觉的加工改造，来揭示事物的一般的、本质的特征与联系的过程。它是一种高级的概括形式，所揭示的是事物的一般因素与本质因素，是思维水平的概括。其中，一般因素，指的是一类事物所共有的，不是个别或某些事物所特有的；本质因素，即内在地而非表面地决定事物性质的因素。

总之，从感性概括中，只能获得概括不充分的日常概念和命题，只有通过理性概括，才能获得揭示事物本质的科学概念和命题。因此，在教学条件下，我们关注的是如何有效地进行理性概括的问题。

2. 如何有效地进行知识概括。

（1）配合运用正例和反例。概括的目的在于区分事物的本质和非本质，抽取事物的本质要素，抛弃事物的非本质要素。因此，教师在指导青少年概括时，不仅要注意抽取本质的一面，也要注意抛弃非本质的一面。为此，必须配合使用概念或规则的正例和反例。正例又称肯定例证，指包含着概念或规则的本质特征和内在联系的例证；反例又称否定例证，指不包含或只包含了一小部分概念或规则的主要属性和关键特征的例证。一般而言，概念或规则的正例传递了最有利于概括的信息，反例则传递了最有利于辨别的信息。

在实际的教学过程中，为了便于青少年概括出共同的规律或特征，教学时最好同时呈现若干正例，以一个个的例子来说明。同时，如有可能，教师最好能利用机会把正反两种例证同时加以说明。这样，概念和规则的学习将更加容易。因为反例的适当运用，可以排除无关特征的干扰，有利于加深对概念和规则的本质的认知。

（2）正确运用变式。所谓变式，就是用不同形式的直观材料或事例说明事物的本质属性，即变换同类事物的非本质特征，以便突出本质特征。理性概括是通过对感性知识的加工改造而完成，感性知识的获得是把握事物本质的基础和前提。因此，在教学实际中，要提高概括的成效，必须给青少年提供丰富而全面的感性知识，必须注意变式的正确运用。在运用变式时，如果变式不充分，青少年在对教材进行概括时，往往会发生下列两类错误，必须注意预防。①把一类或一些事物所共有的特征看作本质特征。例如，在动物分类中，由于鲸和鱼类一样，都有生活在水里的共同特征，于是就把鲸列入鱼类。这种错误常常是由于把"生活在水里"当作鱼类的本质特征，不了解鱼类的本质特征是"用鳃呼吸"。②在概括中人为地增加或减少事物的本质特征，不合理地缩小或扩大概念。例如，有的青少年把直线看成是处于垂直或水平位置的线，而认为处于倾斜位置的线不是直线，这就是在直线概念中，人为地增加了一个本质特征——空间位置，从而不合理地缩小了概念。

（3）科学地进行比较。概括过程即思维过程，也就是在分析综合的基础上进行比较，在比较的基础上进行抽象概括。比较主要有两种方式：①同类比较，即关于同类事物之间的比较。通过同类比较，便于区分对象的一般与特殊、本质与非本质，从而找出一类事物所共有的本质特征。②异类比较，即不同类但相似、相近、相关的事物之间的比较。通过异类比较，不仅能使相比客体的本质更清楚，而且有利于确切了解彼此间的联系与区别，防止知识间的混淆与割裂，有助于知识的系统化。

（4）启发青少年进行自觉概括。为了促进知识的获得，在实际的教学情境中，教师应该启发青少年去进行自觉的概括，鼓励青少年自己去总结原理、原则，尽量避免一开始就要求青少年记忆或背诵。

教师启发青少年进行自觉概括的最常用方法是鼓励青少年主动参与问题的讨论。在讨论的时候，不仅要鼓励青少年主动提出问题，而且要鼓励他们主动解答问题。教师如果在讨论初期发现青少年对原理中某一概念尚缺乏了解，那就说明青少年对所学原理尚缺少一部分起点行为，教师必须在设法补足以后，再继续进行讨论。在讨论的过程中，教师应从旁辅导，但不宜代替青少年匆匆作结论。

简言之，在概括过程中，教师应充分调动青少年的思维，让他们自己去归纳和总结，从根本上改变"教师作结论，青少年背结论"的被动方式。

### 四、陈述性知识获得的条件

1. 内部条件。

（1）学习者原有的知识准备。学习者头脑中原有的相关信息和命题网络，是新知识获得的重要内部条件。现代信息加工心理学家都十分强调原有知识在新的学习中的关键作用。如维特罗克就认为："人们倾向于生成与以前的学习相一致的知觉和意义。"他认为新知识学习过程中有四个要素：生成、动机、注意和先前的知识经验；青少年在学习新知识之前必须激活其长时记忆中相关的原有知识。对陈述性知识而言，原有的相关知识就是已存在的相关的认知结构（命题网络）。

（2）编码的策略。学习者必须具有适用的、将那种理解了的刺激同化入命题网络形式的信息加工方法，即编码的策略。换言之，学习者必须具备同化新知识的方法。如果他们不能运用这些方法，那么信息就只能作短暂停留，无法进入长时记忆。有些健忘症病人短时记忆或者短时记忆向长时记忆转化的途径受损，他们就无法记住新近发生的事。所以编码的策略也指学习者将短时记忆转化为长时记忆的方法。

（3）学习者具有主动加工的心理倾向。学习者必须具有主动加工的心理倾向，即具有学习的动机。有了积极的动机才会去预期将出现的新信息是什么，才会去注意呈现的新信息，才会主动"思考"，即激活原有知识，新旧知识产生相互联系，并把新知识纳入命题网络。

此外，学习者的情绪、性格、兴趣、态度等也会影响学习者的知识获得。但这些因素正是通过知识获得的基本内部条件才起作用。比如学习者的兴趣会影响其原有知识水平和编码策略；情绪、性格、态度则使学习者具备或不具备主动加工的心理倾向。此外，学习者的能力则直接表现在原有知识水平和编码策略上。

2. 外部条件。外部条件给内部条件提供支持，它的含义极为广泛，包括社会、学校、家庭，乃至班级、课堂为学习者创造的学习条件。其中有些条件对陈述性知识的获得特别重要。

（1）新知识要以一定的方式呈现给学习者。新知识必须呈现给学习者，才会被他们接受，不呈现新知识，青少年接触不到，就无法获得。所以新知识的呈现是基本外部条件。而作为刺激的新知识还要引起学习者的注意，才能易为他们所接受，因此必须具备某些特点。教材尽管提供了丰富的知识，但其实用性差、较枯燥，很难激发青少年的学习兴趣，往往使他们缺乏主动加工的心理倾向，青少年对此越不感兴趣，距离教材越远，学习该方面的知识也越少，则原有知识网络越贫乏，同化新知识的能力也越差。所以教学呈现的材料要有"吸引力"；另一方面，新知识必须是青少年已有的命题网络能够同化的。

（2）是控制与知识获得相关的学习情景。当外部教导者能激活学习者原有命题网络，青少年就易于同化新知识。陈述性知识在获得前对学习者来说是一些无意义刺激，这就要求教师用某些方法将这些刺激与学习者已具备的有意义的信息联系起来，这样才利于新知识的编码。所以现在有些英语书在向青少年提供单词时，往往还运用某些形象化的比喻或分解词根等方法，这就给青少年提供了学得新知识的有利环境。没有这些方法，即使学习者接触了新知识，也无法有效获得。

另外，在学习新知识前向学习者提供清晰的教学目标，会引导学习者将注意力指向该类知识，并预期到它会发生。

### 五、认知策略获得的条件

#### （一）内部条件

1. 原有知识准备。由于认知策略对整个信息加工过程起调控作用，因此策略性知识必然有所指向。比如，学习者学习的是能用来解决光的折射问题的思考策略，那么这个学习者就需要掌握所有可用的光的折射的规律，才有可能获得这种策略。所以，策略性知识获得的首要内部条件是要有相应的陈述性和程序性知识，青少年在某一领域的知识越丰富，就越能使用适当的加工策略。

此外，原有的知识准备中还应包括学习者已掌握的那些认知策略。因为策略性知识的获得也需要运用某些策略，比如在组织策略的获得中，就需要学习者具有一定的阅读策略，这样在阅读规则时，就能迅速而顺利地获得该策略的陈述知识，使后面几步也顺利进行。这是涉及学习者学习效率的一个内部条件。

2. 青少年元认知发展水平。由于认知策略中还包含有一个极为重要的元认知成分，这就决定了认知策略的获得不仅包括具体的方法和技术，还要学会对策略执行过程的监控，并了解不同策略适用的条件或情境。这对青少年的元认知发展水平提出了一定的要求。研究表明，元认知能力是个体在学习中随经验的增长而逐渐发展的，不可能经过几次教学就能达到元认知能力的本质性提升。一般说来，儿童元认知水平的发展主要取决于个体自我意识的发展，低年级儿童较低的自我意识水平会直接影响其认知策略的学习和运用。

3. 青少年的动机水平。青少年仅仅记住有关学习策略的条文，并不能达到提高学习效率的目的。只有当这些策略改变了青少年的信息加工过程时，才能促进学习。因此，认知策略必须经过大量的练习才能作为一项概括化的策略能力迁移到与原先学习任务不同的新任务中去。青少年如果没有强烈的改进自己认知加工过程的愿望，是难以达成该目标的。有研究表明，具有外部动机的青少年倾向于选择和使用机械学习的策略，具有内部动机的青少年倾向于选择和使用有意义的和起组织作用的策略；动机强的青少年经常使用获得的策略，而动机弱的青少年则对策略的使用不敏感。

此外，学习者的自我有效感也会影响策略的学习和应用。

#### （二）外部条件

认知策略从陈述性知识向程序性知识转化的最重要的教学条件是教师要精心设计相似情境和不同情境的练习，因此"变式与练习"是一个较重要的外部条件。其次，训练中应有一套可以操作的技术，以控制学习者的认知行为，获得某些认知策略。这三种知识的获得并非平行进展，而是层次递进、逐步深入的。前一种知识的获得为后一种知识的获得铺平道路，打下基础。如果没有陈述性知识的获得，就不会有程序性知识的获得；而没有认知技能的获得，也就不会有策略性知识的获得。

# 第二节　知识获得的过程

## 一、陈述性知识的获得过程

### （一）预期和动机

预期是指青少年对要学习的内容进行预测和估计。每个人在学习前，都会对所学知识进行一定的预期。一个人总有比较明确的目标——自己会学到什么知识，因此预期也可以看作是青少年准备学习的一种反应心向。如果青少年预期所学的东西对自己很有意义、很感兴趣或者认为自己会学得很好，就会认真去学，有了学习的动力；如果青少年预计新知识对自己毫无用处，味同嚼蜡，或者认为自己学不好，他就会缺乏学习的动机，懒于做好准备，或者放弃这一学习机会。所以预期与动机是青少年获得知识的动力。

### （二）新知识的感知

新知识只有进入感觉记忆进行登记，才有可能会被注意到。信息从各种感觉通道涌入，人必然会接触这些信息，这就是新知识的感知。

### （三）新知识的注意与表征

信息从感觉记忆进入短时记忆，需要经过注意的选择，不经注意的信息会很快消失，只有被注意的信息才可以得到进一步加工，并能较长久地保持。学习者会注意新知识中最重要部分，次重要部分则引起他的部分注意。受注意部分进入短时记忆（又称工作记忆），在此处受到初步加工，并用命题进行表征。只有进行表征的知识，才能进入原有的命题网络。

### （四）新旧知识相互作用

新的知识形成命题表征以后，就进入了原有的命题网络。新旧知识相遇会产生碰撞。依据新旧知识之间的不同关系，新知识可有如下三种构建形式：

下位学习是指在原有观念的基础上学习一个概括水平更低的命题，学习下位概念要求学习者认知结构中已经具有相关的上位观念。下位学习中，新知识与原有相关知识之间的关系是类属关系，其中有两种不同的类属关系，一种是派生类属学习，指新知识纳入原有旧知识中，原有观念未发生变化。比如青少年在学习正方形、长方形、三角形时已形成了轴对称图形概念，在学习圆时，青少年发现圆具有轴对称图形的一切特征，将"圆也是轴对称图形"的命题纳入或类属于原有轴对称图形概念。另一种是相关类属学习，指新知识的纳入使原有观念的本质属性被扩展、深化或被限制、精确化。

上位学习是指在原有观念的基础上学习一个概括水平更高的命题。比如，青少年在学化学时掌握了普通金属、合金、稀有金属等概念后，再学习金属概念，后者涵盖了前三者。此种学习需要学习进行分析综合和抽象概括，也需要教师或教科书呈现结论与反馈信息。

并列结合学习指新观念与原有观念有共同的关键特征，呈现并列关系。比如，青少年知道质量与能量、热与体积、遗传与变异等关系后对"需求与价格的关系"的学习即属此种学习。这就需要教师"以其所知，喻其不知，使其知之"，这种方法即类比法。

### （五）认知结构的改组与重建

当新旧知识相互作用时，就会使学习者原有认知结构发生改组与重建。在此，所谓认知结构指的是青少年头脑中的知识结构，广义地说是某一学习者观念的全部内容和组织；狭义地说，它是学习者在某一特殊知识领域内的观念的内容和组织。新的知识要么被纳入旧知识的范畴之中，要么使旧知识范围发生变化，或扩大外延或缩小外延，或增加内涵或减少内涵，要么使之发生局部变化。有部分内涵不恰当，需要更换；甚至使之发生根本性变革，全部推翻以前定义。这一过程是学习者主动建构的过程，是学习的关键环节。建构时学习者要对照来自内部和外部的经验进行检验，如果通过检验，发现建构不成功，会导致新的建构努力。成功的建构会产生意义理解，使新获得的意义经过归类，纳入认知结构的适当部分。

### （六）根据需要提取信息

当青少年获得陈述性知识以后，教师要测量、评价这部分知识的网络结构是否形成。这时教师可根据新知识的特点以及新旧知识的联系进行提问，比如，铁在氧气中燃烧会产生什么现象等。另外，也可就新知识内部的联系进行提问，如让青少年比较碳、硫、铁和氧气发生化学反应的异同。青少年自己也可以提取该种信息，比如古时候，人们用木炭作为燃料，因为空气中有氧气，而木炭在氧气中燃烧会放出大量热量，另外生成二氧化碳，对人体毒害性也不大。

## 二、程序性知识的获得过程

程序性知识的获得是在陈述性知识获得的基础上进行的，所以其过程在开始阶段与陈述性知识获得过程一样，需要经过预期与动机、新知识的感知、注意与表征、新知识编入原有命题网络四个步骤。接下去，则要学习者经过变式练习，使命题转化为产生式系统。该系统一旦条件得到满足，行动就能自动激活。这点充分体现了程序性知识获得过程的特点。

在程序性知识的获得过程中，教师的提示和师生交流及青少年的不断练习，都是获得该种知识的重要条件。教师向青少年提示有关信息，并及时与青少年作交流，要求青少年多次运用规则于实际，这些都会促进青少年的陈述性知识向程序性知识转化。

程序性知识的获得过程分为模式识别和操作步骤两部分。

### （一）模式识别

模式识别是人们把输入的信息与长时记忆中的有关信息进行匹配，从而辨认出该信息属于什么范畴（模式）的过程。模式获得的基本过程分两步：概括和分化。

1. 概括。概括指人以相似的方式对不同刺激作出反应。从产生式理论看，概括是改变产生式的条件部分，使之适合更多的例子。比如当教师在教三角形概念时，出现许多个锐角三角形，这时青少年会构成一个识别三角形的产生式：如果一个闭合图形在平面上，且边数为3，且每个角均小于90度，则这一图形是三角形。以后教师又呈现直角三角形、钝角三角形，青少年又会构成一个识别三角形的产生式：如果一个闭合图形在平面上，且边数为3，且有一个角大于等于90度，另两个角小于90度，则这个图形是三角形。如果前后两个产生式同时处于工作记忆中，就会出现第三个产生式：如果一个闭合图形在平面上，且边数为3，则这一图形为三角形。可见概括保留了两个产生式中的共同条件和行动，删去了各自特有的条件。在概括过程中，变换正例的无关特征很重要（比如上例中三角形某个内角的大小），这样青少年才会删去与模式无关的那些条件，获取到事物的共同本质特征。

2. 分化。与概括相反，呈现反例可以促进分化，因为反例蕴涵了原来产生式中缺乏的条件。经过正反例练习，命题转化为产生式系统，行动在适当条件下可自动产生。

### （二）操作步骤

操作步骤是指规则的获得。操作步骤包括规则和高级规则的获得，决定着我们根据符号执行一系列操作的能力。规则的获得是以概念获得为前提的。概念获得有两种途径，一是概念形成，指通过正反例的辨别和概括来认识一类事物的共同本质属性。概念同化则指通过概念定义将新概念与原认知结构中的上位概念建立联系，从而获得新概念。

在此基础上，规则可以通过两条途径获得，一是例子——规则学习，即从例子到规则的学习。中学物理教学多运用此法：先呈现给青少年几种现象，由他们自己发现规则，再与教科书进行对照。青少年就会从例子上获得规则，这也称为发现学习；另一类为规则——例子学习，以英语语法学习为例。因为青少年已有一定的抽象概括能力，语言学习可先呈示规则再适当举例。教师告诉青少年：名词由单数变复数，不可数名词一般不变，可数名词后加 s，以 s、x 结尾的名词后加 es，集体名词等一些名词词形不变。然后再举出各种情况下的例子，让青少年学习。熟练运用多次后达到自动进行的程度，于是就获得了这一规则。

两种知识的获得虽然存在区别，但也有相互作用之处：程序性知识最初是以陈述性知识形式出现的，然后才转化为程序性知识；在获得过程中，两者也是相辅相成的。比如日常生活中已有的读、写、算的能力，会促进该方面陈述性知识的获得；而已掌握的陈述性知识，比如关于自然界的某些知识，又会有助于我们理解生、化、物的原理、规则。所以，这两类知识的获得并非截然分开，而是相互交织、相互联系的。

### 三、策略性知识的获得

策略性知识是一种特殊的程序性知识。随着现代教育学和心理学的发展，人们已经意识到这是教学的不可或缺的一部分。作为教师，尤其要掌握这部分的知识获得规则，以提高教学水平。认知策略是个人运用一套操作步骤对自己的学习、记忆、注意及高级的思维过程进行调节与控制的特殊认知技能。和一般的程序性知识的获得一样，认知策略的获得也有模式识别和运算操作步骤两种成分，但它的操作步骤是一套控制自己的认知加工过程的规则。当学习者获得关于策略的程序性知识以后，只有达到对策略的意识与控制，才能算获得了该种认知策略。换言之，认知策略由大的知识单元组成，其中既有陈述性知识，也有程序性知识，还有两者间的联系、各自内部的联系等，它们组成了一个复杂的表征系统。这一表征系统不仅可为我们所用，而且可为我们所意识，并可调节成为最佳组合。

### 四、认知策略的获得过程

认知策略的获得实质上也是一种程序性知识的学习。但其基本过程与认知技能的获得既有相似的阶段，也有其特殊性。策略性知识的获得主要先经过命题表征（陈述性知识）阶段，然后在相同情境和不同情境中进行运用，转化为产生式表征（程序性知识）阶段，这两个阶段与认知技能相一致，但是由于特殊领域的策略性知识的使用条件始终处于变化之中，因此这类策略性知识不宜自动化，个体必须始终有意识地监控该类知识的运用。如果青少年一成不变地使用这些认知策略，只会导致刻板的定势效应。因此检测策略性知识的获得时，主要应看学习者能否运用某些策略来调控自己的注意、思维等。比如上文提到过阅读策略，教师先选择一段课文让青少年阅读，在讨论后，教师向青少年解释排除阅读理解障碍的策略是什么，并说明如何运用。这时青少年已获得了陈述性知识。然后青少年在教师的示范下练习运用，引导青少年获得程序性知识。接下来，青少年要在适当的时候能自动运用这一策略，并对策略及自己的运用产生明确的认识，比如"什么时候我可采用这种策略""我用这种方法阅读这篇课文，效果比不用好"，这时青少年就获得了认知策略。

# 第三节 知识获得的特点

知识获得在个人一生中有一个发展过程，人不是一生下来就能获得三类不同知识的，知识获得有内、外部条件。外部条件可由旁人创造，而内部条件才是真正起决定作用的条件，它在人的不同年龄阶段都不相同。

少年期是指十一二岁到十四五岁，这一时期相当于初中阶段。他们具备了程序性知识，能够学习各种概念和规则，在遇到某些事件发生时，可以运用已有的规则去处理。同时，他们也逐步掌握了新的学习方法，即策略性知识，但这类知识仍然较少。到了青年初期，即高中阶段，指十四五岁到十七八岁的学龄晚期，青少年思维具有更高的抽象概括性，能独立自主地掌握教材和运用各种学习方法，并能自觉调节和支配自己的认知活动，甚至检查自己的学习方法。这时认知策略得到了充分的发展。所以青少年时期是程序性知识和策略性知识广泛获得的时期。本部分主要介绍青少年知识获得的特点。

初中生已有一定的陈述性知识，所以能逐步理解事物的复杂性和内在规律性，比如他们大多能理解"一叶障目"、"拔苗助长"等词的喻义。由于他们能掌握一些基本的抽象概念，并把它纳入原有知识网络，所以他们开始学习物理、化学等科学学科，数学课程的内容也逐渐抽象化。在遇到问题情境时，他们开始能运用已有知识去解决问题。可以看出，初中生已具备一定的程序性知识，保证他们在遇到数理化问题时顺利过关；他们的阅读和写作水平也日益增长，因为他们不再像幼年那样将所有的材料堆砌在一起，面对众多的语句段落，他们能够有条有理地分析其结构，剖析其中心思想。这些处理问题的能力使初中生的思维有了独立性，不须教师一步步的引领就可达到。这是初中生已掌握程序性知识的一个明证。

尽管初中生已能进行抽象思维，但在学习抽象概念时，仍需要具体形象支持，也就是说，只有教师呈现一定的具体事例来帮助说明抽象概念和规则，青少年才能掌握。初中生已有的陈述性知识远远不够丰富，而程序性知识才开始积累，策略性知识还未掌握，他们无法选择合适的策略，也没有足够的知识背景去同化新知识，教师只有靠具体事例协助，逐步让青少年由掌握陈述性知识进而掌握这方面的程序性知识，这也是初中教学演示实验较多的缘故。

高中生的认知结构大大复杂化、多样化。他们的抽象思维水平更高，不借助具体事例也能掌握许多抽象概念；他们能将学得的理论运用于实际，用理论解释新现象，还能掌握许多好的学习方法，学习速度快，效率高。因为此时的青少年不仅陈述性知识积累到了一定程度，程序性知识也有不少，并且逐渐获得了策略性知识，这些知识使他们在对外办事、对内调控上，虽说不上游刃有余，也算丰富多彩，从而有了更多的回旋余地。所以高中生思维不仅具有独特性，创造性也日益显露。青少年在解题时，不仅可以抛掉"老师给的拐杖"，甚至可以独辟蹊径。同是作文，初中生多为模仿，而高中生多为创造。虽说高中生还要再上一遍物理、化学等课程，但明显此时课程要比初中深许多，在初中教材上作为"陈述性知识"存在的现象描述，在高中课本中成了"程序性知识"，要求青少年能掌握并运用它们。另一方面，高中生的自我意识大大增强，元认知得到发展，因此能很好地控制自己的思路，运用各种策略解决问题，获得更多的知识。

同时，由于他们的认知结构丰富了，因此其学习更多地是"下位学习"。"举一反三"就是下位学习的运用。此时教师完全可以向青少年直接呈示概念和规则，毋需担心青少年会不懂。高中生完全能够用原有知识去同化新知识，纳为己用。教师所要做的，就是运用各种正反例，帮助青少年去粗取精、去伪存真而已。

另外，我们从概念的理解和分类的发展上也可看出青少年的知识获得特点。概念的理解可分为五级：第1级，不会理解或作出错误的定义；第2级，概念的重复;第3级,功用性的定义或具体形象的描述;第4级,接近本质的定义或具体的解释;第5级,能根据事物的本质下定义。中青少年掌握字词概念,初中一年级多从第3级向第4级水平转化;初中二三年级多为第4级,或第4级向第5级转化;高中生达到4、5级的人数更多。

概念分类有四级水平:第1级,不能正确分类,也不能说明分类根据;第2级,能正确分类,但不能说明根据;第3级,能正确分类,但仅能从功用上说明分类依据;第4级,能够正确分类,并能从本质上说明分类根据。初中生处于第3向第4级水平过渡状态中;高中生多数处于第4级水平。

# 第四节　知识获得规律在教育中的运用

## 一、知识获得规律在教书育人中的运用

### (一)根据不同知识的获得规律确定教学目标

教学目标是教学活动的第一步。即使有了最优秀的教师,最好的教学方法,最全面的教材,最聪明的青少年,但若教学目标发生偏差,也会事倍功半。所以明确教学目标事关重大。

不同学科包含不同类型的知识,其教学目标也应以不同知识获得来划分。地理、历史、政治等科目以陈述性知识为主,要求青少年能够复述、记忆。因此,教学目标主要应在青少年获得陈述性知识上。而数学、物理、化学所含程序性知识较多,因为它们有许多抽象的概念和定理需要青少年掌握,比如"两点之间线段最短"、"能量守恒"等定理,需要青少年在概念获得后能够获得规则,用于解决各种问题情境。此时教学目标应当以青少年掌握定理为主,不仅要让青少年背出这些定义(陈述性知识),还要能够理解它们,然后运用于解题之中。而认知策略的掌握则贯穿于整个学习过程中,现代素质教育应该将认知策略的获得作为教学的目标之一。

不同学科有不同的教学目标,每个教师都应明确自己所教学科以哪种知识为主。即使同一门学科,不同知识点和不同阶段也可能包含不同知识。比如物理课教授牛顿第二定律($F = fm$)时,就要求青少年先要掌握质量和加速度的概念,然后掌握这些概念之间的联系并理解这一定律,最后要求能运用这一定律去解答题目。这时教学子目标在不停地变换,从教授陈述性知识到教授程序性知识。所以即使同一学科,教师也要根据不同的知识点和不同阶段来确定具体的教学目标。

## （二）根据知识获得过程规律确定教学步骤

三类知识的获得过程虽有相同之处，但也有不同之处。在明确了教学目标以后，接下来就要考虑相应的教学步骤。配合知识获得过程的每一步，教学上需有相应步骤与之对应，为学习创造最优外部条件。知识获得过程中，陈述性知识与程序性知识从第五步开始不同，教学步骤也相应起了变化。

如果中学物理教师要教授牛顿第二定律，他就可以遵循此教学步骤进行。首先，为了引起青少年对这部分内容的预期与学习动机，应在课前布置预习作业，并在授课开始时先复习相关旧知识。比如牛顿第一定律的含义是什么，力和加速度之间的关系如何，为什么第一定律又称为惯性定律等等。为了让青少年对新知识有所感知，教师可以列出许多青少年生活中常见的现象。比如，同一辆车，用较大力推，则启动快，推的力小，则启动慢；用同样的力推一辆空车和满载货物的车，则空车（质量小）启动快，这是为什么呢，教师告知教学目标"本节课是要学习牛顿第二定律"，并呈现经过组织的信息，在黑板上写下"牛顿第二定律研究物体所受外力与质量和加速度之间的关系"，以此促进青少年对新知识的注意。为了让青少年发现这一定律，教师可以组织青少年进行实验，确定三者之间的关系，自己发现规律。如在物体质量不变的情况下，物体的加速度与其所受外力成正比。这样，青少年就可以确定该定律为：物体的加速度与所受外力的合力成正比，与物体的质量成反比，加速度的方向与合外力的方向相同。为了让这一命题表征进入原有命题网络，教师必须深刻阐明新旧知识之间的各种关系，提醒青少年需注意处，比如牛顿第二定律是力的瞬时作用规律，物体产生加速度是在受力的那一刻；其单位应一致；其适用范围是宏观、低速物体。教师将这一定律尽量与青少年的原有知识形成多重联系。然后，教师让青少年进行正反例练习，使青少年关于这一定律的陈述性知识转变为程序性知识，形成关于这一定律的产生式系统（事实上，这一定律可形成三个产生式。如其中一个产生式为：如果物体受到的外力的合力恒定，那么它的加速度与此合力成正比。三个产生式形成一个系统。）。最后，教师应给青少年提供实际情境应用这一定律，并出题考查他们的掌握情况，比如让青少年用这一定律分析平抛运动的物体是否做匀加速运动等。考察后，教师还必须对青少年的答案进行及时反馈，并纠正典型错误。这是典型的程序性知识教学的步骤，教师上这一课的最终目的，就是要让青少年能够运用这一定律解决各种问题，其中最后两步是比较重要的环节，决不可以遗漏。

### （三）根据知识获得的条件，应用各种教学方法

知识获得的首要内部条件是青少年应具有一定的知识准备，为此，教师必须运用一定的方法明确青少年的原有知识水平，才能采取相应的教学步骤。一般采用两种方法，一是课前向青少年布置复习和预习的作业；二是在开始上正课前，先要对青少年进行相关旧知识的提问，看青少年是否达到学习新知识前应该具有的知识程序。青少年尤其是高中生以下位学习为主，对这类学习，确定原有知识更为重要。只有对青少年已有知识水平进行定位，查漏补缺，因材施教，才能使教学顺利进行。

根据"编码策略"这一内部条件，教师在授课的同时要为青少年提供适当的策略性知识。中青少年已能掌握许多学习方法，他们需要运用多种方法解决实际问题，提高学习效率。故教师可以提供各种策略教学，如写作策略、阅读策略等。

为了促进学习者主动加工的心理倾向，教师要操作各种知识获得的外部条件，可通过调节教学情景、提供教材、运用教具等因素，以提高青少年的兴趣、学习动机，调节青少年的情绪，端正青少年的态度。首先，可以采取变化刺激的方式来呈现教材，以引起青少年的注意，也可以通过演示或实验，呈现青少年意想不到的变化来引发青少年的好奇心。由于每一个青少年的兴趣各不相同，因此引起青少年注意的技能是教师的一种教学艺术，它既要求教师了解自己的青少年，又要求教师本人的机智。比如，上物理课讲授动量的传递时，可让青少年做击打钟摆型小球的实验，引起青少年注意并对此现象加以思考。第二，为了提高青少年的学习动机，要努力提高他们对所学知识的直接兴趣。一般而言，这要比通过奖惩等手段所培养的对知识的间接兴趣持久得多。教师可以讲明学习目标和所学知识的重要性，并用丰富的例证与背景引发青少年兴趣。加涅认为，除非青少年已经知道学习目标，一般来说，教师都应直截了当地将学习目标告知青少年，从而让青少年对学习内容产生直接兴趣。第三，要用多种具体的教材呈现方式，使青少年能够直观感受它究竟是什么。尤其对初中生来说，他们对抽象概念的学习更是离不开直观。比如物理课讲"纯音"概念时，可用音叉加以敲击，告知青少年这就是纯音。第四，调动青少年的视、听等多种感觉通道，并让青少年参与课堂教学，而非被动接受。比如初中英语课，教师可以用录音机放各种小故事，以提高青少年的听力，也可以用各种漫画表明某句英语俚语的含义，还可以让青少年扮演课文中的角色进行会话练习，甚至可以由每个青少年编一个"接龙"故事。对每个新学的单词、例句均可采用多种方法提高青少年对它们的

接受力。

这些方法在教学各步骤上要恰当运用。此外，在第三步，呈现经过组织的信息时，教师常用的方法是"先行组织者策略"以引起青少年对重要内容的注意。奥苏伯尔认为，促进学习和防止干扰的最有效策略，是利用适当相关的和包括性较广的、最清晰和最稳定的引导性材料，即组织者。由于它们通常在呈现教学内容本身之前介绍，目的在于用它们来帮助确立意义学习的心向，所以称之为"先行组织者"。它们使青少年注意到自己认知结构中已有的那些可起固定作用的概念，并把新知识建立在其上。先行组织者比新内容更概括，因此青少年可进行下位学习。比如在政治课讲授"社会的基本矛盾"一节内容时，教师先在黑板上写的"生产力和生产关系的矛盾、经济基础和上层建筑的矛盾是一切社会的基本矛盾"即起到了先行组织者的作用。

此外，正反例的运用是将青少年的陈述性知识引向程序性知识的一个重要手段。比如要形成"功"这一概念，教师不仅要呈示一张图，表示一个人在水平面上拉动物体经过一段位移就是拉力对物体做了功，还要呈示多种正反例的图示，比如一个人推动物体上斜坡，则其水平推力及其经过的位移之积，就是推力对物体所做的功。再举反例，如一个人举着物体在水平方向行走，是不做功的；一个人用 10 牛顿的力踢动球，球水平运动 10 米，这人也未对球做功。这样经过正反例的讨论，青少年就形成了识别做功的产生式：如果一个物体在力的作用下发生了位移，且物体的位移在力的作用方向上存在着分量，且物体在这一过程中持续受到该力的作用（反例提出的条件），则认为该力对物体作了功。由此，青少年获得了"功"这一概念。

### （四）根据青少年知识获得的特点进行教学

青少年是中学教学的对象。我们中学教学的目的之一，就是要让青少年最大限度地获得知识。应根据青少年知识获得的特点来进行教学。

初中生也能获得程序性知识，但仍需直观的帮助，因此初中教师在教学时应该多结合实例，多做实验，以便让他们获得抽象概念和规则。高中生认知具有更大的独创性，并能获得策略性知识，能用种种策略提高学习效率，那么教师就不应手把手地从陈述性知识一步步地教，而应为青少年提供学习策略的指导，让青少年在遇到问题时能够解决它，并对自己的解决产生反思。这时教师不仅可以自己传授认知策略，还可以让青少年互相交流，互相传授学习方法，进行比较，获得新的程序性知识。同时，教师还可以让优秀青少年帮助差生。优秀青少年的知识储备丰富，各种知识表征间的联系多样化，而且熟悉各种好的策略、方法，而差生往往缺乏好的策略以形成知识间的有效联系与排列。为此，将优生的策略告之差生，让差生获得策略性知识，可以提高后者的学习成绩。

### 二、知识获得规律在自我教育中的运用

1. 培养自身元认知的获得。元认知是对自我认知的认识，包括对"我们已知什么"和"如何调节自己的学习"的认识。通过元认知，我们可以为自己确立学习目标。如选择那些通过一定努力可以达到的程度为目标，即选择中等难度的目标。因为难度过高，达不到就会打击自信心，难度过低，又缺乏挑战性。我们可以意识到自己当前的学习方法是什么，这种方法的效率如何并进行调节，我们也可以对学习结果进行预期。元认知大大提高了我们的学习主动性，不仅有利于当前自身的学习，也有利于未来的教学。一个教师如果对自己所掌握的知识没有准确的估计，就不能进行有效的教学。

2. 树立对本学科学习的正确目标。一旦意识到，学习"心理学"不仅仅是获得一些关于心理学的事实，更是要学习掌握青少年心理的方法，并在以后的教学工作中加以运用，即将心理学作为程序性知识、策略性知识来学习，那么我们不仅会发现心理学中有许多值得学的东西，而且会发觉它也是一门很有趣的学科。

3. 提高自学能力。对青少年来说，预习和课外阅读尤其需要自学能力的培养。对于一个新的知识点，青少年要能够抓住重点，提出有意义的问题，并对学习后会产生怎样的结果有所预期。此外，学习策略的选择一定要适合自己。教给优秀青少年一个与他本身采用的策略相异的方法去阅读材料，反而降低了青少年的成绩，这说明各种策略有时本身好坏不明显，只有当具体使用时，优劣才显现出来。

# 第三章　青少年的技能学习

青少年的学习，不能只限于对知识的掌握，还必须使所学到的知识转化为相应的技能，因此，青少年技能的形成同样是学校教育、教学工作中的一个重要任务。技能作为重要的教育、教学内容，是不可忽视的一部分。

# 第一节　技能的概述

## 一、技能的含义

技能是运用知识在活动中经过练习而获得的，合乎法则的认知活动或身体活动赖以顺利完成动作的动作方式或动作系统。技能有初级和高级之分。初级的技能是指具有某种初步知识能完成一定的活动方式，即经过一段时间的练习之后达到会做的水平。例如，懂得一点游泳知识，刚刚学会游泳的人，也可以说有了游泳技能。高级技能其活动方式的基本成分已经是自动化了。例如，写字的技能也包括书法家的书写技能，游泳的技能也包括游泳健将的技能。这种技能也叫技巧或熟练。

无论是初级技能还是高级技能都是对知识的应用。刚刚形成某种技能时，人头脑里储存的是陈述性知识。初学者或者思索着与新情境有某些相类似的过去经验，或者接受有经验者的指导，或者模仿他人成功的行动方式，力求加以实现。这种知识主要还是概念性质的。经过多次练习形成高级技能时，人头脑里储存的则是程序性知识。

## 二、技能的特点

### （一）练习作为技能的形成途径

技能是通过学习或练习而形成的，技能不同于本能行为，它是在后天的学习过程中，通过不断的练习而逐步完善的。青少年在技能学习中，活动动作方式的掌握总是要经历一个由不会到会、由会到熟练的逐步发展完善的过程。练习是实现这一过程的必由之路。练习不同于机械地重复某种动作，练习中每一次动作反复都意在改进动作，提高动作的有效性，使动作趋于完善。

### （二）动作方式作为技能的形式

技能是一种活动方式，是由一系列动作及其执行方式构成的。技能属于动作经验，不同属于认知经验的知识。知识的学习要解决的是知与不知的问题。技能要解决的问题是动作能否做出来，当然，技能的学习要以程序性知识的掌握为前提。初学者刚刚学习某种技能时，其头脑中储存的是概念性知识。此时，学习者经过思考与新情境相类似的已有知识经验，或接受有经验者的指导，或模仿他人成功的活动动作方式。经过反复多次练习形成熟练技能后，学习者在头脑中储存的则是一种完整严密的动作映象系统，难以用语言把它描述出来。因此，技能的掌握不是通过言语表述而是通过实际活动表现出来的。

### （三）合乎法则作为技能的标志

技能的活动方式不是动作的随意组合，合乎法则是技能形成的前提。技能是通过系统的学习与教学而形成的，是在主客体相互作用的基础上，通过动作经验的不断内化而形成的。在技能形成过程中，各个动作要素及其之间的顺序都要遵循活动本身的要求。例如，初学打太极拳时必须按太极拳的法则要求严格执行各个动作，写作技能的培养总是从字词句开始，进而是段，然后才是篇章。只有这样，作为技能的动作方式才能通过多次反复的练习而形成动力定型，逐步实现自动化。合乎法则也是技能掌握的标志。高手打太极拳时其一招一式看似随意拈来，各步动作之间更是一气呵成，其实每步动作都是合乎法则要求的。合乎法则的熟练技能具有以下特征：①流畅性，即各动作成分以整合的、互不干涉的方式和顺序进行。②迅速性，即快速地做出准确地反映。③经济性，即完成某种活动所需的生理和心理能量较小，工作记忆的负荷较小。④同时性，即熟练的活动的各成分可以同时被执行或者可以同时进行无关的活动。⑤适应性，即能够灵活地适应各种变化的条件。

### 三、技能与知识及习惯的关系

1. 技能与知识的关系。在常识上，人们常常用"知"与"会"来区分知识和技能。知识的学习目的在于理解和记忆事实、概念和原理等，涉及知道不知道、懂不懂的问题，技能学习的目的在于掌握完成某种活动所要求的动作来解决问题，涉及会不会、熟练不熟练的问题。技能的形成常以知识的领会为基础，但知识的领会并不等于技能的形成。一个刚学写字的孩子，必须首先学会关于笔画和笔顺的知识，并知道握笔和运笔的方法。但是如果他仅仅知道这些，而没有通过练习熟练地掌握写字的动作，他就没有形成写字的技能。同样的道理，青少年领会了四则运算的法则和步骤，并不等于形成了相应的技能。

广义的知识可以分为陈述性知识和程序性知识。陈述性知识相当于我们常识中的知识，是狭义的知识；程序性知识则相当于我们常识中的技能。如果某个人能够成功地将分数转换为小数，传统常识认为他掌握了相应技能，而认知心理学则解释为他掌握了一套支配其行为的程序。这意味着，在认知心理学中，广义的知识分为狭义的知识（陈述性知识）和技能（程序性知识）。一个人是否具有知识不仅要看他会说什么，还要看他会做什么。安德森曾经列举骑自行车和说母语为例说明程序性知识的不可言传性。

程序性知识与技能分属于不同的话语体系，分别指向同一对象。如果一定要说它们存在什么区别的话，技能是一种合乎法则的动作方式，而程序性知识内隐在活动的动作方式之中。此外，从语言应用的角度看，人们常常用陈述性知识与程序性知识来区分个体的主观知识，人们在实际的教学中常常用知识和技能来区分教学内容，因为在教学内容中许多（狭义的）知识（如梯形的概念）和技能（如说外语）都涉及陈述性知识和程序性知识的学习。

陈述性知识的学习不同于技能的学习，但却是技能学习的起点。陈述性知识的学习目的在于形成比较宽泛的知识背景，它不一定能立刻被应用到解决问题中来，而是对理解问题、分析问题起到帮助作用。而技能就是为了完成某种任务而学的，学习的结果不要求对整个知识的来龙去脉、相关概念有多么深刻地了解，而是要求对技能熟练掌握。如织毛衣的技能，只要会织，织得好，却不一定对毛线、毛衣针的发展历史及材料有多么细致地了解。但是，在技能学习之初，学习者首先要理解并记忆活动所必需的诸如新概念和规则等陈述性知识，如三角形定义和乘法口诀等，为应用相关的知识解决问题做准备。如果青少年没有相关的先前知识，工作记忆的负荷就可能过大，以至于难以继续。例如如果要学习用外语写诗，就必须知道一些这门外语的语法和词汇，还必须懂得一些诗的格式。在写诗的同时还要学习语法、词汇、诗的格式等内容就太难了。

程序性知识的学习和技能的学习都是将有关事情、动作序列的规则转化为相应的活动方式。例如，在游泳学习活动中，程序性知识涉及游泳的动作步骤及执行顺序，但是，如果学习者只是能够明确用语言将其描述出来，则仍然处于陈述性知识学习阶段。学习者必须经过实际的下水游泳活动，将这种陈述性知识进行知识编辑，使之变成被程序性地编码过的知识。从技能学习的角度说，学习者必须通过实际操作，获得活动的经验，才能掌握游泳技能。学习者一旦能够表现出游泳技能，反而可能忘记了或不能明确说出游泳的动作步骤和规则。只有通过实际的游泳动作而不是口头描述来确定学习者是否掌握了有关游泳的程序性知识。

所以，技能是青少年获得知识、巩固知识和运用知识的一个重要条件。第一，技能与有意识的行动比较起来，技能的行动比较容易完成，消耗的精力比较少，而且完成的效果比较好。例如青少年掌握了一定的阅读、写作、计算、实验的基本技能以后，就可以大大提高学习效率，更好地完成学习任务。第二，技能可以使人从对细节的思考中解放出来，把意识集中到活动中最重要的任务与内容上。这样就能使我们在完成这种活动的过程中有更多的创造性。常说的"熟能生巧"就是这个意思。技能可以说是创造的重要条件。教师在教学中，既要教给青少年知识，又要教给青少年一定的技能。

2. 技能与习惯的关系。熟练的技能和习惯两者之间是既有联系，又有区别的。一方面，习惯和熟练的技能都是自动化了的动作系统。任何习惯离开了自动化的活动动作系统都无法完成。一个有卫生习惯的人，对于饭前洗手、便后洗手的动作都是自动化的，人们在完成习惯性动作时，意识的调节作用也很低。

另一方面，习惯和熟练的技能存在着一些区别：①习惯是实现某种行动的需要，已成为一种实现某种自动化动作系统的心理倾向。当人适时地将某种习惯实现时，该人就获得了满足、产生愉快的心情；反之，就会引起不愉快的情绪。例如已经养成早晨锻炼身体的习惯的人，如果有时不能锻炼，他就会感到不愉快。又如，抽烟就是一种习惯，抽烟的人一旦有烟抽时，就会产生愉快感。一旦无烟抽时，就会觉得浑身不自在。而熟练技能则仅仅是一种自动化的动作方式，不一定与人的需要联系在一起。例如，会骑自行车的青少年，不一定非骑自行车不可，为了避雨他可能乘公共汽车到校读书。②技能是在有意识的练习中，自觉地改进某些动作的基础上形成的，而习惯则常常是在无意中简单地反复同一活动的基础上形成的。例如写字、阅读、计算、跳舞、骑自行车等的技能，都是在自觉的练习，即不断改进动作的基础上形成的；而吸烟的习惯、吹口哨的习惯、讲演时的口头禅和习惯的姿势，都是在无意中不断反复同一动作而形成的。当然，习惯也可以通过有意识的训练来培养，青少年良好的学习习惯和生活习惯的养成，大都是在教师对他们进行的常规训练中获得的。③熟练技能有高级和低级之分，但没有好坏之分。而习惯则不同，它可以根据对个人和社会的意义，把那些有益于社会、有益于他人或自己身心健康的习惯，称为好习惯。如有礼貌、讲卫生、团结同学、遵守纪律等，而那些损害社会和他人利益以及威胁个人身心健康的习惯，如抽烟、酗酒、捣乱课堂纪律等习惯，称之为坏习惯。

习惯对于人的活动影响也是很大的，因为它比技能更能使人的意识解放。

当我们养成了某种好的习惯以后，只要在一定的时间、地点和条件下，这种习惯的活动就会自然而然地出现和完成。"习惯成自然"，它可以使人有更多的精力去完成更多更大的任务。例如洗脸、刷牙的习惯，把学习工具放在一定地方的习惯，按时完成作业的习惯，按时运动和休息的习惯等，这些良好的习惯养成得越多，在工作和学习上就能够得到更多的便利。至于有害的习惯，它却是生活上的一种累赘，它使人不能很好地工作和学习，还会妨碍别人的工作和学习。因此应当随时防止养成不良的习惯。教师应该及时培养青少年的优良习惯，破除他们的不良习惯。

习惯虽然能够在无意中养成，但也可以有意识地养成或破除。要有意识地养成或破除一种习惯，是与一个人的坚强意志密切相关的。培养良好习惯或破除不良习惯，不只要有决心和信心，而且要坚持不懈，绝不破例地贯彻这个决心和信心。只有这样，人们才能养成控制自己的习惯。教师在培养或改正青少年的习惯时，同样要有坚持不懈、绝不破例的精神。这样不但可以帮助青少年养成正确的、良好的习惯，而且可以培养青少年的坚强意志。

### 三、技能的分类

#### （一）动作技能

动作技能又称为运动技能和操作技能。它是指由一系列借助骨骼肌肉活动的外部动作以合理的程序组成的操作活动方式。它是一种习得的能力，是按一定技术要求，通过练习而获得的迅速、精确、流畅和娴熟的身体运动能力。动作技能可以通过诸如顺利地书写、跑步、体操、驾驶汽车、操纵生产工具、打字等借助骨骼、肌肉及相应的神经过程实现的活动而表现出来。根据这一界定，可以将动作技能与不随意的和反射的动作相区别，如在人的眼前出现轻微刺激，人能迅速做出眨眼反应，这种反应不是习得的，不属于动作技能。动作技能既存在于要求使用某种装置的任务中，如绘图、打字、使用实验仪器、打球、骑车和开飞机，也存在于不要求使用装置的活动中，如练拳、竞走、游泳、唱歌、舞蹈等活动。心理学家认为，不论使用或不使用装置，动作技能中总是包含精细的肌肉控制。所以，一般不把简单的摇头作为动作技能，因为这里只有简单的肌肉反应。

动作技能又称为心因运动技能。这个术语是由"心因"和"动作"两个成分合成的，意在强调动作不是简单的外显反应，而是受内部心理过程控制的。动作技能往往与知觉不可分，所以有人把知觉与动作联系起来，称之为知觉动作技能。

在动作技能中，根据是否需要操纵一定的工具可以将它分为操纵器具的动作技能和机体动作技能两种。写字、绘画、骑自行车和撑杆跳高等技能就属于操纵器具的动作技能，而田径、体操、唱歌和跳舞等技能则属于机体动作技能。尽管动作技能的表现形式多种多样，但它们都是借助于肌肉、骨骼的动作和相应的神经系统的活动来完成的。从这种意义上来说，凡是动作技能，皆是由一系列的骨骼肌肉的随意动作组成的。

动作技能的形成是将一连串动作通过练习从低层次阶段向高层次阶段逐渐发展，形成熟练的、自动化的反应过程。领会有关知识是动作技能形成的前提，反复地练习是动作技能形成的条件，操作达到自动化程度是动作技能形成的标志。动作技能的自动化程度越高，说明动作技能越巩固、越完善。达到自动化程度的动作活动方式，被称为熟练。

动作技能在青少年的学习活动中具有重要的作用，它不仅是青少年学习的重要内容，而且还是青少年出色地完成学习任务的重要条件。动作技能的作用主要表现在：

1. 动作技能是人们实践经验的总结和人类在长期的社会生活过程中积累起来的，是人类变革现实不可缺少的心理因素。

2. 动作技能是操作能力形成发展的重要构成因素，操作技能的掌握是使青少年形成顺利完成某种实践任务的熟练的行动方式，这是培养人才的技术能力和才能不可缺少的重要因素。

3. 动作技能的传授和掌握，是构成学校教育的重要内容之一，特别是职业学校教育过程中，青少年动作技能的学习和掌握占有特别重要的地位。

### （二）心智技能

心智技能又称为智慧技能或智力技能。它是一种借助于内部语言在人脑中进行的认知活动方式，如默读、心算、写作、观察和分析等技能。青少年在观察、记忆和解决问题时所采用的策略也是心智技能的不同形式。其中主要是思维活动的操作方式，例如运算、作文时的思维活动的操作方式等。心智技能具有三个特点：①对象具有观念性。心智活动的对象是客体在人脑中的主观映象，是客观事物的主观表征，是知识、信息。②执行具有内潜性。心智活动的执行是借助于内部言语在头脑内部默默地进行的，只能通过其作用对象的变化而判断其存在。③结构具有简缩性。心智活动不像操作活动那样必须将每一个动作实际做出，也不像外部言语那样必须把每个字词一一说出，而是不完全的、片断的，是高度省略和简化的。

在心智技能中，根据适用的范围不同，又可以将它分为专门心智技能和一般心智技能。

专门心智技能是为某种专门的认知活动所必需的，也是在相应的专门智力活动中形成发展和体现出来的，如默读、心算以及打腹稿等技能便是青少年在学习活动中必须掌握的最基本的专门心智技能。如青少年在学习活动过程中掌握和运用的阅读、写作、解题、运算技能，就属于青少年在学习活动中必须掌握的最基本的专门心智技能。当青少年熟练地掌握了代数的法则和解题的程序时，在解代数方程式时，由上一步可以直接看出下一步，把本来需要靠推论得出的结论，凭记忆即可得出来，从而实现了运算的自动化。专门智力技能的形成是以思维变成记忆为重要标志的。

一般心智技能是指可以广泛应用于许多领域的心智技能，它是在多种专门心智技能的基础上经过概括化而形成发展起来的，青少年在日常生活中学习和掌握的观察技能、比较技能、分析和解决问题的技能等，都属于一般的智力技能。在整个认识活动中，专门智力技能和一般智力技能往往是相互渗透、交织在一起的两者是在同一智力活动中形成和发展的。例如，青少年在从事写作活动时，不仅形成和发展了"打腹稿"的专门心智技能，同时也形成和发展了分析、综合、比较等一般心智技能。

正如熟练的动作技能可以使人们出色地完成各种外部活动任务一样，熟练的心智技能也是人们有效完成各种智力任务的重要条件。一个具有创作技能的人，由于能够正确地构思、布局、选择适当的语言材料，才能充分表达自己的思想和感情，从而使文章富有感染力。

### （三）动作技能和心智技能的关系

动作技能与心智技能既有区别又有联系。它们的不同之处在于动作技能具有物质性、外显性和扩展性等特点，而心智技能则具有观念性、内隐性和简缩性等特点。换言之，前者主要表现为外显的肌肉骨骼的操作活动，后者主要为内隐的思维操作活动。

同时它们又密切地联系在一起。心智技能是动作技能的调节者和必要的组成部分，动作技能又是心智技能形成的最初依据和外部体现的标志。两者是相辅相成、互相制约、互相促进的。例如，在青少年的学习活动中，不仅需要心智技能参与，也需要动作技能参与，常常是这两种技能的有机统一，即手脑并用。因此，在确定某种技能到底是属于心智技能还是动作技能时，关键取决于其活动的主导成分。如打字、体操主要是肌肉骨骼的动作，虽然这种动作也受到人的思维的调节支配，但它属于动作技能。而阅读、写作、运算主要是人脑内的思维活动，虽然也借助于发音器官和手的动作来实现，但它们仍属于心智技能。

## 四、技能形成的特点

技能的形成是领会、巩固和应用知识的重要条件，培养青少年的各种技能对于青少年智能的发展，特别是独立学习能力和创造力的发展具有极大作用。因此教师不仅要把知识教给青少年，而且要使青少年学会一些必要的技能。由技能形成的初级阶段到熟练地掌握技能的阶段，一般表现出如下三方面的特征：

### （一）活动结构的改变

在形成动作技能时，许多局部动作联合成一个完整的动作系统，动作之间互相干扰的现象以及多余的动作逐渐减少乃至消失。在形成智力技能时，认识活动的各个环节逐渐联系成为一个整体，内部言语趋于概括化和简缩化。

### （二）活动速度和品质的改变

动作技能的形成表现为动作速度的加快和动作的准确性、协调性、稳定性、灵活性的提高。智力技能的形成表现为思维的广度与深度，思维的敏捷性、灵活性与独立性的提高。

### （三）活动调节的改变

在动作技能方面，表现为视觉的控制减少，动觉的控制加强，动作的紧张性消失，基本动作接近自动化。在智力技能方面表现为认识活动的熟练化，神经活动的能量消耗减少，言语过程较少需要意志努力等。

## 五、技能的作用

已经形成的技能可以影响另一种技能的掌握。有时，已经形成的技能有助于新技能的掌握，有时，则妨碍新技能的掌握。各种技能之间可以相互影响、相互作用。已经形成的技能对新技能的形成发生影响，促使或阻碍新技能的掌握，称为技能的迁移。迁移有正负之别。凡起积极影响作用的，叫正迁移，例如，会骑自行车的人，就比较容易学会驾驶摩托车。凡起消极妨碍作用的，叫负迁移；负迁移也叫作干扰。

### （一）技能的正迁移

人在学习新技能时，总是依靠过去的经验和已掌握的技能。丰富的经验和多方面的技能，有助于对新技能的掌握。新技能与已掌握的旧技能之间的共同成分愈多，相似性愈大，迁移的程度就愈大。因此，对新旧技能的活动方式作精确的分析，并概括出它们之间的共同内容和特点，就能促使技能的迁移。如果现在所要掌握的技能与已经掌握的技能之间有许多相似之处，如刺激与反应的方式相近，完成活动的方式及结果相近，对练习者有着同样的能力上的要求，则很容易产生迁移作用。应当合理地利用迁移作用，避免干扰作用，使已经学到的技能服务于将要学的技能，这样就能避免过多的精力浪费，提高效率，收到事半功倍的效果。

**（二）技能的负迁移（技能的干扰）**

已经形成的技能对新技能的形成发生消极的影响，阻碍新技能的掌握，称为技能的干扰。例如，习惯于用右脚起跳跳高的人，在学习用左脚起跳的撑杆跳高时往往有干扰现象。

当两种技能在结构上有很大的相似性，但其中某些共同刺激却要求相反的动作方式时，就会发生技能的干扰。在这种情况下，旧的动作方式愈巩固、愈自动化，就愈容易干扰新技能的形成，使新技能时常出现某些顽固性的错误。这些错误通常就是旧技能中的一些成分。例如，用惯了英文打字机的人，再学习俄文打字机时，动作方式虽有很大的相似性，但字母刺激物与手指的反应关系要有相当的改变，这样就发生了干扰，时常用英文打字方法去动作。当然，这里也有迁移的成分，如手指的定位能力、手指的灵活性等，在俄文打字中也具有积极的作用。因此，技能的迁移和干扰常常是结合在一起的。

诚然，两种技能由于有共同成分或相似而产生迁移。但却不能说两种技能由于缺乏共同成分或相似就产生干扰。在一般情况下，两种技能关系若不大，就互不影响。例如，写字不一定影响游泳，绘画不一定影响跳高，等等。

要克服技能的干扰，最重要的手段是在练习的过程中把新旧技能的不同目的、要求、条件和练习的方式、方法加以细致的辨别和对比。这种辨别和对比愈明确，就愈能克服技能的干扰。

**（三）技能迁移的理论**

技能的迁移也叫正迁移，技能的干扰也叫负迁移。在西方心理学中，"迁移"这个概念，含义很广，主要包括三方面的内容：①知识、技能的迁移，如一门学科的学习影响对另一门学科的学习等。②态度的迁移，如儿童在家里养成依赖家长的态度，可以迁移到学校中去，产生对老师和年长同学的依赖等。③学科的学习可能对发展能力产生迁移。

在西方心理学中，比较流行的迁移理论有三种：①共同要素说，桑戴克和武德沃斯认为，如果新情境在某一部分或某些部分上和那种熟悉的刺激模式相同，那么学习者就可能把他正学会的反应模式从一种情境迁移到另一种情境中去。他们认为，从一种情境向另一种情境的迁移一般是和两种情境相似的程度成正比例。迁移出现的程度是由新旧两种技能之间所具有的共同因素所决定的。②类化理论：贾德以向水中目标打靶的实验得出结论，认为只要学习者对学习的经验作有系统的概括，便可以使这种概括化的经验更广泛地应用于那些有新情境的特殊场合。他特别强调类化在技能迁移中的作用，而两种学习之间是否具有完全相同的因素是无关重要的。③关系的理论：格式塔心理学家认为对情境中关系的顿悟是获得迁移的真正原因。实际上，这个理论仅强调了类化理论中的另一成分，也是与共同要素说相冲突的。这三种理论各自只强调了问题的一个侧面，表面上看似乎是对立的。其实，并不矛盾。在学习中，客观刺激的共同要素、学习者对已有的知识经验的概括化程度（包括对事物的关系的领会）都会对学习的迁移起一定的作用。

### 六、技能的学习及其掌握对于青少年的意义

第一，技能的掌握是进行学习活动、提高学习效率的必要条件。长期以来，青少年对阅读、书写、运算等基本技能的掌握一直被认为是他们顺利完成学习任务所必备的基本条件。因此，青少年技能的学习和掌握是学校教学的重要目标之一。

第二，技能的形成有助于对有关知识的掌握。虽然技能的形成要以对有关知识的掌握为前提，但在技能形成过程中或之后却又能促进对这些知识的理解和掌握。例如，要使青少年形成分数和小数的互化运算技能，他们首先必须掌握分数、小数及其相互关系的知识。同时，当他们在练习分数和小数互相转化形成运算技能的过程中，也就大大地促进了他们对分数、小数知识的理解和掌握。

第三，技能的形成也有利于智力、能力的发展。青少年掌握了某种技能，就能够熟练地按照合理的动作方式去完成相应的活动任务，而这种活动效率的提高就是他们的智力、能力发展的具体体现。研究表明，能力的发展是以有关的技能为前提的。培养和造就某种人才，除了他们具备有关的知识之外，还必须掌握有关技能。例如，不掌握音乐方面的吹、拉、弹、唱等技能，就不可能发展音乐才能。

# 第二节　动作技能

人们从事活动的行动是由一系列动作组成的，这些行动能否顺利完成，依赖于我们对组成这些行动的动作方式的掌握程度。当人们学习一种新的动

作方式时，需要不断地去练习，不断成功地完成它。于是这种实现动作的方式就巩固下来，形成顺利完成这一行动的动作系统，也就是形成了一种技能。技能是对动作方式的掌握，不是动作本身。

实现动作的方式一经掌握，技能便形成。这时，由于对实现动作的方式日益熟练，这些动作方式便从"有意识"的方式中解放出来，能在意识的参与和控制减到最低限度的情况下，顺利而有效地实现这一技能动作的"自动化"。自动化是熟练的结果；熟练是技能高度发展的结果。

## 一、动作技能的含义

动作技能是一种习得的能力，是按一定技术要求，通过练习而获得的迅速、精确、流畅和娴熟的身体运动能力，可以通过诸如顺利地书写、跑步、体操、驾驶汽车、操纵生产工具、打字等借助骨骼、肌肉及相应的神经过程实现的活动而表现出来。根据这一界定，可以将动作技能与不随意的和反射的动作相区别，如在人的眼前出现轻微刺激，人能迅速做出眨眼反应，这种反应不是习得的，不属于动作技能。动作技能既存在于要求使用某种装置的任务中，如绘图、打字、使用实验仪器、打球、骑车和开飞机，也存在于不要求使用装置的活动中，如练拳、竞走、游泳、唱歌、舞蹈等活动。心理学家认为，不论使用或不使用装置，动作技能中总是包含精细的肌肉控制。所以，一般不把简单的摇头作为动作技能，因为这里只有简单的肌肉反应。

动作技能又称为心因运动技能。这个术语是由"心因"和"动作"两个成分合成的，意在强调动作不是简单的外显反应，而是受内部心理过程控制的。动作技能往往与知觉不可分，所以有人把知觉与动作联系起来，称之为知觉动作技能。这些不同的术语，其含义实质上相同。

## 二、动作技能的特点

### （一）物质性

动作技能的活动方式是由一系列动作构成，动作是主体对动作对象所作出的影响，是活动系列的构成单位。就其动作的对象来说，动作技能的对象是物质性客体或肌肉，因此，动作技能具有物质性的特点。

### （二）外显性

就动作技能的进行而言，操作动作由外部显现的肌体运动来实现，具有外显性。是看得见、摸得着的。如青少年的广播体操做得好坏、整齐否，通过观看就可得知。

### （三）展开性

动作技能就其动作结构而言，操作活动的每个动作必须切实执行，不能合并，不能省略，在结构上具有展开性的特点。青少年做广播体操必须从第一节，按顺序地做完，是不能跳跃、不能省略的。

## 三、动作技能的结构分析

### （一）连贯——断续维度

一个连贯的动作技能是人对刺激的结合做出连续的不间断的方式完成一系列动作，其中有些刺激是从肌肉中反馈的。许多熟练的技能如游泳、翻跟斗、说话、唱歌等都是连贯的技能。动作之间没有明显可以直接感觉出来的开端和重点，一般持续的时间较长，当然这种连续性也会对任务进行不断的调整。连续的动作技能有一条需要个体遵循的路径以及一个工具，个体通过一些肢体运动来让工具沿路径运动。如在开车时，路径是道路，工具是汽车。

与此相反，一个断续的动作技能就是对于一个特殊的外部刺激作出一个特殊反应的活动。这是一种开始和结尾都是清晰可辨的、在较短的时间内（一般在5秒钟以内）完成的技能。例如，投掷铁饼、举重、紧急刹车等都是典型的不连续的动作技能活动。不连贯技能具有明显的开端和结尾，其精确性可以计数。完成这种技能，时间相对短暂，一般是由突然爆发的动作组成。如果把这种技能进一步简化为最简单的形式，那么，从反应时间的测量来看，一个"断续"的任务就是手和臂在一个方向上的动作。

### （二）精细——粗壮维度

精细与粗壮是指与动作技能有关的肌肉的性质和数量。精细的运动技能（如手指的动作）往往是身体的局部运动，这种运动幅度小。精细技能是依靠小肌肉群的运动来实现，一般不需要激烈的大运动，而依靠比较狭窄的空间领域进行手、脚、眼的巧妙的协调动作。主要运用腕关节和手指的动作，像穿针引线、写字、打字、弹钢琴等手工技巧属于精细的动作技能。但是手工技能并不是精细动作技能的全部，声带在演说或唱歌中的使用，摆动耳朵也属于精细动作技能的范畴。

粗壮的动作技能是运用大肌肉的，并且往往是全身性的动作，运动幅度大，比精细的运动技能更复杂。如打网球、跑步、游泳、举重等。

人们在获得精细动作技能和粗壮动作技能的难易方面有很大的个别差异。研究表明，这两类动作技能之间的相关是很低的，因为它们之间的差别太大了。

### （三）内反馈——外反馈维度

反馈分外反馈和内反馈两种。外反馈是通过外部介质（如光、声、气味等）而实现的反馈。内反馈是通过动觉信息而实现的反馈。一个内反馈的动作技能是一种完全借助于肌肉动作的反馈信息而实现的。这种技能是闭着眼睛也能完成的。闭上眼睛写字等都可以说是内反馈技能。在实际生活中，许多动作技能都有外反馈的特征，即是说，这些反应或多或少受到外部刺激的调节。抄写、滑雪等动作技能，要适当而精确地实现，都必须通过外反馈才有可能。熟练的钢琴家和打字员的弹钢琴和打字的速度很快。这种技能看起来好像受刺激控制，其实这种技能具有智力活动的性质。

### （四）语言——运动连续体

人在进行某种运动技能时，对言语（包括外部言语和内部言语）的依赖程度是不一样的。不规则而急速的运动对言语的依赖程度较少，而缓慢、不连续的运动对言语的依赖程度较多；技能的熟练程度不同，对言语的依赖程度也不一样。在技能形成的初期，言语的作用非常重要，而在技能形成后期，言语的作用就不大明显了。

### （五）知觉——运动连续体

在运动技能形成中，知觉的作用是不同的。通常，在技能形成的初期，知觉的作用较大，而在技能形成后期，知觉的作用有减少的趋势。

### （六）力量——准确性连续体

运动技能是由力量、空间准确性和时间因素（速度和韵律）组成的。因此，以力量为一端，以准确性为另一端来确定某种技能的特点。

### （七）视觉——运动连续体

在运动技能形成中，视觉控制所起的作用是不同的。通常在技能形成的初期、视觉控制的作用较大，而在技能形成的后期，视觉控制的作用逐渐让位于动觉控制。另外，在不同性质的运动技能中，视觉的作用也不一样。例如，钟表和仪器的修理技能、写字技能等，对视觉控制依赖性大，即使这些技能形成熟练后，也仍然离不开视觉控制。

### （八）封闭技能——开放技能

封闭性技能是一种完全依赖内部肌肉反馈作为刺激指导的技能。这种任务闭着眼睛也能完成。例如在黑板上徒手快速划一个大圆就接近于封闭操作技能。封闭式的动作技能在进行时，外部情境在本质上是始终如一的，因此动作也始终如一。而且在大多数情况下，这种动作技能是靠内部的本体感受器所介入的反馈来调节的。例如，体操、游泳、跳远、投掷项目、篮球的罚球等均为封闭式动作技能。学习这种动作技能关键在于反复练习，直到达到标准的模式和自动化程度为止。

封闭性动作技能的环境是可以预测的。可以预测的环境主要有两种情况：一是非常稳定的环境是可以预测的，如射箭、打保龄球、刷牙等动作的环境；二是当环境的变化是可预测的，或者这种变化已作为练习的结果而习得时，也会形成可预测的环境，如变戏法，在这些任务中，随后几秒钟的环境是可以预测的，因而可以事先对运动作出计划。

开放性技能主要依赖于周围环境提供的信息，正确地感知周围环境成为运动调节的重要因素。例如打篮球等，开放性技能要求人们具有处理外界信息变化的能力和对事件发生的预见能力。生活中许多动作任务都具有开放的特征，它们的反映或多或少地受到外部刺激的影响。

开放性技能主要依赖于周围环境提供的信息，正确地感知周围环境成为运动调节的重要因素。例如打篮球等，开放性技能要求人们具有处理外界信息变化的能力和对事件发生的预见能力。开放动作技能通常在进行时，外部情境是在不断变化的。在完成开放式动作技能过程中要不断地判断外界变化着的情境（包括别人的动作），并在此基础上控制自己的动作，使之相应有所变化。例如，打乒乓球、排球、网球、以及足球的防守等均为开放式动作技能。

训练开放式动作技能应达到减少开放性（或者不可预测性），使学习者确切把握环境的变化。所谓对环境的确切把握，主要是指准确地认识环境变化的因素，以及全面、完整地认识环境的变化因素。如果不能完整地、准确地认识外界环境的变化，当个体面对不断变化着的外界情境时，就不能在迅速地再认和判断外界情境变化的基础上控制自己的动作，从而导致失误。

开放的动作技能的环境是一直变化的，不可预测的，因此操作者不能事先有效地计划整个运动。如撑船、捉蝴蝶、摔跤等活动。又如在繁忙的快车道上开车的技能也是开放的动作技能，虽然对应该做什么有一个总的计划，如超车，但准确计划必须足够灵活，以便能应对其他司机突然的举动。开放性动作技能的成功取决于个体以其行为成功地适应变化环境的程度。通常，这种适应必须非常快，而且有效的反应者还必须有许多不同的行为供其选择使用。

## （九）简单——复杂连续体

运动技能有简单和复杂之分。确定技能的复杂程度往往是从感觉信息运动类型的复杂程度和技能形成的阶段等方面来考查。

### （十）个人差异——最大努力连续体

运动技能具有一般的模式，完成这种技能要求人们付出最大的努力，这是运动技能中的一端，同时，个体在完成这种技能时，又有自己的选择和偏好，存在着个别差异，这是运动技能中的另一端。例如，一个人赶路每小时可走 6 公里，但他偏好的步行速度可能为每小时 3 公里。跳远的助跑距离有人需要 6 米，有人只需要 5 米，这都显示了个人的偏好和差异。

从技能动作所包含的刺激量和反应数或完成动作技能时加工的信息量来看，有简单动作技能和复杂动作技能。此外，还可以从动作技能反应的精确性、协调性、稳定性、速度、有效地利用线索以及在紧张情况下维持技术水平等方面，对动作技能的结构进行分析。

### 四、动作的控制与调节

从过程上看，每一个技能动作都是根据对刺激的感知所作出的反应。它起始于感知活动，终止于动作的完成。因此，技能活动是感知觉过程与动作过程共同协调完成的，它们都接受中枢神经系统的控制和调节。

首先，刺激作用于感觉器官，中枢系统调节着感觉器官，以便得到对刺激的精细、准确、完整的感知觉。感知觉信息传入中枢，中枢据此发出指令给运动器官，指引肌肉运动，作出动作反应。此后，每一个动作的细微变化和进展，通过动觉本身和视觉监视得到的信息，反馈回中枢，中枢依据这些信息随时加以处理，发出调节运动的指令给运动器官，调整动作。而调整动作的信息又反馈回中枢，导致再次调整……就这样，形成了感知觉与动作反应的反馈环路。在这个环路中，每一个动作反应本身均起着对下一个动作反应的信号调节作用，构成连锁反应。如果其间有新的刺激出现，对这一刺激的感知觉信息便会加入进来，共同调节下一个动作反应。于是，从感知觉到动作反应，构成了一个循环式的相互联系、不断调节的系统。

动作技能对个人具有重要的作用。类似于伸手、抓握等基本动作，在人类早期就已经学会了，而且成为个人全部技能中一个"极少需要意识控制的"部分。随着年龄的增长，生活情境的变化，开始不断学习更复杂的动作技能，旋转、跳绳、使用铅笔等，后来还需要学会使用一些新型的工具，例如计算机。各种各样的专门化的动作技能和智慧领域的学习活动有密切的关系。

### 五、动作的反应时间

动作的反应时间是指从刺激出现到开始作出动作反应之间所经历的时间，

简称反应时间。反应时的长短可以相对地反映出技能动作的熟练程度及动作的复杂程度。

依据动作发展应有简单反应和复杂反应之分，动作反应时也分为相应的简单反应时间和复杂反应时间两类。

1. 简单反应是对单一的刺激作单一的确定反应，这种反应对刺激和反应方式都无需辨别和选择，因此反应时间也短。

简单反应时间是对单一的刺激物作出确定反应所需要的最短时间。这种反应比较简单，只要感知到刺激物，不必过多的思虑，就立即作出反应。不同感觉器官的反应时间是不同的。听觉和触觉的反应时间最短，苦味的反应时间最长。

影响简单反应时间的因素：①刺激的强度。一般而言，刺激愈强，反应时间越短；但光刺激的强弱对反应时间影响不大。②刺激前的时间（即发出反应准备的信号到刺激出现之间的时间）。一般情况下，当反应者作好准备，身心紧张起来时反应时间将缩短。但从身心的动员到达紧张的极点之前需要 1 秒钟时间；同时紧张状态也不可能持续维持在同一水平上，一旦超过 4 秒钟，紧张状态就会发生变化。③练习可以缩短反应时间，但缩短反应时间很有限，很快就达到生理极限，此后几乎不再变动。④随着年龄的增长，特别是老年人，反应时间随之增加。⑤海拔高度。随着海拔高度的增加反应时间增长。⑥药品。例如酒精和吗啡的作用开始会缩短反应时间，随后反应时间增长。茶叶和咖啡会缩短反应时间等。

2. 复杂反应是要求根据各种可能出现的刺激，选择符合要求的反应方式作出反应。刺激可以有几种，反应方式也可以有两种或更多种。因此，在要求作出的反应复杂时，就需要对刺激和反应方式加以辨别和选择。

复杂反应时间（或叫选择反应时间）是根据不同刺激，在各种可能中，选择一种符合要求的反应所需要的最短时间。选择复杂反应的中枢活动比较复杂，需要进行一定的思维活动，作出选择，执行正确的反应动作。复杂反应时间比简单反应时间要长一些。反应选择的可能性愈多，反应时间就愈长。随着刺激选择数目的增加，反应时间也随之增加。

简单反应时间的个体差异不大。复杂反应时间则有很大的个体差异。即使加以训练，有的人能有较大的缩短，有的人则不能，这就反映出不同人在技能上的差异。

当然，刺激物及人本身的特点对反应时间是有影响的。刺激强度越大，反应时越短。人处于积极准备状态下，反应时间也会缩短。情绪、疲劳和疾病都会影响反应时的长短。

### 六、动作的准确性

动作的准确性是指动作的形式、速度、力量三方面是否恰当和协调，是否符合目的的需要。动作的准确性是在中枢神经系统的控制调节下，由整个机体的协调活动实现的。

1. 动作的形式。动作的形式是指动作的方向和幅度。动作方向是指动作的轨迹，它应指向所要达到的目的。动作幅度是指动作量的大小，即动作路径的长短。动作方向不对，根本谈不上达到目的；动作幅度不对，过小或过大，也不能达到目的。它们都是不准确的动作。

2. 动作的速度。动作的速度是指动作部位在单位时间里所移动的路程多少。动作的速度是肌体的一种能力。

动作的速度是以动作的目的为转移的，动作任务的性质不同，要求的任务也不同。在运动竞赛中，要求动作速度越快越好，但在其他一些活动中，快中却会出错。比如，穿针引线要求手的动作速度慢。护士打针进针时要快，但推入药剂时则要慢。依据不同任务，调节相应的不同动作速度，也是准确完成动作的条件之一。

3. 动作的力量。动作的力量是指动作所表现出来或所能表现出来的力量。动作的力量也是完成动作任务的必要条件之一。许多活动需要克服一定的阻力和障碍，需要动作表现出一定的力量。即使并没有阻力或障碍，动作也需具有克服任何可能障碍的力量的潜在可能性。

动作的准确性对于完成任何职业活动都是必须的，它是构成各种技能的不可缺少的一部分。许多机械操作都要求较高的准确性，对于高速度的操作更是如此。例如飞行操作的很小失误都可能导致机毁人亡，操作的准确性也就成了考核飞行员的最重要的技能指标之一。

### 七、动作技能的测定法

动作技能分为身体熟练技能和操作熟练技能。可以用各种测定法对这两类技能中的诸因素进行测量。

#### （一）身体熟练技能

1. 力气：①爆发力，可用跳远、跳高来测定；②动态力，可用单杠引体向上、双杠、爬杆等来测定；③静态力，可用动作来测量手、臂、腿、背等肌肉的力量。2. 弯曲速度：①动力弯曲程度，用下蹲和深膝弯曲来测定；②改变方向的速度，用往返快跑、躲闪快跑等来测定；③跑步的速度，用50米和 100 米短跑来测定；④四肢活动的速度，用接球、打苍蝇等动作来测定。3. 平衡：①静态平衡，用单脚站立来测定；②动态平衡，以站在大球上保持平衡或骑单车、溜冰等来测定；③托物平衡，用手背上平衡一球或竖直棍子来测定。4. 协调：①肢体协调，以打字、弹风琴等来测定；②全身协调，用跳绳、踢毽子、踩高跷等来测定。5. 耐力，用长跑、俯卧撑等来测定。

### （二）操作熟练技能

①精确控制，用复杂的协调的拉小提琴动作来测定。②肢体协调，用骑自行车、踩缝纫机来测定。③反应定向，用选择反应时间及方向控制来测定。④反应时间，用选择反应时间来测定。⑤手臂活动速度，用二钹互击来测定。⑥随机控制，用动靶射击来测定。⑦腕手灵活，用珠算比赛来测定。⑧手指灵活，用制作小手工艺、操作精密仪器来测定。⑨臂手稳定，以修理手表、做医疗手术等来测定。⑩腕指速度，用转击法来测定。

### 八、熟练和习惯

熟练即高级技能。人们对某种行动方式熟练了，就不必事先考虑如何去完成它，不必再把某种行动分解为各个局部动作来进行，也不必预先拟定应如何完成每个动作。例如，一个能熟练写字的人，对一个字的笔划如何写、各个笔划之间如何安排是不太注意的。一个熟练的木工在刨木料时，并不考虑怎样拿刨子，怎样前后推动刨子，怎样清除刨花等等。当始动刺激出现时，人就按一定的程序引起一系列的自动化反应。熟练动作中的知识讲述出来的能力可以全部消失。熟练动作的自动化是无意识进行的，但这只有在整个行动完全正确无误时才有可能，一旦行动过程发生某种突然事件，或动作的某一环节遇到障碍，人就会发现这种变化，并意识到行动的效果与预定的目的不相符合。这时他就会集中注意于行动过程本身，有意识地调整动作，排除障碍，力图完成尚未完成的部分。这说明熟练的自动化动作虽然是无意识的，但意识的调节作用随时会参与。

习惯是完成某种自动化行为的需要。例如，一个人有饭前洗手的习惯，不论什么时候吃饭，就会自动地洗手。一个人有午睡的习惯，不论什么地点，到了中午就很想睡觉。一个人有吸烟的习惯，他会不知不觉摸出香烟来。这种自动化动作的需要，叫做习惯。

虽然习惯和熟练都是自动化的动作方式，但是，习惯毕竟不同于熟练。首先，习惯是实现某种行动的需要。习惯了的自动化行为已经变成了人的需要，如果这种需要得不到满足，就会引起不愉快的情绪；而熟练则是指实现某种行动的方式，它不一定与人的需要联系在一起。也就是说，习惯和熟练、技能所指的内容是不同的。其次，习惯可以在无意中，通过简单的重复而形成；而熟练则是按照一定的目的并以一定方式组织起来的练习而形成的。第三，习惯可能是有益的，也可能是有害的，即有好坏之分。劳动习惯、卫生习惯、文明行为习惯都是优良的习惯；不卫生、吸烟等习惯，则是不良习惯。而熟练或者是高水平的，或者是低水平的，无所谓好坏之分。

### 九、动作技能和个性

动作技能和个性也有密切的关系。首先，需要动机等个性倾向性会制约技能的形成和发挥。活动的需要是动作技能形成的必要条件。如果没有活动的需要，任何动作技能都无法形成。需要会激发人去学习动作技能。动机对动作技能形成的作用如下：①选择并爱上某项活动；②坚持这项活动的练习；③不断改正练习方法以达到标准；④精益求精，形成熟巧。

动机强度也会影响技能的发挥。动机过弱不利于技能的发挥；但动机过强、非常害怕失败，虽能改进技能，但也会限制在动作中为成功而冒险和发挥最大的潜力。

在动作技能的各个方面，都有个体差异。在学习动作技能初期，每个人在素质、知识等方面就有相当大的个体差异。不仅相等的练习，人们在掌握技能的速度和素质上有个体差异，而且随着练习的进展人们掌握动作技能也会有相当大的个体差异。随着练习的进展，一些人的成绩差距越来越大，但另一些人的成绩则逐渐接近。

# 第三节　动作技能的形成

## 一、动作技能形成的特点

### （一）行为控制从有意识向无意识转化

在技能形成初期，内部言语起着重要的调节作用。这时技能的各种动作都受意识控制；如果意识控制稍有削弱，动作就会停顿或出现错误。随着技能的形成，意识控制逐渐减弱而由自动控制所取代。在熟练期，人们在完成一种技能时，只关心怎样使这种技能服从于当前任务的需要，技能的整个动作系统已经是自动化的了。

### （二）利用线索的变化

在动作技能形成初期，学习者只能对那些很明显的线索（如指导者的提醒）发生反应，他不能觉察到自己动作的全部情况，难以发现自己的错误。随着技能的形成，学习者能觉察到自己动作的细微差别，能运用细微的线索，使动作日趋完善。技能相当熟练时，人能根据很少的线索进行动作。这时熟练者头脑里已储存了与特有的一系列线索有关的信息，当某一线索出现之后，便能预测出会产生怎样的线索。因而熟练者只要很少的线索，就能进行一系列的反应。

### （三）控制行为方法的变化

在动作技能形成初期，学习者依靠外反馈，特别是视觉反馈来控制行为。例如，初学打字的人，一边看着自己的手指和键盘上的字，一边按打字机的键。随着动作技能的形成，动作控制逐渐开始不再依赖于视觉反馈，而是通过像动作程序的记忆图式来控制行为。有人做过一个在剥夺视觉、听觉、触觉和动觉条件下用早已熟练了的手指敲桌子的技能去按打字机键的再学习的实验，结果发现，动作技能的熟练程度达到某一阶段时，人在头脑中就会产生动作程序，并依此程序来控制动作。

### （四）动觉反馈作用的加强

已经形成动作技能之后，人借助于动作程序来控制动作的进行。但这并不是说，熟练期技能的实现不需要反馈信息，这时视觉反馈作用降低了，但动觉反馈作用加强了。动觉反馈信息与动作技能有稳定的紧密相联系。例如，当我们在走路时偶尔踩到一块小石头，就立即产生防止跌倒的动作。这是由于脚部的动觉反馈信息对动作程序的调节。在熟练期，动觉反馈是动作程序的控制器，它保证着动作技能的稳定进行。

### （五）协调化动作模式的形成

开始学习动作技能时，学习者的动作是不协调的；在熟练期，人形成了协调化的动作模式。协调化的动作模式有两种类型：一种是像弹钢琴或打字时手和眼，或左右手那种同时性的协调化动作模式；另一种是像装枪弹之类的技能，它由一系列局部动作（向左扳枪栓，向后拉枪栓，压进子弹，推回枪栓，向右扳枪栓）组成，成为连续性的协调化动作模式。

## 二、动作技能形成的阶段

在实践中的动作技能往往是复杂的，由个别动作构成的动作系统。动作技能形成的过程就是青少年通过练习逐步掌握某种动作方式的过程。对于这一过程的内在机制，人们存在着不同的理论。行为主义把复杂的动作技能看作是一系列刺激与反应的联结的形成。认知心理学则认为，在技能的学习中，学习者经过多次练习而在头脑中形成关于动作程序的认知结构，即动作程序图式。这种动作程序图式在相似情境的激发下就会自动地调节和控制人的行为，使其活动进行下去。为了更好地理解动作的形成过程，研究者们提出了各种阶段模型。这里介绍两种较为流行的阶段模型。

## （一）三阶段模型

1. 认知阶段。认知阶段也称知觉阶段。这一阶段主要是理解学习任务，学习与它有关的知识，了解完成这种技能操作的基本要求，并形成目标意向和目标期望。目标意向主要指学习者对自己解决问题的目标模式反应和动作形式，在头脑中形成一个表象，即明确解决问题的目标模式。而目标期望则是对自己的作业水平的估价，即明确自己能做得如何。这两种期望对动作技能的学习起着定向作用。练习者要将组成某种操作技能的活动方式反映到头脑中而形成动作映象，并对自己的任务水平进行估计，明确自己能够做得如何，这就是认知阶段。在这个阶段，我们需要时刻想着每一个步骤，头脑中还形成一个画面。在此期间，工作记忆的负荷非常沉重。

在学习一种新技能的初期，练习者或通过别人的指导或观察别人的动作示范；或者参考书、参考图示进行观察，需要了解所要学习的操作技能的动作结构和特点，以及各组成动作之间的联系，从而在头脑中形成动作映象；或从标志每一个局部动作的外部线索中试图来了解和认识动作的基本要求。同时，也做一些初步的尝试，把任务的组成动作构成一个整体并试图发现它们是如何构成的。在这一阶段，练习者的注意范围这时比较狭窄，只能集中于个别动作上，不能控制动作的细节。这是因为练习者在生活中已经形成了许多习惯动作，而这些动作往往与当前学习的动作方式不相符合。这样，在学习新的技能时，练习者的动作常发生错误。

这一阶段的主要特点是：了解这一技能的基本要求和特征，练习者的注意力和记忆很紧张，动作在有意识控制下进行；动作不稳定、速度慢、不协调，有不少多余动作；能初步运用反应结果的反馈信息，只能利用非常明显的线索，不能觉察自己动作的全部情况，难以发现错误和缺点，并易受过去种种习惯动作的干扰。

该阶段的主要任务是：对示范操作在这个阶段中关键是认识到"做什么"和"怎样做"。在这个阶段中，动作映象的形成十分重要。正确的操作映象能帮助学习者有效地掌握某种动作技能，反之，错误的动作映象会使技能学习出现偏差。除了动作映象，学习者还要依据自己以往成功或者失败的经验和能力，以及目前任务的难易，形成自己对能达到水平的期望。一般来说，有明确目标期望的学习，比目标期望模糊的学习更有效。

2. 联系阶段。如果说认知阶段是形成对技能整体的理解，并熟悉每一个技能的具体动作，那么，形成联系阶段的重点是使适当的刺激与反应形成联系并固定下来，整套动作联为整体，变成固定程序式的反应系统。即使是一个简单的动作，所包含的刺激与反应也非常复杂，所以联系定位比想象的还要复杂得多。

最初，由于学习者对动作并不熟悉，注意范围比较狭窄，认知负荷较大，其注意力只能集中在个别动作上，并且不能控制动作的细节。同时，他们在生活中已经形成了许多习惯性的动作，而这些习惯性动作又往往与所要学习的动作方式不相符合，会对新的动作产生干扰。

这个阶段，学习者的注意力已从认知转向动作，逐渐从个别动作转向动作的协调与组织。开始把个别动作结合起来，以形成比较连贯的动作。他逐步掌握了一系列局部动作，并开始将这些动作联系起来，但是各个动作还结合得不紧密。在从一个环节过渡到另一个环节，即转换动作的时候，常出现短暂的停顿。

协同动作是交替进行，即先集中注意做出一个动作，而后再注意做出另一个动作，反复地进行着交替，进行不同的动作。随着练习时间或次数的增加，这种动作交替慢慢加快，技能结构的层次也不断增多，然后逐渐形成整体的协同动作。这时，他们的动作紧张度降低，但并没有消失，稍一分心，还会出现错误动作，因此必须排除过去经验中的习惯的干扰。

在这一阶段的主要特点是技能的局部动作被综合成更大的单位，最后形成一个连贯的动作技能的整体。练习者视觉控制作用逐渐减弱，而肌肉感觉的自控作用逐步提高，动作间的相互干扰减少，紧张程度有所减弱，多余动作趋于消失。

3. 自动化阶段。经过联系，操作技能的学习进入自动化阶段，整个程序的完成不用经过刻意的注意。这是技能形成的最后阶段。这时，练习者的多余动作和紧张状态已经消失，练习者就能根据情况的变化，灵活、迅速而准确地完成动作，能够自动地完成一个接一个的动作，几乎不需要有意识控制。熟练操作特征就是动作技能进入自动化阶段的特征。

在这个阶段中，青少年所学习的动作技能的各个动作在时间和空间上已联合成为一个有机的整体并巩固下来，各个动作的相互协调已达到自动化。只要有一个启动信号就能迅速准确地按照动作的程序以连锁反应的方式来实现，意识对动作的控制作用减小到最低限度，整个动作系统从始到终几乎是一气完成的，动作的连贯性主要是由本体感受器提供的动觉信号来调节。如有经验的司机，在正常开车时，可以顺利地与别人交谈，而不用紧张地盯着前方。

总观技能形成的全过程，可概括为几个特点：①在技能动作的掌握中，一系列局部动作联合成一种协调化的运动模式；②多余动作、紧张状态逐渐消失；③动作错误消除，视觉控制减弱，运动觉控制加强；④动作方式向自动化、稳定性转化，实现动作的灵活性提高。

### （二）四阶段模型

1. 操作的定向。操作的定向就是了解操作活动的结构与要求，在头脑中建立起操作活动的定向映象的过程。其任务是对动作系统或智力活动有初步的认识，在头脑中形成表象。有了这种定向映象，学习者在以后实际操作时就可以受到该映象的调节，知道做什么、怎么做。如，青少年在学习写字、绘画、游泳等技能前，如能进行正确的动作定向训练，形成动作表象，就能迅速而有效地完成动作。操作的定向映象的形成包括三方面，一是有关操作活动本身的各种信息，涉及操作活动的结构要素及其关系或顺序与操作活动方式（如操作的轨迹、方向、幅度、力量、速度、频率和动作衔接等），二是有关操作技能学习的各种有关或无关的内外刺激信息，如可被利用的反馈信息、容易引起分心的刺激等。学习者了解这些信息后，就可以在头脑中建立起相应的心理表征，即起到定向作用的心理映象。三是学习者对自己作业水平的评估及完成目标的期望。

在操作定向阶段，学习者要形成良好的定向映象，首先要通过对示范动作的观察，对刺激情境的知觉，形成一个内部的动作表象，以作为实际操作时的参照标准。要形成这样一个意象性的参照标准，则需要对刺激线索和环境信息进行适当的编码。不同学习者擅长的编码方式和编码策略是不同的，线索和信息的编码可以是形象的，也可以是抽象的；可以是视觉的，也可以是言语的；可以是有意义的，也可以是孤立的。研究表明，共同编码的方法和策略即形象和词语的双重编码最有利于目标定向映象的形成。在目标定向映象的形成过程中，学习者不仅借助于现有任务的知觉和线索的编码，也可以从长时记忆中激活有关信息，检索、提取先前的有关经验，这样能有效地提高编码的质量，使当前的示范动作得到更好的理解。

2. 操作的模仿。操作的模仿就是实际再现出特定的动作或行为模式。个体将其在操作定向阶段头脑中形成的定向映象以外显的实际动作表现出来，也就是将头脑中的各种认识与实际的肌肉动作联系起来。因此，就有效的操作技能的形成而言，模仿需要以认知为基础。如，初学毛笔字，必须先临帖。

模仿一方面可以检验已经形成的动作定向映象，使之完善和充实，另一方面可以加强个体的动觉感受。操作模仿阶段的动作有以下特点：①动作品质：动作的稳定性、准确性、灵活性较差；②动作结构：各个动作要素之间的协调性较差，互相干扰，常有多余动作产生；③动作控制：主要靠视觉控制，动觉控制水平较低，不能主动发现错误与纠正错误；④动作效能：完成一个动作往往比标准速度要慢，个体经常感到疲劳、紧张。

3. 操作的整合。学习者在模仿阶段只是初步再现出定向阶段所提供的动作方式，只有通过整合，各动作成分之间才能协调联系，动作结构才逐步趋于合理，动作的初步概括化才得以实现。操作的整合就是把模仿阶段习得的动作固定下来，并使各动作成分组结合，成为定型的、一体化的动作。学习者通过融合前一阶段习得的动作，使各个动作成分变得协调，动作结构逐步趋于合理，动作的初步概括化得以实现，个体对动作的有效控制也逐步增强。操作整合阶段的动作特点有：①动作品质。动作可以表现出一定的稳定性、精确性和灵活性，但当外界条件发生变化时，动作的这些特点都有所降低。②动作结构。动作的各个成分趋于分化、精确，整体动作趋于协调、连贯，各动作分间的相互干扰减少，多余动作也有所减少。③动作控制。视觉控制不起主导作用，逐渐让位于动作控制。肌肉运动感觉变得较清晰、准确，并成为动作执行的主要调节器。④动作效能。疲劳感、紧张感降低，心理能量的不必要的消耗减少，但没有完全消除。

4. 操作的熟练。操作的熟练指形成的动作方式对各种变化的条件具有高度的适应性，动作的执行达到高度的完善化和自动化。自动化并非无意识，而是指执行过程不需要意识的高度控制，操作的熟练的内在机制是在大脑皮层中建立了动力定型，即大脑皮层的概括的、巩固的暂时神经联系。人们可以一面从事熟练的活动，一面考虑其他的事情。如，骑自行车，熟练了就可以边骑边与别人交谈。操作的熟练是技能形成的一个重要阶段，也是操作技能转化为能力的关键环节。心理学家认为，与操作技能形成的初期相比，操作熟练阶段有如下特点：①动作结构。操作技能形成时各个动作成分之间的干扰消失，动作成分之间的衔接连贯流畅，高度协调，多余动作消失，局部动作综合成大的动作连锁，成为协调化运动模式。协调化的运动模式有两种类型，一种是同时性的协调化运动模式，如弹钢琴时的左右手协调，开汽车时手、眼、脚的协调；一种是连续性的协调化运动模式，由一系列的局部动作组成，如射击技能的一连串动作的完成。②动作品质。熟练操作的动作具有高度的灵活性、稳定性、准确性，在外界条件发生变化时能顺利完成动作。操作熟练时，面对活动任务，动作的立即反应代替了笨拙的尝试。③动作控制。操作熟练时，动作的控制方法发生了根本的变化，由外部的视觉控制转向内部的动觉控制，操作者主要根据自己内部的肌肉活动的反馈来调节运动。学习者注意范围扩大，能准确地觉察到外界环境的变化并调整动作方式。④动作效能。技能达到熟练程度时，意识控制逐渐减弱而由自动控制所取代，整个动作系统自动化。尽管动作的完成仍由一套程序来指导，但这种程序很少需要知觉系统的监视，已经变成内部程序存储于操作者的大脑中，可以自行连续运行，因此人的心理消耗和脑力消耗降至最低，紧张感消失，疲劳感减少，动作具有轻快感，动作的效能发挥至高峰。

### 三、动作技能形成中的特征变化

技能总是在人们完成某种操作或动作中表现出来的。操作或动作是可以观察的外显活动，其执行的速度、精确性、力量或连贯性均可以测量。在动作技能学习的不同阶段，个体的操作表现特征是不同的。动作技能一旦形成并达到熟练后，必然会在他们的实际操作中发生明显的变化。心理学家总是将达到较高速度、精确性较高、轻松、连贯的操作或动作称为熟练的操作或熟练的动作。与动作技能形成的初期阶段相比较，已形成并达到熟练程度的技能动作发生了质的变化。动作技能形成的标志是达到熟练操作。熟练操作具有以下一些主要特征。

#### （一）意识控制的变化

在技能形成初期，人的内部语言起着重要的调节作用。学习者完成每一个技能动作，都要受到意识的控制。如果稍有减弱，动作就会停顿或出现错误，在这种情况下，人们显得很紧张就是很自然的了。随着技能的逐渐形成，意识对动作的控制也随之减弱而由自动控制所取代。这时，其操作受内部程序控制，表现出具有预见性，反应方式和时机都很精确、动作流畅，好像完全自动化了。学习者只关心怎样使这种技能服从于当前任务的需要，而不关心个别动作的进行，扩大了人脑加工动作信息的容量，完成动作的紧张程度也就缓和了。比如初学瑜伽，头脑中时刻想着下一个动作，不是忘了动作就是忘了呼吸法，时刻绷着神经。经过练习，动作之间的联系逐渐自然，心态随之放松，头脑中不再装着动作步骤，甚至可以在意识中进行冥想。

#### （二）动作控制方式的变化

任何动作都受情境中的线索指导。线索可以是能看到、听到或触到的。有的线索乃是有助于人辨认情境或指引行动的体内外刺激。指导动作的线索大致可分为三类：第一类是基本线索，即人要进行成功反应所必须注意的线索；第二类是有助于调节反应的线索；第三类是无关的线索。在动作技能形成初期，学习者只能对基本线索发生反应，他不能觉察到自己动作的全部情况，难以发现自己的错误。随着练习的增多，学习者能觉察到自己动作的细微差别，能运用细微的线索，使动作日趋完善。技能相当熟练时，人能根据微弱的线索进行动作。这时熟练者头脑里已储存了与特有的一系列线索有关的信息，当某一线索出现之后，就能进行一系列的反应。优秀运动员对微弱的线索有敏锐的感知觉。

### （三）动觉反馈作用加强

在技能形成中，反馈对技能动作的学习和完善起着重要的调节作用。在动作技能中，反馈可分成外反馈与内反馈两种。外反馈是指视觉、听觉等提供的反馈，它们具有外部的信息源。例如旁观者的指点，某种机械的信号等。内反馈指由肌肉或关节提供的动觉反馈，它们是动作的自然结果。例如在钉钉时，落锤的轻重、落锤的方向提供的动觉反馈就是内反馈。

在动作技能形成的不同阶段，起调节作用的方式也在变化。在动作技能形成初期，青少年依靠视觉反馈（外反馈）来控制动作。随着动作技能的形成，动作的视觉反馈控制逐渐开始让位于内部反馈（动作程序图式和动觉反馈）来控制，错误往往能够被排除在发生之前。当动作技能达到熟练时，动觉反馈对动作的控制作用得到进一步的加强，达到稳定而牢固的程度。例如，一个人刚学打字，他的动作是在视觉的严密控制下进行的。他注视要打的文件和打字机上的每一个键盘，一个字一个字地按键把字打出来。待打字的技能熟练了，他们就能够摆脱视觉的控制而熟练地操纵打字机了。所谓盲打，正标志着打字技能的形成。由此可见，反馈方式的变化，是技能形成的又一重要标志。

### （四）动作协调性的变化

动作的协调性逐渐加强，多余动作逐渐减少。当技能达到熟练时，一系列局部动作联合成为一个完整的动作系统，即一种协调化的运动程序的记忆图式。协调化动作模式的形成是熟练的重要标志。技能是由一系列动作构成的。技能动作的协调化运动程序表现在两个方面：①连续性的统一协调，这是动作在执行时间上的协调。走路时先动一足，后动另一足；打拳时先打一式，接着打另一式，前后连贯，一气呵成，这是时间上的协调或连续性的统一协调；②同时性的统一协调，这是动作在空间上的协调。如走路时，移步配合上手的摆动。许多技能，既需连续性的统一协调，又需同时性的统一协调，从而构成一个协调化的运动程序的运动图式。

## （五）动作品质的变化

动作的稳定性是逐渐加强的，当技能形成之后，整个动作系统已成为一种相对稳定的方式。技能的稳定性并不意味着动作是机械刻板的。恰恰相反，熟练是与情境的种种变化相适应的一种高水平的技能。当情境一旦发生变化时，熟练者就能当机立断，及时调整自己的动作，在不利条件下维持正常操作水平，甚至施出绝招出奇制胜，灵活而巧妙地应付这种变化。表现出同样操作水平的人，其熟练程度可能不同，检验谁是最熟练的操作者的最好方法是看谁在条件变化时能保持正常的操作水平。最优秀的飞行员能在恶劣的气候条件下维持协调的和准确的操作。如书法动作一旦掌握就相对稳定，但是一个书法家在执笔运笔进行书写时总是按一定的方式迅速完成书写的整套动作，以至形成自己独特的风格，并适应当时的情境。紧急情形的突然出现可能使不熟练者手足无措，但能使熟练者的技能发挥至巅峰。

## （六）动作技能的保持

大家都有共同的经验：动作技能已达学会以后，便不易遗忘。如学会了游泳和骑自行车的人，过了若干年以后，虽未经练习，其技能还能保持如故。可见动作技能的保持不同于知识，它具有自身的特点。

## 四、技能训练的方法

### （一）动作技能训练的方法

青少年的基本技能的训练，就是通过练习完成的，其主要训练方法有以下几种：

1. 指导训练法。就是教师在练习课中，激励青少年练习的积极性，促使青少年有效地形成动作技能的方法。练习是动作技能形成的基本途径。

2. 仿真训练法。①首先使青少年懂得一些基本的动作规则；②通过示范或电视、电影的形式引导青少年观察；组织青少年进行有目的的练习；③启发青少年把学得的技能运用于实践。

3. 实地训练法。即在实习工厂或农场引导青少年依据所学知识进行实际操作，以形成动作技能。

4. 动作时间分析法。就是使青少年在最短的时间内，以最快的动作取得最佳的活动效率。

5. 程序训练法。就是运用程序教学的原理以提高动作效率的方法。青少年按设计的程序先易后难，由简到繁，循序渐进地学习。

## （二）智力技能训练的方法

智力技能形成的主要标志是内潜性、简缩性、应变性强。其形成条件包括：①深入细致地观察事物，正确地识别课题模式；②把握系统的概念结构，坚持进行创造性思维；③充分利用正确的思维定势，积极排除各种偏见；④综合地应用多种学习方法促进思维变成记忆。

智力技能训练的方法主要有：

1. 发现法。它不仅是青少年学习基础知识的方法，而且也是智力技能的一种训练方法。

2. "纲要信号"图示法。"纲要信号"图表是一种由字母、单词、数字或其他信号组成的。提纲挈领地把需要掌握的知识，以图表的形式表现出来，以有利于青少年把握知识的整体和内在结构，形成相应的智力技能。

3. 范例法。就是通过范例，使青少年掌握同一类智力技能的方法。它能加速发展青少年的发明创造能力，让青少年触类旁通，模仿进取。

## 五、动作技能形成的理论

### （一）连锁反应的理论

加涅认为可以用刺激——反应（S——R）公式的连锁反应系列来解释动作技能的形成。动作技能被理解为动作的连锁反应，刺激引起反应，第一个动觉反馈调节着第二个动作，第二个动作的动觉反馈又调节着第三个动作，如此循环就产生了动作技能的连续性动作。例如，儿童学会用钥匙开门的连续动作：首先用手拿钥匙，对准锁孔，确认插入的位置是否准确，将钥匙完全插入并按正确方向旋转，开门。

在这种情况下，每一个动作如果不按上述顺序进行，就达不到目的。因为如果钥匙的方向不对，就无法插入锁孔；如果没有全部插入，就不能旋转。如果顺利地完成了一切操作，门就可以打开了。开门最后的一个动作，对整个连锁反应起着强化的作用。

### （二）认知心理学的理论

认知心理学用信息加工的观点来解释动作技能的形成。这方面的理论模型较多。例如，韦尔福特提出的动作技能形成的模型如图所示。该模型由感受——转换——效应器三个连续阶段组成。各种感受器官接受输入信息，但人只有通过动觉才能意识到自己身体的动作。知觉正确与否，对动作技能的形成有重要意义。感觉信息超载或贫乏，都有可能导致知觉判断错误。感觉信息经过短时记忆（选择性记忆）转入第二阶段——由知觉到动作的转换。

这一阶段有双重意义：既对感觉输入作出反应，又激起效应器的活动。而效应器的活动通过反馈进一步得到校正或加强。研究已经表明，经过练习所形成的动作程序图式——即程序性记忆储存在长时记忆中。动作程序图式是经过长期的练习而形成的有组织的系统性知识。对于一种动作技能（如弹琴、打字、驾驶汽车等）要达到熟练必须经过 1000 ~ 1500 小时的练习。一个有1000 小时以上驾驶经验的司机，把驾驶途中可能遇到的情况以及怎样处理都构成了一套套的动作图式。这些动作图式随着练习而不断精炼，它们好像整装待发的战士那样，随时可用。在活动之前这些动作图式构成一种总的动作图式并在无反馈的情况下使活动进行下去。

# 第四节　动作技能的培养

练习是青少年操作技能形成的基本途径。然而，并非所有的练习都是高效率的。为了帮助青少年提高练习的效果，迅速而准确地掌握操作技能，教师除遵照练习的一般规律正确指导外，还必须注意这样几个问题。

## 一、言语指导

言语指导可以提供运动本身有用的和重要的信息。如四肢相对于工具器材的位置、站立的姿势、应当看什么、听什么、做什么，或许更重要的是对运动的全面认识和意象，可以对最初的尝试提供指导，而且言语指导可以强调识别自己错误的方法，如运动后，检查一下你的手臂是否伸直。此外，言语指导还告诉学习者不要干什么，如"不要坐在上面，应当这样拿着"。没有指导，被试者可能要进行长时间的练习，花费相当多的时间和精力才能发现错误。言语指导时，要注意言语的简洁、概括与形象化；不仅要讲解动作的结构与具体要求，也要讲解动作所包含的基本原理。

但言语指导本身只是对复杂运动类型的粗略描绘，它只能传递预期动作的最全面、最一般的方面，而且学习者虽可记住这么多的言语，但只有少数几个要点会用来指导最初的练习尝试。这类问题对儿童而言更为重要，因为儿童的注意广度可能比成人短。解决的办法是用言语来描述对第一次或前两次练习十分重要的技能方面，确保学习者在早期的练习中能够加以实践。在第一个重要方面掌握后，可以用言语或其他技术告知学习者下一个需要注意的方面。

## 二、榜样示范

示范是将技能演示出来，以便学习者能够直接观察到动作的成分，接下来，学习者会在最初的练习中模仿动作。在基本技能的训练中，教师的正确示范和青少年的积极模仿是形成动作的前提。示范可以促进操作技能的形成，但示范的有效性取决于许多因素，如示范者的身份、示范的准确性、示范的时机等等。

如果把学习榜样的行为及其结果呈现给观察者，那么就会出现相当多的学习。这是因为，观察者既可以从榜样那里获得有关所执行运动的信息，也可以从呈现给榜样的反馈中获得信息。这样，观察者不仅从观察表现中受益，还可以从观察榜样时尽力改进操作的加工活动中受益。

动作技能中的示范不在于榜样的技能是否完美无缺，而在于如何向观察者传递适当信息，便于他们理解动作要领，并能进行正确的操作。在这种意义上讲，有时从错误表现中要比从正确表现中学得更多。

在整个示范过程中，教师要防止青少年的认知信息量负荷超载。每次示范的信息量和速度要切合青少年的实际水平。因为初学者在刚刚接触一个新的动作时，往往顾了手，顾不了脚，很容易因为新的信息量过多而超载。

## 三、反　馈

反馈是指在运动之中或之后得到的信息，如感觉到、听到、看到的动作及其结果。反馈在操作技能学习过程中的作用是非常关键的，其中结果反馈的作用尤为明显。准确的结果反馈可以引导青少年矫正错误动作，强化正确动作，并鼓励青少年努力改善其操作。让青少年及时地了解自己的练习结果，有利于提高练习效率。知道自己的成绩和错误、优点和不足等，就可以把符合要求的、符合目的的动作保留下来，把不符合要求的动作抛弃掉，并可以自觉地调节自己的行为，改进练习方式方法，这样才能有助于迅速地提高练习质量，从而促进技能的形成。

### （一）反馈功能

首先，在动作技能学习中，不呈现反馈，学习者倾向于重复而不是排除所学习的动作。在反馈出现时，学习者才对其动作做出修改，明确努力的方向，所以，学习者不是将反馈当作奖励，而是用作下一次如何行动的信息。同时，当学习者在不能确定自己内部反馈信息的准确性时，借助外部反馈将有助于证实或修改自己的认识，从而促进动作技能的学习。

其次，关于结果和表现的知识，可以使学习者保持觉醒，促使他们去设置更高的作业目标，从而使得动作技能学习的任务变得更有趣。一旦学习者的动机保持在较高水平，他们倾向于做更多的练习，做更长时间的练习，投入更多的精力。由于有意练习本身是一个重要的学习变量，任何促进它的因素几乎肯定会促进学习，因而反馈的动机特性可间接成为有力的学习变量。

应当注意，反馈有时也会阻碍学习。例如，过多频繁地呈现反馈，或者每次练习后立即提供反馈，会使学习者过分依赖这种外部提供的信息，而忽视了对内部反馈信息的加工。这样虽然使得学习者在练习期间有良好的表现，但不利于实质性的动作技能学习，也不利于自我觉错能力的形成，这时的外部反馈就会表现出消极的影响。

**（二）反馈种类**

1. 内反馈和外反馈。内反馈是练习者不依赖外来帮助而自己获得的反馈。学习者通过各种感觉通道，可以获得自己运动的多方面的信息。个体通过自身的视觉、听觉、触觉、动觉等获取的反馈信息，尤其是动觉反馈信息最有代表性。在许多情境中，内反馈很容易获得；但在某些情境中，内反馈较难识别，如学体操时，需要学会感觉关节在某个动作中是否弯曲到位。

外反馈是练习者依赖自身以外的人和事而获得的反馈。

外反馈可以从不同维度来区分：依据出现的时机，分为同步反馈和结果反馈；依据出现的快慢程度，可以分为即时反馈和延迟反馈；依据出现的形式，可以分为言语反馈和工具反馈。一般来讲，外反馈效用的发挥，具有下列规律：①从内容讲，既呈现错误的方向，又提供错误大小的结果的知识，其效果最好；结果知识的范围较大时，能有效促进学习；由学习者来决定何时呈现结果的知识，学习效果较好；②从方式来讲，练习期间频繁呈现反馈，往往不利于青少年的学习；练习过后立即呈现反馈，会妨碍学习中进一步迁移的效果；③从加工讲，学习者具有自我觉错的能力，将有助于取得较好的学习效果。

2. 情境反馈。反馈不仅仅针对学习的结果，一针见血地指出问题所在，更重要的是给学习者提供技能使用的具体情境。通过真实的情境，不仅能帮助青少年学会技能本身，而且能学会为什么要使用这个技能和何时使用。

3. 分情况反馈。如果某一特定的步骤、成分或者整个过程出现了问题，就要对其进行分解，单独练习，直到这个单元比较自动化，再把它整合到整个系列中，这样以降低工作记忆的负荷。所以在技能形成的不同阶段，教师要给学习者提供不同类型的反馈。

在练习初期，教师应积极向青少年提供关于他们练习时身体动作过程和动作姿势方面的信息，因为这些信息是青少年用来改进自己的技能动作的主要线索，而这些信息又是青少年本人很难获得的。这时，教师或者其他旁观者可以提供较多的反馈信息，也可以通过录像或其他手段，记录动作的过程，让学习者自己观察自己，提供真实与客观的信息。这种反馈不仅能纠正学习者的错误动作，而且可以克服初学者常常过高估计自己的倾向。在练习后期，教师应指导青少年细心体会自己的练习行为并力求发现自己的经验。因为这时的练习是以技能动作的连贯、协调和自动化为目的的。要实现这一目标只能依靠青少年自己在练习中细心地去体验才能办到。

还要特别注意的是，技能的学习不只是肌肉动作层面的学习，其中每一步都包含了认知的重要成分。例如，就算一个老司机在开车的时候，也需要注意当时的交通路况，因为条件在不停地变化，难以完全自动化。一旦你决定改变方向，转弯的技术是自动的，但是转弯的决定是能意识到的，以当时的交通路况为依据，这属于具体领域的策略。为了促进学习这种策略，教师需要给学习者提供多种不同的情境的练习机会。

4. 内在的动觉反馈。动觉是复杂的内部运动知觉，它反映的主要是身体运动时的各种肌肉活动的特性，如紧张、放松等，这些有关肌肉活动的各种知觉如果不经过训练，它们很难为个体明确地意识到，并经常受到外部因素的影响，处于被掩盖的地位。因此，有必要进行专门的动觉训练，以提高其稳定性和清晰性，充分发挥动觉在技能学习中的作用。在练习中，实现对动作的动觉控制替代视觉控制是青少年运动技能形成的重要标志之一。因此，教师要做到：①指导青少年将动作的视觉形象与动觉表象结合起来。②指导青少年认真体会动作的动觉刺激，以加速视、听分析器与运动分析器之间，以及运动分析器中的动觉细胞与运动细胞之间的联系的建立。③在练习后期，应指导青少年运用视觉控制与动觉控制交替练习的方法，促进动觉控制替代视觉控制的转化。如此逐渐增强学习者的内在反馈的作用，从而提高学习者对各种肌肉动作的自我调节、控制能力。

最后，如果学习者对技能本身没有明确的目标，没有积极的接纳的态度就难以产生主动的学习，另外，旧的技能的惯性作用往往会阻碍新技能的接受，就算"被迫"学会了新的技能，如果在情感和态度上没有接受，也会疏于使用而荒废。

## 四、练 习

### (一)练习和练习曲线

技能是通过练习而形成的。练习是指以形成某种技能为目的的学习活动，以掌握一定的动作（或活动）方式为目标所进行的反复操作过程。练习不是单纯的反复操作，而是以掌握一定的活动方式为目标的反复。通过练习，可以促进所学技能的进步和完善。

练习曲线是对连续多次的练习过程中的动作效率变化的图解。练习曲线是检测技能掌握过程的有效方法。练习的结果可以用"练习曲线"来表示。练习曲线也叫学习曲线，是表示一种技能形成过程中练习次数和练习成绩之间关系的曲线。

练习曲线可分为两类：①随练习次数的增加，考察完成动作所需时间或错误量的变化。由于完成动作所需时间和错误量总是越来越减少的，因此这类曲线总是呈现逐渐下降的形状。这一类练习曲线称为"下降曲线"。②随着练习次数的增加，考察完成的动作量（工作量）或练习效率的变化。由于完成动作量或练习效率总是增加的，所以这类曲线总呈现逐渐上升的形状。这一类练习曲线称为"上升曲线"。无论是上升曲线还是下降曲线，它们都不是呈理想的连贯、圆滑的形状。这也就是说，在练习中总有反复现象；错误率总趋势是在下降，但有时也会有提高；效率总趋势是在上升，但有时也会下降。

通过练习曲线可以看出技能掌握的整个过程：一开始，练习效果有很大升高，但这之间常有反复；之后，练习效果进入一个稳定期，几乎没有明显的上升，出现高原现象；此后，练习效果又大幅度上升。动作技能只有经过一定的练习才能形成。在一个持久的练习过程中，高原现象可能出现不止一次，这是由技能结构、实现动作的方式方法的改变决定的。

### （二）练习成绩的起伏现象

在成绩随练习而提高这一总的发展趋势下，存在着时而上升时而下降的起伏现象。学习活动愈复杂，波动愈明显。之所以产生这种现象，其原因主要有二：一是客观条件的变化，如学习环境、学习时所用工具及教师指导方法的改变等；二是学习者主观状态的变化，如有无强烈的学习动机和浓厚的学习兴趣，有无骄傲自满情绪，情绪波动和身体状况、注意力是否集中、意志努力程度以及练习的方式方法有无改变等。

一般说，练习成绩的起伏现象是正常的。但当青少年成绩急剧下降时，教师要对青少年加强教育和指导，帮助他分析自己成绩退步的原因，努力克服缺点，自觉地提高练习的积极性，争取更好成绩。

技能的发展最后达到一个相对稳定的水平，出现发展的"极限"。也就是说，一旦达到这个水平后，技能就不再提高了。然而，这个极限是相对的，且因人而异。它与人的生理条件、个人的能力及努力、一定的客观条件有关。

**（三）练习过程中的高原期**

在技能形成过程中，当练习到一定时期后有时会出现技能水平暂时停顿、上升曲线保持在一定的水平，不再上升，甚至有些下降。在高原期过去之后，练习曲线又继续上升。高原现象产生的原因，一是练习的进程中出现需要以新的活动结构，代替或改变旧的活动结构的现象，而活动结构的改变往往不能一时奏效，在没有完成这个改造前，成绩就会处于暂时停顿状态。具体来说，就是由于改造不是很快就能完成的，采用新方法也会遇到新困难，所以在改造初期，成绩不但没有提高反而有可能降低，因而练习曲线停留在固定的水平上或暂时下降。当青少年经过练习，完成了改造过程，成绩又会提高，所以在高原期之后，曲线又继续上升。

二是由于经过了较长时间的学习，练习者注意力涣散，练习兴趣有所降低甚至产生厌倦等消极情绪，因而妨碍了成绩的提高。从这个意义来说，生理限度是不可否认的，但是从人们掌握技能的实际情况来看，不能轻易说某人的技能水平已达到其生理限度，不可能再发展了。实际上每个人技能提高的潜力是很大的，尤其是青少年，过分夸大生理限度，对技能的培养和提高是有害的。当青少年出现高原期，教师要帮助青少年分析原因，指导他们改变旧活动结构，采用新方式方法；并提高他们的信心，鼓励他们突破高原期，争取更大的进步。同时，高原现象也不能表明动作技能的掌握已临近青少年身心的发展的极限，相反它就像是黎明前的黑夜。王国维在《人间词话》中曾经说过，一个人走向成功必须经历三大境界：一者，昨夜西风凋碧树，独上高楼，望尽天涯路；二者，衣带渐宽终不悔，为伊消得人憔悴；三者，众里寻他千百度，蓦然回首，那人却在灯火阑珊处。其中第二境界就相当于高原阶段。可见，高原现象并非是不能再进步的代名词，只要突破这一关，学习者获得的将是一笔巨大的财富，而且创造性的成果也往往发生在高原期之后。

高原现象并不具有普遍性。如果技能结构比较简单，又没有上述主观原因，在练习曲线上就不会产生这种情况。还必须注意到，一个人掌握动作技能的水平与其肌肉和神经系统的工作能力有密切关系。

**（五）练习与技能进步的关系**

随着练习次数的增加，进行某种操作或智力活动的速度加快，准确性提高，这是技能形成的一般趋势。

在多数情况下，技能在练习初期进步较快，以后逐渐缓慢。产生先快后慢的原因，一是在练习开始时，对较熟悉的一部分任务可利用已有的知识经验和技能，所以进步较快；后来这种可利用的成分逐渐减少，任何一点进步都需要改造旧的动作习惯，学习新方法，所以成绩提高慢。二是在练习初期主要掌握一些简单动作，因而进步较快；练习后期是建立动作协调阶段，比掌握局部动作困难得多，所以成绩提高慢。三是练习初期兴趣高、劲头足，等新鲜劲儿一过，练习就不那么认真了。

在少数情况下，练习初期的进步比较缓慢，以后逐渐加快。例如学外语或游泳，在练习的第一阶段需要下很大工夫掌握有关的基础知识和基本技能，并需要一段较长时间的量的积累才能产生质的突破并表现为外在技能水平的提高。

在个别情况下，练习的进步速度没有先后快慢的区别，技能发展比较均匀。

### （六）练习与个别差异

由于青少年的个性特点、学习态度、知识经验、准备状况、努力程度、练习方式等均不相同，学习同一种技能的练习进程（速度和质量）也各不相同。教师在对练习者进行指导的时候，必须分析这些差异产生的原因，根据培训活动的方式、内容灵活掌握培训的方法，把技能形成的一般规律和每个人的具体情况结合起来，因材施教，使他们的技能能顺利地形成并不断巩固和提高。

青少年技能的形成，练习的积极性与自觉性，良好的情绪与意志品质，注意集中、稳定，已有的知识经验、能力的发展水平等以外，教师在教学过程中，必须给青少年提供练习的有效条件。

### （七）提高练习效率的条件

1. 明确练习的目的与要求。动作的练习是有目的、有要求、有组织的学习活动，这是它区别于简单的重复动作的基本特征。练习不是机械的、单纯的重复，它以最合理、最有效且最正确地完成每一动作为目的，有计划、有组织的学习过程。每一次练习都使人向掌握技能迈进一步。如果缺乏这个条件，机械地重复一种动作方式则毫无目的可言，就不可能使行动方式有所改善。这就像我们在生活中能看到的，有的人虽然每天都在写字，可是不良的书法却可能保持终生，因为他并不是在认真"练"字。

只有明确了技能的目的和要求，理解技能的性质和特点，练习者才能自觉地组织自己的行动来掌握某种技能。在掌握技能的过程中，练习者为自己树立的一定"目标"，对于练习的效果具有重要意义。这个"目标"就会以将要学习掌握的运动技能的心象浮现出来，练习者就可以使练习的动作不断与要掌握的运动技能的心象相对照，同时思索着怎样才能达到这一"目标"，思维经常处于积极的状态。这样的练习完全不同于机械的重复，有助于练习效果的提高。

2. 掌握相关的知识。如果学习者在学习技能之前，没有掌握相关的先前知识（图式、技能等），就会对工作记忆产生巨大的压力，导致认知负荷过大，甚至可能难以继续以后的学习。所以教师，需要帮助学习者梳理必要的先前的知识，如果学习者先前的技能习惯与新技能相矛盾，更需要提供合适的任务，使学习者认识到技能之间的区别，避免干扰。

3. 正确合理的练习方法。正确合理的练习方法是提高练习效率的重要途径。练习应有方法可循，应避免盲目的尝试。掌握必要的知识和方法可以避免盲目性、提高练习的效果。盲目地"尝试错误"是指无任何指导，无任何方法可依，任意尝试，经历各种失败以求得结果。这种方式尽管也能最终达到目的，但效率一般较低，且经常是只知其然，不知其所以然。盲目尝试不但事倍功半，而且会把不正确的动作方式巩固下来，以后难以矫正。

练习必须有计划、有步骤地进行，不能一次提出过多过高的要求。一个基本技能，不可能一下子就全部掌握，必须分节分步，一个部分一个部分地进行练习。练习应遵从指导、观察示范、接受随时检查、及时纠偏、要先简后繁、由易到难、循序渐进；对于复杂的技能可划分为若干简单的局部成分；在掌握这些成分之后再过渡到比较复杂的完整的活动；最初的练习不应图快，要正确掌握练习的速度，注意练习的准确性。一般地说，在开始练习阶段，要采取适当的缓慢速度，等动作方式被巩固下来后，可适当加快练习的速度，以便将个别动作及时联结形成完整的动作系统。

从所练习的技能完整性来讲，练习方法可分为部分练习和整体练习。部分练习是采取一部分一部分地加以练习的方法，而整体练习是将技能的全部内容一次学完。是采用部分练习还是整体练习，其中一个原则是视技能之间是否存在密切联系而定。如果动作技能的若干局部技能之间不存在相互协调的问题，那么先进行局部动作技能的部分练习，然后再进行整体练习，这样效果更佳，如果动作技能的各部分要经常相互协调，那么孤立练习某一部分，则效果往往不佳，如游泳中划水、蹬脚与呼吸等。因此，部分练习和整体练习的优劣，在于运动本身受单一程序支配的程度。如果运动非常快，由一个动作程序支配的，则应当将其作为一个整体来练习；如果运动很慢，由多个程序支配，则可以把这种任务分成几个部分来单独练习，从部分到整体的迁移效果较大。

练习要采用多种方式方法进行，可以提高青少年的兴趣。而青少年在感兴趣的活动中，注意力高度集中，练习效果就好。练习的多样化，还可以培养青少年在实践中灵活运用知识和技能。

练习方法的选择还应注意因人而异，因时因地而异，因目的而异，这样才能均衡各方面情况，寻找出提高练习效率、掌握技能的最佳捷径。

4. 适当分配练习时间。正确分配练习时间对练习效果有很大影响。至于每次练习时间和各项练习之间的时距以多少为宜，应根据练习的性质、内容和学习者的特点来决定。一般说来，每次练习的持续时间不宜过长，各次练习的时间间隔不宜过短。最优的练习时间分配是：开始阶段进行间隔及时间均较短的练习，以后逐渐延长练习时距和练习时间。实践证明，掌握了的技能，每经一定时间进行复习，可使之经久地保持。

集中练习是指青少年在学习一种技能时，在一段较长的时间内对某种技能进行反复的练习。中间没有休息或只有短暂的休息。而分布练习是指青少年把练习技能的时间分散开来，安排在几个时间段内或几天内来进行。每次练习的时间较短。

一般而言，分散学习优于集中学习。分散学习之所以优于集中学习，是因为集中练习效果不理想的原因可能是由于疲劳，大脑容易产生反应性抑制的累积作用所致，因而有碍于练习成绩的提高。而分散学习则不容易产生反应性抑制的累积作用。但也并不都是如此。研究表明，在练习日开始之前进行集中学习，接着改用分散学习进行练习，比单纯的分散学习，效果更佳。因此，要进行高效率的练习，还应从技能的性质、练习者的学习水平以及如何消除疲劳、克服遗忘等方面来考虑合理地安排好练习时间。

分散的练习在练习次数和练习时间的分配上，要因不同情况而异，一般来说，最有效的分配是：开始时练习的次数可多一些，每次练习的时间不宜过长，各次练习之间的时距可以短一些。随着技能的掌握，可以适当延长各次练习之间的时距，每次练习的时间也略可增长。至于每次练习和各次练习之间的时距以多少时间的效果为好，必须根据练习的性质、内容、青少年的年龄与技能的掌握情况而定。对于连续动作技能的学习，研究表明，休息时间越长，表现越好，这与持续练习会引发肌肉疲劳，进而抑制表现有关系。但是，练习的分布与总的练习时间存在权衡关系。在训练期间，分散练习的每次练习学到的最多，但完成练习的总时间也最多；集中练习则每次练习的收益递减，但完成练习的总时间最少。尤其对某些危险任务来说，集中练习会增加练习者受伤害的风险，因此，在安排训练时，对疲劳之类的因素会增加学习者受伤害的风险要有清醒的认识。而对于离散动作技能的学习，初步的研究表明，集中练习似乎比分散练习的学习效应要好，至少和分散练习一样好。几种性质相近的练习（如数学和物理，语文和历史）不要连续地进行，以免发生疲劳和干扰，最好把几种不同性质的练习交错进行。

技能的形成和保持，需要足够的练习次数或练习时间。俗话说"功夫不负有心人"、"功到自然成"，练习达到一定程度，技能方能巩固。但是必须指出，如果练习的次数太多，每次练习时间太长，不仅浪费时间和精力，而且容易疲劳，容易产生对练习的消极态度，兴趣会降低，练习效果也不会好。在练习时间安排上，力求集中练习和分散练习相结合。

5. 在指导工作中把讲解和观察结合起来。运动技能的学习有赖于有经验者的指导。对所学的课题进行适当的讲解，能加快运动技能的学习速度。在指导学习者形成运动技能时把讲解和对行为模式（示范动作）的观察结合起来，会收到更佳的效果。通过观察在影片、幻灯片或其他形式中见到的将要学习掌握的运动技能，并形成心象，会大大提高运动技能学习的效率。

6. 形成正确的动作映象。人们的各种运动动作是在动作映象的定向调节支配下做出来的。因此，在青少年对所学的操作技能进行练习之前或过程中，教师应通过自己的操作示范帮助他们在头脑中形成正确的动作映象。为此，教师要进行充分而准确的示范。教师的示范要做到：①动作示范与言语解释相结合。②整体示范与分解示范相结合。③示范动作要重复，动作程度要放慢。④指导青少年观察，并纠正青少年的错误理解。做好上述四方面的工作，就可以促进青少年在头脑中形成正确的动作映象，大大提高运动技能学习的效果。

7. 建立稳定清晰的动觉。动觉是复杂的内部运动知觉，它反映的主要是身体运动时的各种肌肉活动的特性，如紧张、放松等，这些有关肌肉活动的各种知觉如果不经过训练，它们很难为个体明确地意识到，并经常受到外部因素的影响，处于被掩盖的地位。因此，有必要进行专门的动觉训练，以提高其稳定性和清晰性，充分发挥动觉在技能学习中的作用。

8. 要让练习者知道练习的结果。每次练习都会产生一个结果，了解这一结果，认真研究本次练习中的正误和得失，是提高练习效率的良好方法。这一规律称为练习的"效果律"。

每次练习对各个步骤作出规划，并预见其结果。练习之后，检查结果，并与每个步骤的规划相对照，正确的将在后面的练习中加以强化，使之得到巩固，错误的则予以改正。这样，每次练习都有所收获，也就大大提高了整个练习的效率。

# 第五节  心智技能

心智技能是一种调节和控制心智活动而形成的合乎法则的心智活动方式。它有别于操作活动方式和外部的语言，具有内潜性、简缩性、观念性的特点。它是在不断的学习过程中，在主客体相互作用的基础上，主体通过动作经验的内化而形成的。

## 一、心智技能形成的特征

1. 从智力活动的方式来看，智力活动的各个环节逐渐联合成为一个有机的整体，内部言语趋于概括化和简约化，观念之间的泛化现象逐渐减少以至消失。在解决课题时，由开展性推理转化为"简缩性推理"。

2. 从智力活动的调节来看，智力活动已经不需要多少意识参与调节和控制就能自动进行，达到"运用自如"、"得心应手"的程度。青少年已经觉察不到自己头脑中的内部操作过程和程序，而只能觉察到内部活动的结果，具有内潜性。

3. 从智力活动的对象来看，心智技能"操作"的对象，往往不是外显的物体或者肌肉，更多的是在头脑中进行，因此的操作的对象往往是观念，是一些概念或者原理。例如使用解析技能时，头脑中的是问题特征，数量关系和算法等概念和规则。

## 二、心智技能形成的过程

### （一）五阶段模式

心智技能是由一系列的心智动作构成的。心智动作是外部的实践动作的反映，心智动作是通过实践动作的"内化"而实现的。心智动作的形成要经过一系列的阶段，在每一阶段，心智活动的性质与水平都发生相应的变化。

1. 活动定向阶段。活动定向是活动执行的调节机构，是成功地完成活动所必需的。活动定向阶段即准备阶段，是领会活动任务的阶段，教师向青少年提供活动样本、指出程序及关键点，使青少年知道做什么和怎么做，从而在头脑里建立起活动的定向映象。例如，在青少年的加法运算定向阶段中，教师在演示加法运算时，应该使青少年明了加法运算的目的在于求几个数的和，了解运算的客体是事物的数量，知道运算的操作程序和方法，懂得运算的关键是进位等，由此在青少年头脑中形成完备的定向映象。

青少年通过活动定向阶段不仅了解了活动的目的和所学的对象，还明白了这一智力活动中的操作及其程序。可见，活动的定向是青少年进行智力活动不可缺少的调节器，相当于学习信息加工过程中的控制部分，从某种意义上来说，定向水平是决定青少年智力活动能否顺利进行的重要因素。

2. 物质活动或物质化活动阶段。物质活动和物质化活动是直观中的两种基本形式。物质活动是运用实物的教学，而物质化活动则是物质活动的一种变形，是指利用实物的模象，如示意图、模型、标本等而进行的活动。这个阶段实质上是借助实物或模象为支柱进行的心智活动的阶段。物质活动或物质化活动都是让青少年亲自操作，用手来完成的外显活动。这一阶段在智力活动的形成上具有重要作用。例如，在青少年的加法运算中，既可以让他们利用小木棒进行演算活动，也可以利用画片中的小木棒进行演算活动。通过这种物质活动或物质化活动，让他们掌握加法运算的实际操作程序，学会如何进位。

在课堂教学中，无论青少年对自然科学知识的学习还是对社会科学知识的学习，我们不可能通过事事直接经验的方式利用物质活动来进行，这时物质化活动便成为一种主要的方式。物质活动和物质化活动两者共同构成了青少年智力活动的源泉。

在这一阶段中应该注意先把活动展开，把活动分为大大小小的各种操作，指出其间的联系，然后再进行概括，使青少年从对象的各种属性中区分出这一活动所需要的属性并归纳出进行这一智力活动的法则。这一阶段常常要求将智力操作和言语的解释相结合。当然，青少年在进行这种概括并熟悉这种概括后，还要将完成这一活动的全部操作进一步简化，并与他们的言语活动结合起来，为过渡到下一阶段做准备。

3. 有声的言语活动阶段。这一阶段是指青少年的学习活动已不直接依赖实物或模象而借助出声的外部言语形式来完成实在的活动，是智力技能内化的第二步。此时智力活动已经摆脱了实物或实物的替代物，而代之以外部言语为支持物。例如，在加法运算中，他们能根据题目的数字出声地说出"3加2等于5"或"8加4等于12"等。在这一阶段中，他们虽然不用操作实物或模象来进行计算，但他们是用出声的言语来运算的。这样，青少年不仅要对这些动作的对象内容进行定向，而且还对这些对象内容的词的表达进行定向。正是由于这一出声的言语活动，使抽象化成为可能。因为言语水平的特点就是以抽象的客体替代了物质的客体，这既可以保证活动的定型化，又可以保证活动迅速的自动化。这一阶段虽然脱离了实物或模象操作，但它并不是智力活动本身，还不能在青少年头脑中默默地完成活动。出声的外部言语阶段，这是指不直接依赖实物而借助出声言语进行活动的阶段。

4. 无声的外部言语活动阶段。这一阶段的特点在于智力活动是以不出声的外部言语来进行的，它要求对言语机制进行很大的改造。不出声的外部言语形式的活动的形成，是活动向智力水平转化的开始，是不出声的外部言语活动。就是说，青少年是以词的声音表象、动觉表象为支柱而进行智力活动的阶段。从表面看，这种不出声的外部言语活动是"言语减去了声音"，似乎很简单。其实不然，这种不出声的言语活动是有声言语活动向言语的声音形象、动作形象转化的途径。加里培林认为这时是"在头脑中，言语的有声形象成为词的声音形象的表象"。可见，这种言语不出声的变化要求青少年对言语机制进行很大的改造，因而需要他们重新学习。但由于这种言语的外在形式和实际内容与出声言语并无质的区别，因此，青少年在前一阶段所获得的概括、简化等活动的成就便可以直接转移到这一阶段中来。

5. 内部言语活动阶段。这是智力技能形成的最后阶段，是智力活动简化、自动化似乎不需要意识的参与而进行智力活动的阶段，是名副其实的智力技能形成阶段。在这一阶段中，青少年凭借简化了的内部言语，似乎不需要多少意识的参与就能"自动化"地进行智力活动。这一阶段的特点是简缩和自动化。由于内部言语是指向自己的，不必考虑到外部言语作为交际手段的机能，因而可以大大压缩和简化，加之它的进行基本上是处于自我观察界线之外的，是自动化、自己觉察不到的。例如，青少年演算进位加法时，已经不再需要默念公式和法则，而是在头脑中出现几个关键词，随之而来的就是自动化的操作。整个运算过程的智力活动在他们头脑中被"压缩"和"简化"了，以至他们已不大可能觉察运算过程，所能觉察到的只是运算的结果。

作为一种理论假设，它虽不是根据现有的学习理论提出来的，而是根据人的心理活动形成发展的问题提出来的。但这一理论假设谈的是人的智力活动的形成阶段，又离不开青少年在教师教育教学指导下掌握知识经验的过程，所以实质上这又是一种新的学习理论、掌握理论。尽管如此，我们认为关于智力活动按阶段形成的理论，对于进一步探索智力活动和心智技能形成的规律还是很有价值的，对于当前我国学校实施的素质教育具有一定的参考意义。

## （二）三阶段模式

1. 原型定向。

（1）原型定向的含义。原型定向就是了解心智活动的实践模式，了解"外化"或"物质化"了的心智活动方式或操作活动程序，了解原型的活动结构（动作构成要素、动作执行次序和动作的执行要求），从而使主体知道该做哪些动作和怎样去完成这些动作，明确活动的方向。原型定向阶段也就是使主体掌握操作性知识（即程序性知识）的阶段。

原型定向是心智技能形成所不可缺少的一个阶段。首先，心智技能是一种合法则的活动方式，要求主体能独立作出。主体要能独立作出这种活动方式，首先要在头脑中建立起有关这种活动方式的定向映象，从而才能调节自己的活动、作出相应的动作。其次，心智动作是一种内化了的动作，是实践活动的反映。因此，心智活动的定向，必须借助于一定的物质形式使这种活动"外化"为原型（即实践模式）才能进行。由于心智活动的定向需要借助其原型进行，所以称这一阶段为"原型定向阶段"。原型定向阶段的主要任务在于建立起进行活动的初步的自我调节机制，为进行实际操作提供内部控制条件。

（2）原型定向阶段的教学要求。在原型定向阶段，主体的主要学习任务可以归结为两点：首先要确定所学心智技能的实践模式（操作活动程序），其次要使这种实践模式的动作结构在头脑中得到清晰的反映。为完成这些任务，教师必须做到以下几点。①要使青少年了解活动的结构，即了解构成活动的各个动作要素及动作之间的执行顺序，并了解动作的执行方式。这样，青少年对于活动才能有一个完整的映象，才能为以后的学习奠定基础。因为青少年只有从智力活动的展示及其概括的结果中，才能清楚智力活动的真正内容。②要使青少年了解各个动作要素、动作执行顺序和动作执行方式的各种规定的必要性，提高青少年学习的自觉性。青少年头脑中形成认知活动定向的表象越符合实际，就越有助于智力技能的形成。③采取有效措施发挥青少年的主动性与独立性。构成活动的动作不能以现成的形式教授，而应该激发青少年的学习需要，发挥青少年的主动性与独立性，师生共同总结各步动作及其执行顺序。这样，才能使青少年体会到各动作划分的原因及动作顺序的合乎法则性，从而为青少年所理解和接受。④教师的示范要正确，讲解要确切，动作指令要明确。教师正确的指导语和提供的范例，对于青少年掌握正确认知的关键有着重要的意义。⑤教师可以用复述动作要领的方法来检查原型定向的学习成效。

总之，通过原型定向阶段的教学，青少年建立起了关于活动的初步的自我调节机制，从而为进行实际操作提供了内部控制条件。

为了使青少年掌握解析技能，在原型定向阶段，教师应针对不同例题，在黑板上利用大型活动卡片，说明解析活动的步骤及要求，并用展开的、连贯的方式向青少年演示整个解题过程。同时，伴随活动以标准语言讲解与演示，使青少年了解活动，建立起关于活动的初步映象。当然，原型定向阶段的教学，只是解析技能形成的开端，要使青少年形成熟练的解析技能，还需引导他们进行实际的操作。

2. 原型操作及其作用。

（1）原型操作的含义。原型操作是指依据心智技能的实践模式，把主体在头脑中建立起来的活动程序计划，以外显的操作方式付诸执行。

在这一阶段，活动的执行是在物质与物质化水平上进行的，活动的最初形式可以是物质的，也可以是物质化的。在物质的活动形式中，物质活动是指对具体实物的运用，而物质化活动则是指运用实物的模像、图片、言语、模型、示意图等形式进行活动。不论动作客体是实际事物本身，还是其代替物，都是对原型的操作，因而我们称此阶段为"原型操作"阶段。原型操作阶段是心智技能形成过程中的又一重要阶段。在这一阶段，动作的对象是具有一定物质形式的客体，动作本身是通过一定的机体运动来实现的，对象在动作的作用下所发生的变化也是以外显的形式来实现的。这样，主体在原型操作过程中，不仅仅是依据原有的定向映象作出相应的动作，而且同时可以使作出的动作在头脑中得以反应，从而在感性上获得完备的动觉映象。这种完备的感性动觉映象是心智技能开始形成及内化的基础。因而原型操作在心智技能的形成中具有十分重要的地位。

（2）原型操作阶段的教学要求。为了使心智技能能在操作水平上顺利形成，教师必须做到：①要使心智活动的所有动作以展开的方式呈现。也就是说，主体要依据心智活动的原型，把构成这一活动的所有动作系列，依次按照一定的顺序作出，不能遗漏或缺失。而且每个动作完成之后，要及时检查，考察动作的方式是否能正确完成，对象是否发生了应有的变化。因为只有在展开的活动中，主体才能确切了解活动的结构，才能在头脑中建立起完备的动作映象，同时也才能获得正确动觉经验及确保活动方式的稳定性。例如，在数量关系的解析过程中，青少年按教师演示的方法，用小卡片进行解析活动，边摆、边想、边填写。先在教师的指导下做半独立练习，以后再做独立练习。这样"提"、"判"、"选"、"找"一一执行，没有遗漏。②要注意变更活动的对象，使心智活动在直觉水平上得以概括，从而形成关于活动的表象。心智技能作为合法则的活动方式，其适用范围应具有广泛性。采用变式加以概括，有利于青少年心智技能的掌握和内化。例如，数量关系的解析模式，不仅对简单应用题适用，而且对复合应用题和列方程解应用题也适用；不仅应从加减应用题中进行概括，而且应从乘除应用题及四则混合应用题中进行概括，如此等等。③要注意活动的掌握程度，并适时向下一阶段转化。强调原型操作阶段应以展开的方式出现，并不是说最终不要简缩。当青少年连续多次能正确而顺利地完成有关动作程序时，应及时转向内化阶段，以免活动方式总停留在展开水平，阻碍心智活动的速度。例如，对于同一类型的数量关系的应用题，开始运用"提——判——选——找"来解；当青少年掌握较好时，可直接用"提——找"来解，以使解析技能逐渐内化。④为了使活动方式顺利内化，动作的执行应注意与言语相结合，一边进行实际操作，一边用言语来标志和组织动作的执行。因为心智技能作为一种心智活动方式，是借助于内部言语默默进行的，而内部言语必须以外部言语为基础。在原型操作阶段，外部言语作为心智动作的标志及执行工具，在"内化"过程中具有十分重要的作用。因而，在边做边说的场合下，活动易于向言语执行水平转化。如在数量关系的解析过程中，要求青少年用言语描述它的实际操作过程，即做什么说什么，但对言语不作统一要求，只要基本反映解析过程就可以了。再如以图表形式列出题目的重要条件和问题，引导青少年解题。

总之，通过原型操作，青少年不仅有了程序性知识，而且通过实际操作获得了完备的动觉映象，这就为原型内化奠定了基础。

3. 原型内化。

（1）原型内化的含义。所谓原型内化是指心智活动的实践模式向头脑内部转化，由物质的、外显的、展开的形式变成观念的、内潜的、简缩的形式的过程。这一过程一般又可划分成三个小的阶段，即出声的外部言语阶段、不出声的外部言语阶段和内部言语阶段。这时动作离开原型中的物质性客体及外显的形式转向头脑内部，最后达到活动方式的定型化、简缩化和自动化。原型内化过程首先要从外部的语言开始，而后转向内部言语。操作活动在言语水平上完全展开，然后再依据活动掌握程度逐渐缩减，省略一些步骤，合并相关的动作，最后达到自动化。在这一阶段，教师要注意变化动作的对象，以利于心智技能掌握的灵活性。例如，教分数的乘除法时，要注意变化练习的形式，分子分母都可以是整数、分数或者小数，还要变换题型，注重应用。原型内化，即心智活动的实践模式向头脑内部转化。

（2）原型内化阶段的教学要求。为了使操作原型成功地内化成心智技能，使活动方式定型化、简缩化、自动化，教师在教学中必须注意：①动作的执行不能颠倒，应遵循由出声的外部言语到不出声的外部言语再到内部言语的顺序。由物质化活动阶段过渡到有声的外部言语的阶段是智力技能形成中转入认知活动形式的开端。②在开始阶段，操作活动应在言语水平上完全展开，即用出声或不出声的外部言语完整地描述原型的操作过程（此时已没有实际操作）。然后，再依据活动的掌握程度逐渐缩减，其中包括省略一些不必要的动作成分与合并有关的动作。③在这一阶段也要注意变换动作对象，使活动方式得以进一步概括，以便广泛适用于同类课题。④在由出声到不出声，由展开到压缩的转化过程中，也要注意活动的掌握程度，不能过早转化，也不宜过迟，而应适时。例如，在解析技能的形成过程中，内化阶段的教学是这样进行的。首先，让青少年丢开"小卡片"，利用大声言语进行活动，即边说边想。教师先用大声言语即以展开的方式作出解析示范，再让青少年用大声言语形式做练习。此时言语表述与上一阶段活动内容相一致，但言语要求规范化、完整化。然后，让青少年以不出声的言语进行解析活动，开始可以小声点，慢慢转入不出声，最后达到解析活动的自动化，即在审题之后，迅速列出算式。

总之，依据心智活动是实践活动的反映这一观点，任何新的心智技能的形成，在原则上必须经过上述三个基本阶段才能实现。不过，如果某种心智技能，其动作成分是由主体已掌握了的一些动作构成的，则不必按前面提到的心智技能形成的三个基本阶段分别进行严格训练。

### 三、心智技能的培养

由于心智技能是按一定的阶段逐步形成的，因此在培养方面必须分阶段进行，才能获得良好的教学成效。为提高分阶段训练的成效，必须充分依据心智技能的形成规律，采取有效措施。为此，必须注意以下几点：

#### （一）激发学习的积极性与主动性

任何学习任务的完成均依赖于主体的学习积极性与主动性。学习的积极主动性取决于主体对学习任务的自觉需要。为此，在培养工作中，教师应采取适当措施，以激发主体的学习动机，调动其学习的积极性。

#### （二）注意原型的完备性、独立性与概括性

心智技能的培养，开始于主体所建立起来的原型定向映象。所谓完备性，指对活动结构（动作的构成要素、执行顺序和字形要求）要有清楚的了解，不能模糊或缺漏。所谓独立性，指应从青少年的已有经验出发，让青少年独立地来确定或理解活动的结构及其操作方式，而不能是教师给予青少年现成的模式。所谓概括性，是指要不断变更操作对象，提高活动原型的概括程度，使之具有广泛的适用性，扩大其迁移价值。有关研究表明，定向映象的完备性、独立性与概括性不同，则活动的定向基础就有差异，就会影响到心智技能最终形成的水平。

#### （三）适应培养的阶段特征，正确使用言语

心智技能是借助于内部言语而实现的，因此言语在心智技能形成中具有

十分重要的作用。言语在不同的阶段中，其作用是不同的。此外，要随着心智技能形成的进展程度，不断改变言语形式，如由出声到不出声，由展开到简缩，由外部言语转向内部言语。

### （四）注意青少年的个别差异性

教师在集体教学中还应注意青少年的个别差异，充分考虑青少年所面临的主客观条件，并针对青少年存在的具体问题采取有针对性的辅助措施，以求最大限度地发展青少年的心智技能。

### （五）遵循智力活动按阶段形成的理论

心智技能按阶段形成的理论，充分体现了心智技能形成的一般规律。因此，在培养青少年形成心智技能时应遵循这一理论，积极创造条件，帮助他们从外部的物质活动向内部的智力活动转化。

### （六）根据心智技能的种类选择方法

心智技能与动作技能一样，也有简单和复杂之分，要因其复杂程度不同而采用不同的途径。对于那些复杂的由多种智力活动方式组成的心智技能，如写作技能、解题技能等，可以采用部分到整体的训练方法。即从单个智力活动训练开始，并使之掌握，然后以统一顺序将它们联结起来，构成一种复杂的心智技能。而对于那些简单的心智技能，如加减运算、字形笔划分析等，宜采用整体方法来训练。

### （七）积极创造应用心智技能的机会

青少年的实践活动是心智技能形成和发展的基础。只有经受实践的考验，应用自如，才能形成稳定有效的心智技能。要想促进青少年心智技能的形成和发展，使之达到熟练掌握和灵活运用的水平，教师必须积极创设问题情境，让他们的心智技能在解决问题的练习中得到锻炼。此外，教师还应该加强指导，帮助他们正确运用心智技能来解决有关问题。

### （八）注重思维训练

青少年的心智技能的核心心理成分是思维。因此，培养青少年良好的思维方法和思维品质是一项对青少年心智技能的形成与发展具有特别重要意义的措施。为此，教师在教学过程中要重视青少年的思维训练，培养他们思维的独立性与批判性、敏捷性与灵活性、流畅性与逻辑性。

# 第四章　青少年的概念学习

## 第一节　概念的概述

外在世界的信息变化繁杂，我们主要通过概念对信息进行分类处理。我们对世界的认识，是由概念及概念之间的关系构成的。所以我们必须要掌握什么是概念，概念的关系（原理），了解概念和原理的学习规律。

### 一、概念的界定

概念就是代表一类享有共同特性的人、物体、事件或观念的符号。例如"青少年"就是一个概念，"青少年"这个词表示许许多多都具有某些共同属性的所有学习某一课程的人。概念所反映的不是一类事物的某一具体特征，而是一类事物所共有的本质特征，所以它是抽象的，在真实的世界并不存在一一对应的关系，只存在概念的个别例子。概括起来可以从以下几个方面理解概念的含义。

#### （一）概念内涵和外延各有差异

有些概念内涵小、外延大，也就是说，概念的成员享有少量的共同属性，但包括大量的成员，如动物、植物等。有些概念内涵大、外延小，也就是说，概念的成员享有大量的共同属性，但包括少量的成员，如麻雀、郁金香等。

#### （二）有些概念的含义随着年龄的增长也在不断变化

如"生命"，人们终生都在试图理解这一概念。皮亚杰曾具体研究过不同年龄儿童的"生命"的概念，他发现儿童"生命"概念的形成有一个渐进的发展过程。六岁以前的儿童认为任何东西都是有生命的；六岁到八岁的儿童认为能动的东西才是有生命的；八岁到十岁的儿童则认为自己能动的东西才是有生命的；到了十一岁以后儿童才真正理解了生命的含义。

#### （三）概念是有层次的

例如，郁金香这一概念指某一类特定的花，是花这一概念的一个例子，而花又是植物这一概念的例子，植物又是生物这一概念的例子。事实上各种概念都是以一种相当复杂的方式联系在一起的。

概念有助于人将大量的信息组织成有意义的单位，从而大大简化了人的思维过程。我们可以不必为所遇到的每一样新事物命名和归类。我们通常把它们归入已有的类别中去。例如，自然界存在7 500 000种可分辨的颜色。我们只需将它们归入有限的几十种颜色，就能相当好地整理这种多样性。如果不能形成概念，我们就会发现生活将是混沌一片、毫不相关的经验，无法对事物归类，没有用于思考相似事物的符号，人与人之间的交流也将是不可能的。

## 二、概念的结构

### （一）概念结构理论

特征表理论认为概念是由定义特征和概念规则两个因素构成的。定义特征是概念的实例共同具有的特征。概念规则是指一些定义特征之间的关系或整合这些定义特征的规则。概念规则有肯定、否定、合取、析取关系等。特征表说能解释具有明确的定义特征，如物理中力的概念。但是那些难以确定定义特征的概念，如聚会，但是我们确实知道聚会是一个什么样的。这是因为我们头脑中存有"聚会"的原型。

原型理论认为，概念是由原型和与原型有相似性的成员构成的。原型，就是某一类别的最佳实例。而类别成员代表性的程度，就是其他实例偏离原型的容许距离。杯子何时变成碗，何时变成花瓶，确定一个物体属于某一个概念系统的依据是，它更符合哪一个原型。

概念原型和概念的其他成员相比具有更多的共同属性。概念容许其他实例在一定范围内发生变异，但原型是核心。原型为这些各具特点的众多实例组成一个整体提供了基础。

### （二）概念结构分析

1. 概念名称。概念一般是由词汇组成，但并非所有词汇都是概念，当一个词所指代的是一类事物的属性时才能被称为概念。在心理学中所使用的"概念"一词并不一定要求必须用一个特定的词表示出来。例如，婴儿在不会讲话时就已形成一些概念了，如"妈妈"。动物不用语言也能形成一些基本的概念，如鸭子面前有三只不透明杯子，分别用一块三角形和两块长方形作盖子，只在三角形的杯子里放食物。经过多次尝试，不论三角形的大小如何，鸭子能熟练找到食物。这说明，鸭子已形成了三角形这一概念，并把三角形与食物联系起来了。

2. 概念属性。又称关键特征，是一个概念的所有成员都具有的共同的本质属性。所谓属性是指概念中的各种可以辨别的特征，属性既可以是形状、颜色，也可以是大小、体积、形状、质量，等等。

3. 概念定义。概念定义就是用一个或几个句子对概念所代表的某类事物的共同特征所进行的概括。概念定义往往用于对一类事物共同特征的界定，一般来说大部分概念都有一个具体的定义，但有些事物、事件或观念是非常复杂的，有时虽然我们知道一个概念的内涵，但真正要给它下一个定义却比较困难，如"友谊"。

4. 概念例证。概念所反映的是某一类事物的共同的属性，每一个概念成员都是这一概念的具体例证，一般来说，概念的例证大致可分为两种，一种是正例或肯定例证，即完全符合概念要求的例证；另一种是反例或否定例证，即完全不符合概念要求的例证。

### 三、概念的类型

#### （一）日常概念和科学概念

日常概念是没经过专门的教学，而在日常生活中通过辨别学习，积累经验而掌握的概念。日常概念受狭隘的知识范围限制，因此常发生错误，并忽视事物本质的东西。人们对于日常概念的掌握，不必经过专门的学习，而可以在同别人进行日常交往和积累个人经验的过积中自然而然地掌握。这样掌握的概念可能是很牢固的，但往往不能对事物有本质的认识。比如，蜜蜂不是鸟，鸭不是鸟，树是活的。科学概念则是在教学过程中通过揭示概念的内涵而形成的概念。科学概念与日常具体概念并不都是一致的，青少年学习科学文化知识更多的是要掌握科学概念。

#### （二）难下定义的概念与易下定义的概念

赫尔斯根据关键特征的明显程度，把概念分为难下定义的概念与易下定义的概念，易下定义的概念是关键特征明显，易用某种规则揭示出来的概念，如三角形；难下定义的概念是关键特征不明显，不易用某种规则揭示出来的概念，如书、家具、游戏、智力等。

#### （三）初级概念和二级概念

奥苏伯尔认为关键特征可以从概念的正反例子，通过分析概括揭示出来的概念是初级概念。而二级概念则不经过观察概念的正反例子，而直接用定义的形式揭示出来，如等腰三角形等。

### （四）连言概念、选言概念和关系概念

连言概念指概念中同时具有某些属性且属性之间具有相加的性质的概念，如毛笔、黑熊、高楼等都属于连言概念，在这种概念中，其所具有的属性缺一不可，必须同时具备；选言概念需要在概念中属性的组合二者选一，或二者兼备，如我们说一本书是"好书"，既可以指一本文字优美、装帧漂亮的书，也可以指一本内容曲折、生动，富于教育意义的书。当然同时具备如上两方面特征的书自然是好书；关系概念指概念的各种属性可以揭示出某种特殊关系，如许多表示方位、相对大小的概念都被称之为关系概念。

### 四、概念的获得

概念的获得，实质上就是要理解一类事物共同的关键属性，也就是说，使符号代表一类事物而不是特殊的事物。儿童获得概念的两种基本形式是概念的形成和概念的同化。

### （一）概念形成

青少年在日常生活中获得的概念都是从具体概念入手的。青少年通过一系列尝试，正确的反应与适当的刺激就联结起来了，因而，青少年的概念也就形成了，但他不一定能给它下定义，这时获得的是一个具体概念。因此，概念形成中的认知过程必须符合两个条件：第一，内部条件（即青少年自身的条件）：青少年必须辨别概念的正反例证。第二，外部条件：教师必须对青少年所提出的概念的关键特征的假设作出肯定或否定的反应，使青少年从外界条件中获得反馈信息。

在概念形成过程中，青少年并不是被动地、消极地等待各种刺激的出现以形成联想，而是积极地、主动地去探究这一概念，通过一系列的假设、检验来发现这一概念。青少年在形成概念的过程中，还会采取各种策略，以求加快发现这一概念的过程。

对于青少年来说，概念形成是概念获得的典型方式。尤其是学前儿童通过概念形成的方式来获得概念，主要是因为他们已有的知识都比较具体而贫乏，理解能力有限。例如，成人在使用"叔叔"这一术语时，一般指任何人的父亲的弟弟，也泛指任何比父亲小的成年男子，假定我们把"叔叔"的定义就这样告诉幼儿，他们或许凭机械记忆的能力记住这些词句，但是他们能否获得"叔叔"这个词的概念意义呢？由于幼儿认知结构中的"父亲"、"弟弟"、"任何人"这些词并不代表概念，只代表个别的人；同时，他们也不知道这些词在上述"叔叔"定义句子中的句法功能，因此幼儿不能用定义的方

式学习"叔叔"这个概念。所以儿童只能从大量的例子出发，从他们实际经验的概念的肯定例证中，以归纳的方式抽取出一类事物的共同属性，从而获得某些初级概念。

### （二）概念的同化

青少年获得概念的主要形式是概念同化。概念同化就是利用学习者认知结构中原有的概念，以定义的方式直接给学习者提示概念的关键特征，从而使学习者获得概念的方式。比如青少年要学习"鲸"，如果青少年认知结构中已经具有清晰的"哺乳动物"的概念，尽管青少年未见过鲸，但通过查阅字典或教师讲解，知道鲸是"哺乳动物，种类很多，生活在海洋中，胎生，形状像鱼，俗称鲸鱼"，都能获得鲸这个概念。在学校教学中，青少年概念的学习都是以已有的知识经验为基础来进行的，在这一过程中，认知结构中的原有的概念可以为一个新概念的吸收提供一个固定点，当学习者在已有的概念和新概念之间建立起一种实质性的、非人为的联系以后，学习者就会获得新概念的具体意义。概念同化不仅是让青少年去掌握概念知识，而且要指引青少年将已获得的概念组成体系，使青少年的知识条理化，这不仅有利于储存与检索，而且有利于去理解与吸收新的知识。概念的同化分成了上位学习、下位学习和组合学习三种基本形式。

第一种形式是下位学习（类属学习）。下位学习是一种把新的观念归属于认知结构中原有观念的某一部位，并使之相互联系的过程。下位学习包括两种形式：①派生类属学习。指新观念是认知结构中原有观念的特例或例证，新知识只是旧知识的派生物。通过派生类属，不仅可使新概念或命题获得意义，而且可使原有概念或命题得到充实或证实；②相关类属。当新学习的知识从属于原有认知结构中的某一观念，但并非完全包含于原有观念之中，并且也不能完全由原有观念所代表，二者仅是一种相互关联的从属关系时，便产生相关类属学习。此时，新知识需对原有的认知结构作部分调整或重新组合，是原有观念的扩充、深化、限定或精确化的产物。例如，青少年原来认为"教学心理"就是研究知识掌握和技能形成的，现在要让青少年认识到"认知策略的学习"也是教学心理研究的内容之一，就是相关类属学习。

第二种形式是上位学习（总括学习）。上位学习即通过综合归纳获得意义的学习。当认知结构中已经形成某些概括程度较低的观念，在这些原有观念的基础上学习一个概括和包容程度更高的概念或命题时，便产生上位学习。如青少年在学习了黄瓜、茄子、豆角、西红柿等概念后，随着所掌握的同类概念的不断增多，他们就会在主观经验上把这些概念联系起来，进而形成一个概括化程度更高的概念——蔬菜。

第三种形式是并列结合学习。当新知识与学习者认知结构中的已有观念既不是类属关系，也不是总括关系，而是并列关系时，便产生并列结合学习。也就是说，当青少年已经获得了几个包摄程度相同并且彼此之间相互关联的概念以后，便会在此基础上很容易地获得了另一个同样性质的概念。例如，学习质量与能量、热与体积、遗传结构与变异、需求与价格等概念之间的关系就属于并列结合学习。假定质量与能量、热与体积、遗传结构与变异为已知的关系，现在要学习需求与价格的关系，这个新学习的关系虽不能归属于原有的关系之中，也不能概括原有的关系，但它们之间仍然具有某些共同的关键特征，如后一变量随着前一变量的变化而变化等。根据这种共同特征，新关系与已知关系并列结合，新关系就具有了意义。一般而言，并列结合学习比较困难，必须认真比较新旧知识的联系与区别才能掌握。事实上，课堂教学中的许多同类性质的概念都是通过这种并列结合学习的形式获得的。

## 五、概念的运用

概念一旦获得以后，就能在认知活动中发挥作用，从而对认知活动产生重大影响。已经获得的概念，可以在知觉水平和思维水平上运用。

### （一）在知觉水平上运用

在人的认知结构中已经获得同类事物的概念以后，他再遇到这类事物的特例时，就能立即把它看作这类事物中的具体例子，把它归入一定的知觉类型，如把特殊的房子看作一般的房子的中的一例。这样就从知觉上理解了房子。在教学中，以一个范例说明一个原有的概念，实际上就是知觉的分类。另外，已经获得的概念，以后在新的地方出现时，学习者不必经过一系列的认知过程。可以直接从知觉上直接觉察它们的意义。

### （二）在思维水平上运用

在接受学习中，将新的概念归属于原有的层次较高的概念，或者识别某一类已知事物的一个不大明显的成员（即在思维水平上分类），都属于在思维水平上的运用。

在发现学习中，也常常需要运用原有的概念。例如，在解决比较复杂的问题中，原有的概念必须重新组织，以满足解决当前问题的需要。这也是概念在思维水平上运用的特征。

### 六、概念学习的方式

#### （一）规则——例子——规则

这种方法是先给青少年一个定义，接着呈现几个正例（反例），然后分析这些例子是如何代表这一定义的。在学校所教的概念常常采用这种方式。例如"学习"这一概念，先下出一个定义"学习是个体在特定情境下由于练习或反复经验而产生的行为或行为潜能的比较持久的变化"。然后分析该定义的主要特征，举出正例及其变式。变式指概念的正例在无关特征方面的变化。这种方法的效率比较高，比较适合高年级或者有了一定的基础概念的青少年，但是如果从建构主义的角度看，这种方法存在一定的局限性，它更多地关注了概念的定义特征，而忽略了青少年已知的范例，可能对概念的加工应用不够。

#### （二）例子——规则——例子

这种方法是先从例子开始的，再根据概念的特征，不断修正推导出适合的概念，最后再呈现相关的例子，对概念加以巩固。这种方法能帮助青少年建构对特殊概念的理解，同时发展青少年的实际思维技能例如检验假设的能力。

在教学中，采用例子－规则－例子的方式，可能更符合青少年的学习需求，教师可以先呈现一个概念的正例和反例，让青少年来提出假设，猜猜概念是什么，通过不断提供正、反例，青少年对这个概念的特征把握得越来越精确，最后自己建构出新概念。

首先在讨论概念的定义前非常有效地区分了正例和反例。正例给出了概念外延范围，传递的信息最有利于概括，为了便于青少年从例子中概括出共同的特征，还包括了许多的无关因素，但是这些无关因素能防止青少年出现概括不足的情况，把属于这个概念本身的成员排除在外。反例与概念本身非常相关，只是少了一个或者几个关键特征，这就防止出现过度概括的情况，把不属于概念本身的成员包含进来。反例传递的信息最有利于辨别，有助于加深对概念本质的认识。反例的适当运用，可以排除概念学习中无关特征干扰。

正反例的使用还要注意一定的顺序，在运用例子说明概念时，可以采用下列三条原理：①按由易到难的顺序呈现例子。②选择彼此各不相同的例子。③比较正例和反例。例如，教"液体"这一概念，可以由易到难举例，先举水，果汁，然后举黄油、香波。黄油、香波在无关特征上彼此各不相同，黄油较厚、不透明，香波则不能吃。这样以防外延缩小。然后举出几个反例，如沙子、稀泥，虽然它们也能倾泻，但不是液体。这样以防外延扩大。

### 七、概念网络的形成

概念教学不仅仅止于让青少年准确了解所教的概念是什么，还要让青少年把新学的概念和自己长时记忆中已有的概念联系起来。这就涉及概念关系图策略，它是一种用图表的形式表征知识的技术，是一种按照概念之间的内在逻辑关系将一个概念和与其相互关联的其他概念组织在一起形成概念网络的教学策略或教学方法，其目的是使概念之间的关系可视化。一般以网络的形式组织知识，这个网中由节点和连线组成，节点表示概念而连线代表概念之间的关系。概念关系图在教学中主要有两方面的功能，它既可以作为一个教学工具，建构概念图的过程中，青少年能对自己对概念之间关系的理解进行梳理，有利于理解的深入。同时它也可以作为评价工具，一个青少年如果在做概念关系图时遗漏了某些概念、某些连线就表明青少年对这一概念缺乏足够的理解，以此来发现青少年对概念，特别是概念之间关系理解的疏漏。当然，促进概念掌握和学习的方法还有很多，例如呈现例子时，要注意变式和比较，多采用可视化的工具，更重要的是要给青少年实际应用的机会，这样青少年对概念更加亲切，掌握概念的积极性就会提高。运用概念于实际是概念具体化的过程，而概念的每一次具体化，都会使概念进一步丰富和深化，对概念的理解就更完全更深刻。

### （一）变　式

变式就是从不同的方面、不同的角度、不同的情况来变更同类事物的非本质属性，从而突出事物的本质属性。大家知道，一类事物中的个别事物既具有本质属性也具有非本质属性。在本质特征中，有些是可以直接感知到的，化学或物理属性，如气味、大小、形状、颜色，这些属性易于辨别、容易掌握；而有些本质特征比较隐蔽、抽象，不易直接观察，难于掌握。为使青少年更好地掌握概念的本质特征，在教学中就应当采用变式，来突出其本质特征。如教"鸟"的概念时，只列举麻雀、燕子之类的例子，青少年以为能飞是鸟的本质特征。这就把非本质特征误认为是本质特征了。倘若同时列举驼鸟、鸭子、鸡、企鹅等例子，就能更有效地排除非本质特征，指出鸟的本质特征是有羽毛、卵生、体温恒常的动物才是鸟。

### （二）比　较

如果说变式是指利用材料的影响去促进理解，那么比较则是指组织思维的方法去促进理解。有比较才有鉴别。比较有同类事物的比较和不同类事物的比较。通过比较，找出其共有的特征，舍弃彼此差异的特征，从而突出事物的本质特征。如教圆，举出球加以比较，使青少年能理解圆必须在同一平面上这个本质特征。比较能使人确切了解事物之间的联系与区别，使有关事物的本质特征更清晰。概念的形成一般都要采用比较。

# 第二节　错误概念的转变

儿童的学习并非从零开始，而是通过对原有知识经验进行构建，在新旧经验双向反复的相互作用下实现的，在接受系统的科学训练前，儿童的日常经验使他们对客观世界的各种自然现象初步形成了自己的看法和解释，从而建构了大量自发概念。自发概念中有的部分与科学概念相容，为日后接受科学知识打下了基础，可以作为新知识的起点（生长点）。一般认为，青少年在接受正规的科学教育之前所形成的概念可称之为前科学概念或前概念。青少年形成的前科学概念由来已久、根深蒂固，这些前概念中有些是对客观世界的朴素观念有的则完全与科学概念相悖，后者也叫错误概念，或称为另类概念。

## 一、错误概念及其性质

错误概念出现的频率在各年龄阶段变化不太大。而且，错误概念的出现与青少年的学业水平之间没有明显的相关，优等生也常常有这些错误概念。以往的教学只是关注于新知识的传授，而正确概念的传授并不能自动地校正青少年原有的错误概念，儿童往往仍信奉原来的概念。因此，在考试中，他们可能按照课本中的说法答题，但在与实际生活相关的情境中，他们仍坚持着原有的概念。因为，改变错误概念并不容易，除非必要，人们不会轻易地放弃或改变原有的概念。可见，错误概念在科学教学中是很普遍的现象，且对科学知识的学习有着很深的影响。

错误概念不简单是由于理解偏差或遗忘而造成的错误，它们常常与学习者的日常直觉经验联系在一起，植根于一个与科学理论不相容的概念体系。很多时候，这些错误概念常常恰好是以前科学界所主张的观点，如"太阳围着地球转"、"重的物体更快落地"等。儿童通常有这样的假定：空间是有上下之分的，而没有东西支持的物体将会落下去。这些基本观念使儿童无法相信地球是球形的，因为如果是那样的话，住在地球下方和两侧的人岂不要掉下去了。此外，他们还研究了儿童对昼夜交替的理解，也发现了相关观念的制约作用。如果一个儿童把大地看成是平的、而不是球形的，那他便很难相信昼夜更替是地球的自转造成的。因此，在教学中，简单告诉青少年什么是正确的并不能"换掉"他们的错误观念，必须看到这些观念与整个认知结构的密切联系。

这些错误概念如果从通俗的方面来解释，则一方面原因来自父母、教师甚至社会对儿童的错误教导。儿童的认识能力是很低的，可信的外人如何教，他们就如何学，并且深信不疑。另一方面来自儿童本身，儿童还未达到认知完善化并且缺乏累积的经验背景，强迫儿童说出还没有充分理解的概念，以致使他们不懂装懂，这就更加促进了错误概念的发展和持续存在。因此，儿童的许多错误概念是来自错误的和不充分的信息，或者是由于误解或不加批判地采纳了他们阅读过别人告诉他们的东西而产生的。此外，童年时期还有另一类错误概念，其根源可以追溯到具有各种不同意义的词之间的混乱，因为这些词或者是词形相似，或者是词音相同。

## 二、概念转变及其过程

概念转变就是认知冲突的引发和解决的过程，是个体原有的某种知识经验由于受到与此不一致的新经验的影响而发生的重大改变。错误概念的转变是新旧知识经验相互作用的集中体现，是新经验对已有经验的影响和改造。在与外界的相互作用过程中，个体常常会遇到已有经验无法解释的新现象、新观点。面对新旧经验的不一致，个体会体验到一种冲突，为了解决冲突，个体可能对原来的观念进行调整、改造，使其顺应于新情境。

### （一）认知冲突的引发

认知冲突是指人在原有观念与新经验之间出现对立性矛盾时而感受到的疑惑、紧张和不适的状态。基于原有的知识经验，人可以对行为的结果做出预期，而行为的实际结果与人的预期却往往并不完全一致，面对出乎意料的情境，人就会产生认知冲突感。例如，小青少年学完自然数知道 4 比 2 大，在最初学习分数时，可能会有1/4 比 1/2 大的错误概念，可是他发现1/2 的西瓜比 1/4 的西瓜大一倍时，他就产生了认知冲突。另外，在与他人、与社会文化的交往中，人会遇到与原有经验不一致的观点，这也会使个体感到认知冲突。例如，中国的老人都不太忌讳告诉别人自己的年龄，因为老人的长寿往往意味着德高望重、资历深厚等。但如果问一位西方老人的年龄则可能是对他的冒犯。他表现出的不愉悦将对不明白个中缘由的中国人造成认知上的冲突。人不愿忍受这种冲突的压力，试图调整新旧知识经验，解决冲突以建立新的平衡。认知冲突总是相对于个体的知识体系而言的，由于知识经验背景的不同，某种情境会与一个人的原有经验相冲突，但对另一个人来说可能并不存在这种冲突。

认知冲突的分类：①直接经验中的认知冲突与间接经验中的认知冲突：前者是指行为预期与实际结果之间的冲突，后者指个体在社会文化互动（如阅读、听报告、讨论等）中遇到与自己原有观念不同的观点，从而感到的冲突。②现实概念的冲突与潜在概念的冲突：前者指学习者头脑中现实存在着的概念与新经验的冲突；但有时头脑中的概念并不是以现实表征存在的，而是以非言语表征的方式微弱地、含糊地存在着的，甚至在教学前根本就不存在，只是以学习者的整个经验结构为背景会推出这样的理解，这种概念与新经验之间的冲突就是潜在概念的冲突。③针锋相对的认知冲突与可兼容的认知冲突：有时，冲突的两个概念之间是针锋相对、此立彼破的，但有时它们却可以同时成立，只有视角的不同，而没有根本性对立。

### （二）认知冲突的解决

人不愿忍受认知冲突的压力，他们将努力解决冲突以建立新的平衡。解决认知冲突有不同的途径。胡森分析了原有概念 C 在遇到新概念 Ca 时，个体对新概念的处理方式：①径直地或者在经过认真分析之后拒绝新概念；②通过三种可能的方式纳入新概念：一是机械记忆；二是概念更换，以新概念代替旧概念，并与其他观念相协调；三是概念获取，将新概念 C 与包括概念 C 在内的原有概念一起重新进行加工和整合，这意味着在原有知识背景中去理解新概念，新旧概念并不完全对立。

有人认为，有四个复杂因素影响了青少年立场的转变：①青少年先前知识的性质；②新的替代模式和理论的特征；③改变青少年观念时呈现信息的方法；④青少年对反常数据进行加工的深度。他们还指出，当青少年面对反常信息时，他们可能作出以下 7 种反应：①用正确的知识替换不正确的知识；②忽视；③拒绝；④判断不相关的信息；⑤将其从所持观念中脱离出来，使所持信念免受其影响；⑥重新解释，使之确证所持观念；⑦使所持观念作出表面的而非根本性的转变。后 6 种都不利于积极的观念转变。因此，在教学中教师要引导青少年对外界的客观现象进行正确的知觉，防止青少年在建构意义的过程中因提取了不正确的信息而影响了自己对所学概念和原理的理解。

在个体面对新旧概念的对立性冲突时，概念有时会发生整体性转变，所以有人又将概念转变称之为"原理转变"或"信念转变"。但有时这种转变是渐进式的，学习者在建构新概念的同时往往还在继续使用原来的旧概念，并不完全如胡森所说的那样简单明了。

总之，认知冲突就是在青少年的认知心理上造成差异与不平衡。一旦引发这种认知冲突，就会引起青少年认知结构上的不平衡，就能激起青少年的求知欲和探索心向，促使青少年进行认知结构的同化与顺应。所以，引发认知冲突是激励青少年概念转变学习的契机与条件。

### 三、概念转变的影响因素

#### （一）概念转变的影响因素

1. 学习者的形式推理能力。为克服错误概念，学习者需要理解新的科学概念，能意识到证明新概念有效性的证据，看到事实材料是如何支持科学概念，而违背原有的错误概念的。所有这些都依赖于青少年的形式推理能力。所以要对认识水平较低的儿童证明地球是圆的这一事实是非常困难的。

2. 学习者的先前知识经验。学习者先前知识的三个特征影响转变的可能性：强度、一致性和坚信度。强度指学习者先前经验的丰富程度，青少年的先前知识是组织良好的还是零散的。一致性指先前经验是否能对先前经验提供解释，是否能组合所有的证据。如果先前知识缺少一致性，则比较容易改变。坚信度指个体对于自身先前观念的坚信程度，这与青少年的直觉经验、文化背景等都有关系。例如坚信基督教的教徒即使接受达尔文的进化论思想，他也并不怀疑上帝造人的真实性。

3. 青少年的元认知能力。学习者的元认知能力对概念转变有影响。青少年的先前经验里有的与所要学习的科学概念一致，即使如此，也并非能够保证学习过程一定成功。在很多学习情境下，这些先前经验并非是能够自动进入学习过程中，需要学习者自己有意识地去利用先前经验，但是很少有青少年有意识、积极主动地利用自己的先前知识经验。当青少年学习新知识而并没有利用自身的先前知识的时候，新知识就是在一种孤立的状态中学习的。因而，青少年在实际情境中应用新知识时就会遇到困难。例如，在阅读过程中，读者常常意识不到文章中不一致、不协调的信息，幼小的儿童、阅读能力低的学习者对这些不一致信息更不敏感。学习者在新情境前面激活、联想起原有的知识经验，而且试图对新旧经验进行对照、整合，只有在这种积极的认知活动中，学习者才能意识到新旧经验之间的冲突，才能感受到原有概念的不足，认识到概念转换的必要性。

4. 影响概念转变的几种主要的动机性因素。

（1）目标取向：内在的、掌握型的学习目标更有利于学习者对信息的深层加工，所以更有利于概念转变的发生。

（2）自我效能感：它对概念转变的影响可能是双重的。其一，对自己原有概念的自信可能会妨碍概念转变的发生；其二，自我效能感使青少年相信自己能够改变原有的观点，运用策略不同观点进行整合，从而有利于概念转变。

（3）控制点：内控的青少年相信自己能够支配自己的学习，面对新旧经验的不一致，他们可能会更积极地去解决。

（4）态度：对青少年概念转变的影响是教学工作者必须考虑的。如果青少年认为学校知识"不是现实的"，那么有意义冲突的有效性就会减小；另外青少年在不安全的环境下，很少使用认知冲突策略。在日常知识和正规知识之间，正规知识缺乏影响和日常知识经验的支持。青少年并没有完全抛弃学校知识，他们只是认为用先前经验更"舒适"。他们将日常生活和学校生活分成两个不同的世界。同时，成功的青少年更喜欢新问题带来的认知冲突，不成功的青少年不怎么喜欢认知冲突。他们的自我概念，对学校和学校任务的态度都是消极的，比较焦虑。他们在学校的行为与任务无关，只是希望获得教师的正强化。为了避免不安全感和威胁，他们避免冲突。

### 四、概念转变的条件

#### （一）对原有概念的不满

只有当青少年发现自己相信的概念已经不起作用时，他们才会愿意去改变这种概念。根本的概念转变发生之前，青少年往往已经积累了很多没有解决的疑惑和认知冲突，已经对用现有的概念来解决这些问题失去了信心。让学习者看到原有概念所无法解释的事实（反例），从而引发他们的认知冲突，这可以有效地导致对原有概念的不满。

#### （二）新概念的可理解性

学习者需懂得新概念的真正含义，而不仅仅是字面的理解，他需要对新概念形成整体的理解和深层的表征。

#### （三）新概念的合理性

学习者感到新概念看起来是合理的，这意味着新概念与个体所接受的其他概念、信念是相互一致的，不存在什么冲突，它们可以一起被重新整合。这种一致包括新概念与原有认识论信念的一致；与其他相关理论、知识的一致；与实际经验一致；与直觉印象的一致，等等。学习者看到了新概念的合理性，意味着他相信新概念是对的。

### （四）新概念的有效性

学习者还需要看到新概念对自己的价值：它能解决用其他概念难以解决的问题，并且能向个体展示出新的可能和方向，具有启发意义。有效性意味着个体把新概念看作是解释某种问题的更好的途径。

概念的可理解性、合理性、有效性之间密切相关，其严格程度逐级上升，人对概念有一定的理解是看到概念的合理性的前提，而看到概念的合理性又是意识到其有效性的前提。这里应注意，上述三个条件不是新概念实际上如何，而是学习者自己所看到、所意识到的可理解性、合理性和有效性，是个体对新旧经验整合过程的自我意识。

有人把概念的可理解性、合理性和有效性称为概念的状态，即可理解的、可相信的及可广泛应用等三个状态。学习者对于概念所处的状态愈高，其发生概念转变的可能性也就愈高，也就是说，概念转变是发生在学习者能够充分理解与应用新概念时。他还提出，不仅新概念的状态，原有概念的状态也会对概念转变产生影响，两者之间存在交互作用。这里应注意，概念的上述三种状态不是概念实际上如何，而只是个体所看到、所意识到的可理解性、合理性和有效性，是个体对新旧信息整合过程的元认知监控。如果满足了上述概念转变学习的四个条件，青少年所持有的错误概念就会被科学概念所替代或改变。

概念转变就是学习，就是青少年原有概念改变、发展和重建的过程，就是学习者由前科学概念向科学概念的转变过程。为了促进青少年实现概念转变，就要进行概念转变教学。为此，教师必须充分了解青少年相关学科的原有知识经验背景，了解青少年有哪些错误概念，并充分运用青少年的原有概念创设教学中的认知冲突（情境），以此作为引发青少年进行概念转变学习的契机。因为要转变青少年的错误概念，仅仅告诉青少年"正确"的概念是无效的。只有在激励性的情境中，在青少年的前概念与科学概念的激烈碰撞中，才能解决前概念与科学概念之间的矛盾冲突，实现由前概念向科学概念的转变。

有人认为当青少年在学习新概念的时候，若能满足概念转变的条件，也就是不满足、更合理、更可信、更丰富时，新概念的相对状态就会升高，青少年自然而然的就愿意接受新的概念，放弃原有的概念。然而事实上，这样的理论并不如预期中的顺利，例如，许多的科学知识在用于解释现象时，比前概念还要不能令人满意或难以理解，青少年自然没有理由要去进行概念转变。此外，青少年也都缺乏对新概念的元认知所以青少年常会继续持有他们的错误概念，而将科学概念置之不理。这样的结果促使研究者再次重新审视青少年概念转变的困难，认为影响青少年概念学习的因素不单单只需要满足概念转变模式中的四个条件，还应该有更多因素参与概念转变的过程，影响青少年接受新的概念的意愿。

## 五、概念转变的模式

### （一）充　实

最一般的概念转变类型称之为"充实"。指在现存的概念结构中概念的增加或删除。人们在生活中获得的大量知识充实着他们原有的知识。充实的另一种形式包括对现存概念结构的区分、合并以及增加层级组织。总之，这一途径涉及到原有概念结构的量的扩展。

### （二）重　建

"重建"意味着创造新结构，这种新结构的建构或者为了解释旧的信息，或者为了说明新信息。重建又区分为弱势与强势重建，弱的重建就是在某一概念或一整套概念的内部结构中进行重组。强的重建就是考虑理论中的变化，类似于科学史中理论的改变。强的重建发生在个人获得一种新理论之时，这种新理论不同于其原有结构中的老理论。弱与强的重建形式均涉及某一种特殊领域理论的重建，亦可称之为"特殊领域的重建"。另一类的重建是全局性的重建。这种重建要求的是结构中的变化，而这种结构则决定着儿童可以利用的表征方式的性质。这种类型的重构影响着儿童在所有领域中获取知识的能力，因此这是一种全局性的重建。

## 六、概念转变学习的途径

连续途径试图避开在不连续途径中的基本的重建的需要，其概念转变开始于同科学概念一致的青少年原有概念结构或是对已有概念的重新解释。在第一种情况中，其要点是概念的变更和目标概念的协调是逐步发展起来的。在涉及科学概念和原理的解释时，并不是任何情况下都必需从青少年建构的概念开始的。它也可能开始于与某些问题领域中部分知识的类比。在第二种情况中，"重新解释"策略稍有不同。与之类似的是虽然它也是从青少年的前科学概念开始，但对它已用新的方式作出了解释。

## 七、为概念转变而教

概念转变研究对教学具有很重要的启发意义。首先，学习是新旧经验相互作用的过程，它不仅包括以原有知识为背景来获得新知识，同时还包括在新知识（新经验）的作用下来调整原有的知识。学习不仅意味着新知识的获得，同时还意味着原有知识的改变。其次，知识的学习不仅要解决"知"与"不知"的问题，而且要解决"信"与"不信"的问题，在学习过程中，学习者要对概念（观点）的合理性、有效性进行主动的鉴别分析。在教学中，教师不仅要用青少年能理解的词语清楚地把学科内容呈现给青少年，不只是要呈现科学家对问题的完好的解释，也不只是用仪器来直接演示教学内容，教学首先需要探明青少年原有的日常概念和相关的知识、信念，并用一定的策略促进错误概念的转变，而不是仅仅告诉青少年："你的想法错了，……才是对的"。

为了促进错误概念的转变，教学一般要包括三个环节：第一，揭示、洞察青少年原有的概念；第二，引发认知冲突；第三，通过讨论分析，使青少年调整原来的看法，或形成新概念。下面对教学中应该注意的问题做具体分析。

1. 创设开放的、相互接纳的课堂气氛。为了了解青少年的真正想法，促进错误概念的转变，教学中应该创设一种开放的、相互接纳的课堂气氛，不管是对是错，青少年都可以表达自己真正的想法，所有的见解都应该得到尊重，而不是对不同意的见解嗤之以鼻。只有这样，学习者才能大胆地面对不同观点、事实之间的冲突，才能理智地去思考、分析问题。

此外，教师还需要采用一些开放的具有提示力的探测性问题，让青少年在推论预测中表现自己的想法。教师不应有固定的讨论路线，而是要按照青少年讨论中实际表现出来的真正的思路自然而然地相互讨论，逐渐澄清问题。因此，教师要做到：①了解与所教课题有关的青少年的观点和理解方式。②认识所教课题的可能的概念发展方式。③对青少年学习进步敏感。④能够提出学习任务以支持和鼓励青少年的进步。⑤对所教课题有足够的理解，能够辨别不同的观点并对其作出反应。⑥能够组织和管理允许上述所有情况都发生的课堂环境。

2. 倾听、洞察青少年的经验世界，促使其形成积极的态度。任何以冲突为基础的策略要取得成功，都要依赖于学习者认识和解决冲突的意愿和能力。态度对儿童概念转变的影响是教学工作者必须考虑的。如果儿童认为学校知识"不是现实的"，那么有意义冲突的有效性就会减少。在教学的开始，教师应该首先保留自己的或者书本中的见解，先去了解青少年对当前主题的想法。在教学过程中以及在教学之后，教师需要不断地看青少年的想法有什么变化。而为了了解、揭示青少年真正的想法，教学中需要采用一些开放的、具有揭示力的探测性问题，让青少年在推论、预测中表现自己的想法，而不是让青少年去复述课本中的说法。在讨论中要使青少年充分意识到自己的观点和其他同学的观点，并在这个阶段对青少年提出各种要求，包括听取、理解和评价别的同学的观点。而在考虑这些不同观点的过程中，青少年要经常面对老师提供的更具权威性的观点，就会给青少年提供出大量不同的看问题的角度和方法，使青少年主动考虑自己的优缺点。

比如，在关于地球形状的教学中，如果教师在教学之后直接问青少年："地球是什么形状的"那青少年可能都会说是圆的，因为这个问题只能诱导青少年去复述所学的内容。为了反映青少年真正的想法，教师可以问青少年："假如你从你站的地方出发，一直向东走，没有山水挡你的路，你可以一直走下去，最后你会发现什么"？相信地球是圆的青少年会说："我会发现我又回到了这个地方"，而如果一个青少年内心深处仍觉得地球是平的，那他可能会说："我发现我走到了大地的边缘……"这种探测青少年真正想法的问题常常采用"如果……将会……"的形式，即给青少年描述一个事件或一种情景，让青少年运用相关知识推测结果会怎样，这比文字性复述更能反映青少年真正的想法。

3. 引发认知冲突。引发认知冲突，让学习者意识到与原有概念相对立的事实或观点，这是转变青少年的错误概念的基本途径。认知冲突是在青少年积极的推理、预测等思维活动中产生的，所以，引导青少年投入到积极的思维活动中，对当前问题进行分析、推理，是引发认知冲突的重要条件。首先，要揭露青少年的先前概念。为揭露青少年先前的概念，可以在教学时创设一种情境，让青少年用现有概念解释事件。这里的情境包括两种，一种结果是未知的，教师让青少年预测并给出依据；另一种是结果是已知的，青少年无须预测，但要提供原因和解释。其实讨论并评价先前概念，在开始讨论之前，教师要先请青少年描述一下他们的概念，所有概念呈现完毕，教师要引导全班青少年评论每个概念在解释当前事件中的可理解性、合理性和有效性。最后就是创造概念冲突。通过呈现先前的概念以及同学的概念，青少年开始对自己的概念不满，初步建立了概念冲突，而看到了自己概念的不足，青少年便会倾向于改变它们。呈现对立性事实的基本方法是实验和观察，比如，在学"浮力"时，很多青少年认为，完全浸没在液体中的物体所受的浮力和物体浸没的深度有关，为了转变这一错误概念，教学中可以用一个实验来检验这种想法：用弹簧秤钩住一个钩码，浸没在盛有水的烧杯中。这时可以让青少年预测：假如现在改变钩码所在的深度，弹簧秤的示数会有什么变化。在青少年作出各种预测之后，教师开始实际改变钩码的深度，结果发现弹簧秤的示数并没有变化，持有错误概念的青少年看到这种对立的事实，就会产生认知冲突感。除了直接进行实验和观察外，教学中也可以通过介绍科学家所做的实验来引发青少年的认知冲突。认知冲突是在青少年积极的推理、预测等思维活动中产生的，所以，引导青少年投入到积极的思维活动中，对当前问题进行分析、推理，这是引发认知冲突的重要条件。

4. 创建"学习共同体"，鼓励青少年交流讨论。在认知冲突情境中，教师要进一步引导青少年去思考其中的问题：为什么会有这种现象，它说明了什么？怎样解释教学中的交往是以教师和青少年间相互尊重、信任和平等为基础的，教师和青少年间的关系不是"主——客"关系，而是"人——人"关系。教师不再把青少年看成改造的对象，青少年也不再把教师当做崇拜、服从的权威，教师和青少年形成一个学习共同体。

在分析思考的过程中，教师应该组织青少年进行讨论，交流各自的看法，不同观点的交锋能更好地引发青少年积极的思维活动，促进青少年对问题的深层理解。在这个共同体内，双方互相倾听和言说，互相走进彼此的内心世界，师生之间、学生之间，同声相应，同气相求，产生了一种心灵的契合，学习共同体的成员在这种融洽的气氛中，实现了信息的转换、情感的交流和人格的认同。教师不要在头脑中存有固定的讨论路线，不要牵强地把青少年"诱导"到正确结论上，而是要按照青少年讨论中实际表现出来的真正思路去自然而然地相互讨论，逐渐地澄清问题。

在信息社会里，教师必然要从"传道"的神坛上走下来，走向青少年，和青少年结成学习共同体。在学习共同体里，教师不仅要以同化的眼光看待青少年在学习过程中对知识、理论的各种观点和见解，更应以一种顺应的态度学习和接受不同意见和看法，和青少年互教互学，在发展青少年的同时也发展自己。目前，我国基础教育课程的理念、形态和功能正在发生深刻的变革，在教学过程中，教师的新见解未必大于青少年的总和，也未必比青少年都新。故课程内容由静态到动态，不可能全靠教师来完成，必须由师生共同体一起完成。在学习共同体活动过程中，教师除了提出自己的见解外，更重要的任务是对青少年的认识结果予以评价、引导、提升和总结，在和谐的气氛中改变儿童的错误概念。

# 第五章　青少年的学习动机

## 第一节　动机概述

人从事任何活动，总是由于他有从事这一活动的愿望。愿望是人对其需要的一种体验形式，它总是指向未来的能够满足其需要的某种事物或行动。它既表现为想要追求某一事物或开始某一活动的意念，也表现为想要避开某一事物或停止某一活动的意念。这种意念就能驱使人们产生某种行为动机。

### 一、动机的含义

动机是激发、维持和促进个体行动，并导致该活动趋向特定目标，以满足某种需要的一种内部动力或内部心理状态。由于动机是一种内部心理过程，所以它无法观察，也不能直接测量。然而，了解人类动机，是我们理解人类行为所必需的途径。

动机是一个解释性概念，解释个体为什么会有这样或那样的行为。与能量使物体运动一样，动机促使人行动，就好像汽车的发动机和方向盘，既给个人的活动以动力，又对个人的活动方向进行控制。

动机是直接推动个体活动的动力。是与满足某种需要有关的活动的动力，是需要的具体表现。是与满足人的需要紧密联系引起、改变、调整和制止行为活动的内在心理原因。人的需要、兴趣、爱好、价值观等都要转化为动机后，才对活动产生动力作用。

动机是一种内部心理过程，我们不能直接观察，但是可以通过任务选择、努力程度、对活动的坚持性和言语表达等外部行为间接地推断出来。

人类动机有源于生理需要的生物性动机，更有在社会生活中形成的社会性动机。在很多时候，社会性动机对人类行为的作用比生物性动机更大，而且，人们处理生理需要的方式也会受到社会动机的影响。

动机是受社会个体生活经验和社会生活条件调节的，是带有社会内容的。动机是社会化了的内驱力。例如，作为生理现象，性内驱力是没有特定条件的，各种各样的异性都可以用来满足性内驱力；但是，性动机的发展方向和满足方式却会打上文化的烙印，只有特定的对象才可以满足人的性动机。

在人类的各种动机中，有些动机是以生理内驱力为基础的，如饥渴动机与性动机，也有一些动机与生理内驱力没有什么直接联系，如追求成功的动机、帮助他人的动机等。在心理学上，前者往往被称为原始性动机、生物性动机、生理性动机等，后者往往被称为衍生性动机、社会性动机、习得性动机、心理性动机等，这种个体在社会生活环境中，通过学习和经验而获得的动机。

## 二、动机的性质

### （一）人的动机是完整的个人的动机，而不是人的某个部分的动机

当一个人感到饥饿时，他不仅在肠胃功能方面有所变化，他身体其他功能也可能发生变化。更重要的是，人类的心理性动机更是不能躯体化的，即不会与一个具体的、孤立的、部位化的躯体基础相对应，而是整个人的需要，例如人对爱的需要、对金钱的需要都是如此。

### （二）动机总是指向人类的基本目标或需求

有关动机的研究在某种程度上必须是人类的终极目的、欲望或需要的研究。例如，一个人需要钱，目的是买一辆小轿车。为什么要买车呢原来是同事们都有自己的轿车了，不买就没有面子。在这里，买车并不是动机，维护自尊才是动机。所以，动机关注的是人类行为的根本原因，是目的而不是手段。

### （三）人类的动机又是复杂多样的

一方面，同样的动机可以通过不同的行为来表现。例如，为了表达对子女的关爱，一些父母呵护有加，一些父母则是异常严厉，甚至相信"打是疼，骂是爱"。另一方面，同样的行为，背后可能有不同的动机。此外，人们的行为往往同时受到多种动机支配。

### （四）人类存在无意识动机，或潜意识动机

人们可以通过反省来了解自己的部分动机，但是不可能对自己的动机状态有全面而清晰的认识。有些动机是个体觉察不到的。因此，一种行为背后真正起作用的动机与个体本人明确意识到的动机可能并不一致。

### （五）动机是一个无休止动态过程

人是一种不断需求的动物，除短暂的时间外，极少达到完全满足的状态。人的行动方式、行动的坚持性和行动效果，在很大程度上是受动机的性

质制约的。动机的性质不同，对人的活动具有不同的推动力量。在动机对活动的推动力量中，社会性因素起着重要作用。社会性动机的巨大推动力量，往往超过人的生物学本能。

### 三、动机的功能

#### （一）激发功能

动机能激发起机体活动指向一定的目标以及维持有组织的反应模式，直到活动的完成。有动机的机体对某些刺激，特别是当这些刺激和当前的动机有关时，其反应更易受激发。例如，饥饿者对食物有关的刺激、干渴者对水有关的刺激反应特别敏感，易激起寻觅活动。人类的各种活动总是由一定的动机所引起的，没有动机也就没有活动。动机是引起活动的原动力，它对活动起着始动作用。动机激发包括三方面的内容：①动机的方向或目标；②动机的相对强度；③动机的持续性。这三方面的信息可以从学习者的四种行为反映出来：①选择行为；②在达成目标的过程中所付出的努力；③采取某种行为的频率；④追求目标的坚持性。

#### （二）指引功能

动机使活动具有一定的方向，它像指南针一样指引着活动的方向，使活动朝着预定的目标或对象前进。动机不同，活动的方向和它所追求的目标也不同。

#### （三）维持和调节功能

动机对活动起着维持和加强的作用，强化活动以达到目的。当活动产生以后，动机维持着这种活动针对一定的目标，并调节着活动的强度和持续时间。如果活动达到了目标，动机促使有机体终止这种活动；如果活动尚未达到目标，动机将驱使有机体维持（或加强）这种活动，或转换活动方向以达到某种目标。动机的性质和强度不同，对活动的维持和加强作用也不同。一般地说，高尚动机比低级的动机更具有维持和加强作用，动机强比动机弱具有更大的维持和加强作用。

动机在刺激和反应之间提供了重要的内部环节。人类的动机好像汽车的发动机和方向盘，是个体活动的动力和方向，它既给人的活动以动力又对人的活动的方向进行控制。

在具体的活动中，动机的上述功能的表现是很复杂的。动机具有活动性和选择性，行为虽然是由动机决定的，但它们之间不是绝对的一对一的关系，类似的动机可能表现为不同的行为，类似的行为有时也可以由不同的动机所引起。

此外，由于动机所表现的需要种类不同，动机彼此是不同的。复杂的行为通常不只是由一种动机引起，可能是由几种动机同时相互作用和相互影响所引起的。成就动机可以促使人们在不同的学习领域（学习、文娱、体育等）进行积极的活动。因此，在考察人的行为活动时，就必须要揭示其动机。只有这样对他的行为作出准确的判断。

### 四、动机的产生的条件

#### （一）内在条件——需要

引发动机的内在条件是需要，动机是在需要的基础上形成的。需要必须达到一定强度并指引行为朝向一定方向时，才有可能激发动机。当人们感到生理上或心理上存在着某种缺失或不足时，就会产生需要。只要外界环境中存在着能满足个体需要的对象，个体活动的动机就可能出现。但是，并非任何需要都可以转化为动机，只有需要达到一定的强度后，才会转化为相应的动机。如果说，人的各种需要是个体行为积极性的源泉和实质，那么，人的各种动机就是这种源泉和实质的具体表现。动机和需要密切联系在一起，离开需要的动机是不存在的。但需要在强度上必须达到一定水平，并且只有当满足需要的对象存在时，才能引起动机。

#### （二）外在条件——诱因

诱因是指能激起有机体的定向行为，并能满足某种需要的外部条件或刺激物。即使个体趋向或逃避刺激而获得满足后，也会影响人的动机。诱因使个体的需要指向具体的目标，从而引发个体的活动，是动机产生的另一个重要原因。

诱因又可以分为正诱因和负诱因。凡是个体趋向或接受某种刺激而获得满足者，称为正诱因；凡是个体逃离或躲避某种刺激而获得满足者，称为负诱因。诱因可以是物质的东西，也可以是精神的东西。例如，教师对青少年的表扬，是一种激发青少年学习的精神诱因。

人类行为往往是内在条件和外在条件相互作用的结果，是需要和诱因相互作用的结果。需要和诱因是引起动机的主要因素。在具有诱因的条件下，个体在某一时刻最强烈的需要，能引起最强烈的动机，并且决定行为。个体的需要和诱因顺利地结合，那么其行为成为适应性行为；若两者未能顺利结合而受阻碍，个体表现出挫折行为。

### 五、内在动机与外在动机的关系

内在动机是指活动动机出自于活动者本人并且活动本身就能使活动者的需要得到满足。例如，有的青少年的学习动机是由学习者本人自行产生的，学习活动本身就是学习者所追求的目的，这种动机就是内在动机。外在动机是可以转化为内在动机的。例如，课堂教学中最初运用的是外在动机，教师和父母的表扬或批评、肯定或否定态度激起青少年的学习活动，逐渐地，青少年为了得社会的承认和赞赏也能够专心致志地学习并把学习看成是一种乐趣。

内在动机主要由三种内驱力引起：一是好奇心，即对于求知和探索的兴趣；二是好胜心，即胜任工作、表现能力的欲望；三是互惠的内驱力，即与他人和睦相处、相互协作的需求。

内在动机的研究可以帮助人们找到影响人的行为积极性的内在因素。例如，如果我们知道什么样的学习任务和学习材料能够激发青少年的学习动机，那么，我们就可以发现调动学习积极性的有效途径。

外在动机是指活动动机是由外在因素引起的、是追求活动之外的某种目标。例如，有的青少年的学习动机是由学习者以外的父母或教师提出的，或学习只是为了获得奖励。

在人类的行为中，内在动机和外在动机都会起作用，但是，二者之间并不是一个简单相加的关系。当外在动机凸显出来以后，内在动机可能因此而降低。奖励是一个很有效的动机诱因，在实际生活中，它已经成为一种重要而普遍的社会机制。家长可以经常使用奖励来增加孩子的学习积极性，但是，奖励并不是万能的，奖励也有一定的负面作用，即它可能降低人们对于活动本身的兴趣。在一个奖赏普遍存在，而且具有许多正面功能的社会环境中，我们不可能消除奖赏。那么，保护人们的内在动机的办法：

第一，奖励并非在所有的情况下都降低内在动机，只有内在动机本来就比较高的情况下，才有这种效果。如果内在动机本来就低，也就是说人们对于从事某项活动没有多少兴趣，那么，奖励就成为促使人们进行此活动的主要动力。例如，对于不爱学习的青少年，奖励是一个促使他学习的好办法，以弥补他们内在动机的不足。

第二，不同的奖励类型有不同的效果。奖励可以区分为任务性奖励和表现性奖励，前者是指只要你做了事，不管干好干坏，都给奖励，后者是指根据完成任务的质量来决定如何奖励。由于表现性奖励与个人的内在特点（如能力和努力）有关，它可能增加人们对自己内在特性的关注，所以，这种奖励降低内在动机的可能性比较小，它甚至可能增加内在动机。

第三，适当的干预和培训可以减少直至避免奖励的负面作用。

### 六、动机强度和行为效率

动机与行为效率的关系主要表现在动机强度与行为效率的关系上。人们倾向于认为动机强度越高对行为的影响越大，行为效率也越高；反之，动机强度越低则行为效率越低。但事实并非如此。动机强度与行为效率之间的关系不是一种线性关系，而是倒 U 型曲线关系。中等强度的动机最有利于任务的完成，也就是说，动机强度处于中等水平时，行为效率最高，一旦动机强度超过了这个水平，对行为反而会产生一定的阻碍作用。

在各种活动中都有一个动机最佳水平问题。动机不足或过分强烈，都会使行为效率下降。动机的最佳水平随任务性质的不同而不同。在比较容易的任务中，行为效率随动机的提高而上升；随着任务难度的增加，动机的最佳水平有逐渐下降的趋势。也就是说，在难度较大的任务中，较低的动机水平有利于任务的完成。

# 第二节 社会动机的种类

在社会生活中，对人们的行为影响比较大的社会动机主要有成就动机、亲和动机、权力动机等。

### 一、成就动机

成就动机是个人追求成就的动机，是个人对自己所认为重要的或是有价值的事情，去从事、去完成、追求成功并要求达到完美状态的原因。

成就动机和一个人的抱负水平有着密切联系。抱负水平指一个人从事活动之前，估计自己所能达到的目标的高低。个人的成败经验影响抱负水平的高低，成功的经验会提高个人的抱负水平，失败的经验会降低个人的抱负水平。制约个人抱负水平的有两个因素：个人的成就动机和根据个人以往的成败经验对自我能力的实际估计。个人在竞争时会产生两种心理倾向：追求成功的动机和回避失败的动机。人的这两种心理倾向的相对强度是不同的，一种人追求成功，另一种人力求避免失败。追求成功的动机比回避失败的动机强的人倾向于选择做中等难度的工作，因为中等难度的工作，既存在着成功的可能性，也存在着足够的挑战性，能够满足个体的成就动机。回避失败动机强的人则倾向于避免做可能与他人比较的中等难度的工作，他们倾向于挑选成功可能性极小的困难任务，因为与其他人一样不能完成任务，并非真正失败，但也可能挑选容易的任务，因为在这些任务中成功的可能性很高，可以减少个体的失败恐惧心理。

成就动机对个人发展和社会进步都具有重大作用，它好像是一架强大的"发动机"，激励人们努力向上。

影响成就动机的因素很多。在宏观层面上，有社会文化因素；在微观层面上，有个人的成长经历、教育程度、个性特征等。

成就动机的本质与内涵具有浓厚的文化色彩。在西方社会，家庭教养强调独立性训练，父母要求子女独立自主而又能以身作则，培养儿童的成就动机。因此西方人具有较强的"自我取向的成就动机"；在东方社会中，家庭教养强调依赖性训练，父母对子女的保护过多就会限制儿童的独立性，较难培养儿童的成就动机。因此东方人具有较强的"他人取向成就动机"。一般，严格而温和的教育方式对孩子成长更有利。

中国本土化的成就动机概念模式区分为社会取向成就动机和自我取向成就动机。

社会取向成就动机是指一种个人想要超越某种外在决定的目标或优秀标准的动态心理倾向，而该目标或优秀标准的选择主要取决于社会（例如父母、师长、家庭、团体或其他重要他人）。

自我取向成就动机则是指一种个人想要超越某种内在决定的目标或优秀标准的动态心理倾向，而该目标或优秀标准的选择主要决定于个人自己。社会取向成就动机的特点是：①强调个人的成就目标和评价标准主要由他人或所属的团体来决定。例如，个人追求的可能是"不辜负父母的嘱托和老师的期望"等。②选择什么样的行为来达到成就目标，也是由重要他人或团体来决定。个人在追求成就的过程中，会比较依赖他人或团体的协助，也可能比较需要他人的关注和督促。③成就行为的效果往往由他人或团体来评价，评价标准也是由他人或团体来制定的。④从总体上来说，个人对成就的价值观念的内化程度比较低，相应地，成就的社会工具性比较强，即追求成就是一种手段，是为了让他人或团体高兴。

自我取向成就动机的特点：①成就目标和评价标准主要由个人自己来决定。例如，个人追求的是"实现自己的梦想"、"发挥自己的潜能"等。②选择什么样的行为来达到成就目标，也是由个人自己来做主。在这种情况下，个人在追求成就的过程中，就不怎么需要他人的关注和督促，个人行为的变通性比较高。③成就行为的效果如何，往往由个人自己来评价，评价标准也是由个人自己来制定。④从总体上来说，个人对成就的价值观念的内化程度比较高，相应地，成就的功能自主性比较强，即追求成就本身是一种目的。

如果一个人的成就动机过于偏向某个极端，可能会有一些不良的后果。个人取向成就动机过高的人在许多组织中往往表现得并不很出色。由于强调个人取向，这些人用自己个人的业绩标准来衡量成就，也因为个人目标的实现而得到满足。这一特点可能会降低这些人在团队中的工作表现。因此，他们更愿意独立工作，因为这样做可以使得任务的完成完全取决于他们自己的努力。在组织中，非常需要能够妥协、能够顺应、能够将自己的成就需求与组织目标结合起来的人。而这样的人正是社会取向成就动机比较高的人。另外，在不同的工作情境中，两种成就动机的作用可能不同。在工作目标和效果需要个别设定的环境中，自我取向成就动机高的人会表现得非常出色。但是，在诸如社会工作这种很难看出个人的具体工作结果、工作成效非常依赖于其他人的情境中，自我取向成就动机高的人就可能表现平平，而社会取向成就动机高的人则可能表现出色。

个人的成就动机并不是与生俱来的，成就动机本来很低的个体，经过参加一系列的旨在提高成就动机的课程训练之后，成就动机明显提高。

群体的成就动机的强弱与环境（自然环境和社会文化条件）有关。一个国家经济处于繁荣时期，人民的成就动机就会提高，反之则降低。生活在城市里的人，生活紧张，竞争激烈，无论是青少年还是成人成就动机均较偏僻乡村的居民为强烈。

## 二、亲和动机

亲和动机又称为结群动机，是指个人要与他人在一起，或者要加入某个团体的需要。人是社会性的动物，每个人都会寻求得到他（她）所关心和重视的个人和群体的支持、喜爱和接纳。达尔文曾经指出："谁都会承认人是一个社会性的生物。不说别的，单说他不喜欢过孤独的生活，而喜欢生活在比他自己的家庭更大的群体之中，就使我们看到了这一点。独自一个人的禁闭是可以施加于一个人的最为严厉的刑罚的一种。"

对于亲和动机的心理基础，学术界存在不同的看法。有些学者认为亲和或结群是人的一种本能。按照这种观点，结群是生物自然选择的结果。在远古时期，独立的人类个体势单力薄，不足以对抗巨大凶猛的野兽，结群使人类祖先可以互相警戒、互相支援，增加了生存的能力。也有的学者认为，结群是后天学习的结果，是在社会化过程中通过模仿、强化而形成的。例如，在大多数社会文化中，亲和和结群行为会得到奖赏，而"不合群"的人往往受到排斥。在现代心理学中，后者是主流的观点。

萨赫特在《亲和心理学》中，提出了"焦虑——亲和"假说，认为由焦虑导致的恐惧是促使人们结群的原因，有过不安经历的人，其亲和倾向更强。按照这种观点，亲和动机不是一般地希望和他人在一起，建立友好的关系，而是在处于不安的恐惧状态时，希望同处境或地位或能力基本相当的人接近，以取得协作和友好的联系。因此，有学者认为，亲和动机事实上是指人们由于不安而接近、靠拢周围的人或群体的要求或愿望。这里的接近和靠拢包括空间距离上的靠近，也包括心理距离上的缩小。人们之所以倾向于和处境、地位、能力相当的人接近，原因之一在于相似性可以使人们容易产生共鸣和理解，所谓的同病相怜就是如此。需要注意的是，焦虑和恐惧并非人们产生结群动机的唯一原因，促使人们希望和他人相联系的还有很多因素。例如，享受交流的乐趣，找到自我评价的比较基准等。另外，结群也可能产生一些负面效果，如社会懈怠、屈从、团体思维等。

### 三、权力动机

权力是一种控制、支配或影响的力量。第一，权力是一种互动关系，是某个人或某些人具有对其他人产生他或他们所希望的影响的能力。在不同的情境、不同的关系中，人们拥有不同的权力。第二，权力一般与资源的控制和利用有关。权力资源是权力主体可以用来影响权力客体行为的基本手段，包括奖赏、惩罚、信息、专业知识等。权力资源的分配往往是由一定的社会关系结构决定的。例如，在知识上，专业人士比非专业人士有更多的发言权；在学习上，教师比青少年掌握更多的资源。第三，权力往往体现为一种价值控制，即一方通过控制他人认为有价值的事物，而控制他人的思想和行为。当对方不再认为那些事物有价值时，由此带来的权力就消失了。这一点可以用来解释人们常说的"无欲则刚"。第四，权力的表现形式往往是命令与服从的关系，不管这种服从是自愿的，还是被迫的。

根据权力的来源，可以区分七种不同的权力类型。第一种是强迫性权力，是由优势力量或优势地位带来的惩罚的权力。第二种是合法性权力，是由法律或组织的规章制度所规定的，通过地位和正式的等级体现出来的权力，如上级指挥下级的权力。第三种是奖励性权力，以掌握有价值的资源，能够给予他人奖赏为基础。第四种是因为具有专门的知识和经验而形成的专家性权力。第五种是因为与他人有良好的个人关系，具有领导魅力而形成的关系性权力。在组织中，它是一种非职务的影响力。第六种是因为能够接触一般人不能获取的内部信息而产生的信息性权力。第七种是由于认识有权力的重要人物而产生的联系性权力。赢得权力的主要方法是掌握更多的权力来源，例如，可以通过拥有更多的金钱而设法提高奖励其他人的能力，可以努力成为某些重要领域的专家，也可以提升自己的个人魅力，扩大个人联系的网络。当然，权力的获取与使用，应该在合情合理合法的范围内进行，如果滥用权力，就可能害人害己。

权力动机是指个体要在某些方面取得一定的支配地位的需要。在人际关系中，权力动机会驱使一个人总是力图说服他人、支配他人。许诺、威胁、引用权威人物的话、要求他人干这干那、容易与人对抗等行为都是权力动机的表现。

### 四、交往动机

交往动机是指个人为什么发送信息和向谁发送信息的原因。交往动机强的人对建立、保持和恢复友好关系是很关心的。人类的交往动机反映了社会生活和劳动的要求。人际交往也被认为是个体心理正常发展的必要条件，只有在社会生活过程中，通过人际交往个体心理才能得到正常的发展。

交往动机得分高的人和得分低的人在行为上确实有所不同。教师的热情友好态度使交往动机高的青少年获得更高的分数，但对交往动机低的青少年则没有多大影响。

一种非常轻松和十分愉快的环境只激发交往动机而不激发成就动机，在这种情况下交往动机高的被试在完成简单任务时比交往动机低的被试好。这是因为交往动机高的人有一种使他人愉快和高兴的愿望，这就激发他们把工作做好。在选择朋友时，成就动机高的人与交往动机高的人是不同的。成就动机高的人经常挑选有才能的人做伴，交往动机高的人在挑选朋友时，不太考虑伙伴的才能。

# 第三节　几种主要的动机理论

### 一、享乐主义理论

这是最早的动机理论，它认为人类的行为动机是求得最大限度的快乐和最低限度的痛苦。人是理性的人，他们根据可能得到的快乐或痛苦的结果来决策自己的行动。英国哲学家边沁从功利主义立场出发，批判了禁欲主义，认为痛苦和快乐是决定人类行为的动机，人无不以快乐作为生活的目的。他认为，快乐和痛苦没有质的区别，只有量的不同。他编制了一个"快乐和痛苦的等级表"来测定人的苦乐。边沁指出，人们应该追求最持久、最确实、最迫切，而且又是最广泛和最纯粹的快乐。幸福也就是趋乐避苦求得最大的快乐。

## 二、动机本能论

本能是指有机体在进化过程中形成的不学而能的生物力量或行为倾向和方式。按照本能说的观点，有机体生来具有特定的、预先程序化的行为倾向，这种行为倾向对其生存至关重要，并以适当的途径确定行为方向，为行为提供能量。这种先天的本能行为模式在种系的每一个体达到特定的发展阶段时，被足够的刺激条件所激发而以同样的形式表现出来；本能行为一旦被引发出来后，便不再依赖外界刺激而完全自发地完成。我们的思想和行动是由本能引起的，本能是激发行为的根源。

人与动物在种系进化发展上具有连续性，动物的行为均为本能所推动，人的行为也必定会受本能的影响，人的行为依赖于本能的指引，人除了具有与动物一样的生物本能外，人类还具有许多社会本能，例如同情、诚实、社交、爱等等。

本能论的基本点认为这些本能是先天的或遗传的行为倾向。无论个人和团体的行为都发自这种本能倾向，它们是一切思想和行为的基本源泉和动力。一般来说，在种系发生阶梯上越高级的动物，其种属特有的行为模式就越少，而依赖于学习的行为种类就越多。第三，个人与民族的性格与意志也都是由本能的逐渐发展而形成的。

## 三、精神分析的动机理论

精神分析的动机理论认为，人有两大类本能。一种是生的本能，像饮食、性、自爱、他爱等个人所从事的任何愉快的活动，都是生的本能。生本能的作用在于维持生存和促使个体的生殖繁衍，它表现为无所不在的性行为或性欲望。另一种是死的本能，像仇恨、侵犯和自杀等都是死的本能。当死本能指向内部时，导致自我破坏行为；当死本能指向外部时，导致攻击行为。生本能和死本能是决定人类行为的两种基本能量。由于这两种本能在现实生活中都不能自由发展，常常受到压抑而进入无意识领域，并在无意识中并立共存，驱使我们的行动。人的每一种动机都是无意识的生的本能和死的本能的混合物。他把心理比做冰山，露出在水面的小部分为意识领域，水下的大部分为无意识领域。这个无意识的大部分是冲动，被压抑的愿望和情感。因此要了解人类行为背后潜藏的动机，如果只分析意识领域是不充分的，也是不恰当的。于是，弗洛伊德采用自由联想，释梦等方法来揭示无意识的动机过程。

## 四、动机习性论

攻击与食、性、逃跑一起构成动物的四种本能，在同类动物和异类动物之间都存在攻击，而且同类之间的攻击行为远远多于异类之间。攻击本能具有积极的功能：通过攻击，强者可以得到更多的异性，有利于种族的生存适应，同类之间的竞争可以使它们在空间上合理分布，不会因为动物密度太高而耗尽食物。按照劳伦兹的观点，战争是人类侵犯本能的表现。人类之所以在每个时代都有大规模的战争爆发，是人类侵犯本能定期发泄的结果。在现代文明社会中，人们很难在日常生活中进行侵犯，于是战争就成为发泄攻击本能的重要途径。他指出，通过开展冒险性的体育活动来耗散侵犯本能，是避免战争的一种有效方式。

## 五、需要层次论

需要层次论对于人类行为动机的研究最有影响。认为人类的动机可以区分为五个层次，它们构成一个有相对优势关系的等级体系，一种需要满足后，另一个更高的需求就立刻产生，成为引导人的行为的动力，因此，人很难得到完全的满足总是处在不断的追求之中。

### （一）人类的主要动机

1. 生理需要。生理需要是指由生理决定的需要，例如对食物、性和栖居场所的需要。生理需要是人类生活的基础，是"人的需要中最基本、最强烈、最明显的一种"。这些需要在所有需要中占绝对优势。当一个人的所有需要都没有得到满足时，生理需要最有可能成为主要动机。一个温饱问题没有解决的人，很难谈什么自我实现。但是，当基本的生理需要得到了长期的满足时，就不再成为决定行为的活跃因素，其他更高层的需要会凸显出来。

在工作中，生理需要通常被转化为对更多的金钱的需求和期待，有了钱，人们就可以在工作以外的时间更好地满足生理需要。不过，应该注意的是，获取更多报酬的雄心也可能反映了亲和需要以及得到更多尊重或更大权力的需要。正是后者使得人们可以在生理需要满足之后，仍然保持对金钱的欲求。

2. 安全需要。安全需要包括生理上的安全和心理上的安全，例如免受外物的伤害，免受病毒的侵袭，免于恐惧和焦虑等。对许多健康、正常的成人来说，生理上的安全通常不是一个问题。人们一般不必担心在生活中或工作中身体受到伤害。但是，在社会变迁年代，不少人心理上的安全需要没有得到很好的满足。心理上的安全需要是指工作有保障、收入稳定、情感安适等。

心理安全需要的程度与人的个性有关。一个有神经症的人对秩序和稳定有迫切的需要，会力求避免变化或新奇的事物。一个成熟、健康、思想开放的人同样也需要基本的秩序和稳定，但是他可能并不喜欢四平八稳、毫无变化的生活，他乐于接受适当的挑战。

3. 归属和爱的需要。这是指与其他人建立、维持、发展良好的关系的需要。这种关系可能是很强的联系，如友谊和爱，也可以是较弱的联系，如友善的、礼貌的、和睦的关系。马斯洛指出，爱的缺乏就像缺乏维生素一样，会抑制人的健康成长，影响人的潜力的发展。他认为，爱是两人之间一种健康的、亲热的关系，在这种关系中，两个人相互信赖，相互欣赏。他指出："爱的需要涉及给予爱和接受爱……我们必须懂得爱，我们必须能教会爱、创造爱、预测爱。否则，整个世界就会陷于敌意和猜忌之中。"

4. 尊重需要。尊重需要包括两个方面，一是自尊，指对获得信心、能力、成就、独立和自由等的愿望；二是得到他人的尊重，如获得威望、承认、接纳、关心、地位、名誉、赏识等。在一定程度上，得到他人的尊重与权力动机有关，权力需要高的人会为自己处于一个有影响、有控制力的地位而得到满足。这些需要一旦受挫，就会使人产生自卑感、软弱感、无能感。

5. 自我实现的需要。自我实现的需要，就是促使自己的潜能得以实现的趋势。这种趋势是希望自己越来越成为所期望的人物，完成与自己的能力相称的一切。例如，音乐家必须演奏音乐，画家必须绘画，这样他们才感到最大的快乐。但是，为满足自我实现需要所采取的途径是因人而异的。自我实现需要的产生有赖于前述四种需要的满足。

需要层次论认为，较低层次的需要（主要是生物性的需要）优先于高层次的社会需要和自我实现需要。例如，当你极度饥饿时，很难让你去学习。另一方面，当低层次需要得到较好的满足时，高层次需要就变得更加重要；而高层次需要得到的满足减少，低层次需要就越重要。例如，当人们在工作中尊重需要不能得到满足时，就可能更强调对金钱或良好的工作条件的需要。

## 六、动机类型说

动机类型说从两个维度来对动机分类：一个是内在中心——外在中心维度，另一个是认知取向——情感取向维度。内在性动机的目标是指向个人的；外在性动机的目标是指向外部的，主要是社会的。认知取向——情感取向维度区分了动机是指导性的，还是动力性的，认知性动机为个体提供向导，而情感性动机为个体提供能量驱动。

**（一）认知性内在动机**

1. 一致性需要。一个人的各个方面（包括态度、信仰、意见和自我形象）需要保持一致，达到一种内在的平衡。

2. 分类需要。人们往往要对事物和他人进行分类，通过内在的分类来使世界获得意义。

3. 自主需要。人们希望能够控制和自己有关的事物，这种控制感与人的自我价值感关联密切。

4. 目的论的动机。目的论认为一切事物的发展和演变都是为了达到一定目的而发生的。在人们的头脑中，有一些目标状态类型，人们努力想将对外部世界的知觉与这些类型匹配起来，从而能够更好地理解外部世界。

**（二）情感性内在动机**

1. 减少紧张的需要。人可以被看作一个张力系统，紧张的减少可以带来满足，而紧张的增加会导致不舒服。因此减少紧张就成为人的一种情感需要。

2. 自我防御的需要。每个人都有自己的自我形象，如果人们的认同或自我形象受到威胁，就会产生自我防御的需要，出现防御性行为。

3. 自我维护的需要。人们要维护自己的自我价值感，增加自尊和他人对自己的尊重。

4. 认同的需要。人们希望通过巩固自我概念来寻求对自我的增进。

**（三）认知性社会动机**

1. 归因的需要。人们需要确定与自己有关的事物之所以发生的原因，从而可以较好地认识、把握甚至控制周围的环境。

2. 客观化的需要。在认识自己和外部环境时，人们往往根据外在的事物，如自己的外显行为、他人的外显行为或各种情境因素来推断内在的特点，如人格、态度、情感、满意度等。

3. 刺激的需要。有时候，人们喜欢寻求刺激，探索新知识。

4. 功种性动机。人们希望能够解决实际问题，往往将外在情境看作一个获取新信息与新技能，从而去应对生活的挑战的机会。

**（四）情感性社会动机**

1. 自我表达的需要。这是一种外向性的动机，其目的是要向他人表明自己的身份或特点。人们希望通过自己的行为来让他人了解自己，并由此得到满足。

2. 强化的需要。人们需要获得酬赏，如果某一行为在过去获得过酬赏，人们就会被鼓励去重复这一行为。

3. 亲和需要。人们希望与他人建立和发展有益的、满足的人际关系，与他人分享，成为某个群体的一员。

4. 模仿的需要。人们往往自觉或不自觉地参照他人的行为来行动。有学者认为，人们喜欢那些看起来与自己相似的人，这种现象就是模仿需要的一种。

### 七、动机驱力论

#### （一）内驱力

1. 内驱力的含义。内驱力是指在有机体需要的基础上产生的一种内在推动力，是一种由于人内部的某种缺乏或不平衡状态所产生的旨在恢复稳态的刺激。有机体会产生各种需要，当需要没有得到满足时，机体内部就会因紧张而产生内驱力，内驱力促使个体作出相应的行为反应，反应导致个体需要得到满足和紧张得以消解。需要往往以人内部的某种缺乏或不平衡状态，表现出其生存和发展对于客观条件的依赖性。而当这种缺乏或不平衡状态以动力的方式来表现其对客观条件的依赖性时，需要便以内驱力的形式从个体内部产生行为动力。例如，体内食物缺乏导致人的一种不平衡状态，产生内驱力，引起觅食动机和行为。当个体有了觅食的需要又没有得到满足时，内驱力会驱使其作出摄食的行为反应；随着摄食需要的满足，内驱力下降，觅食行为也就停止了。可见，内驱力与需要关系密切，需要是内驱力的基础，两者在一般情况下呈正相关，只是在当个体有某种需要，但已缺乏行为活动可能性时，内驱力水平才没有跟上需要水平。如长期挨饿的动物，对食物需要强度大，而由于身体虚弱，其内驱力水平反而降低了。但两者有区别，需要指出的是主体感受，而内驱力表现为作用于有机体行为的刺激。

2. 内驱力的类别。人的内驱力可分为两大类：由生理需要而驱使机体产生一定行为的内部力量，称为原发性内驱力或生理的内驱力，如饥饿内驱力、口渴内驱力、休息内驱力、睡眠内驱力、避痛内驱力和性欲内驱力，亦可称为第一级水平的内驱力。由责任感等后天形成的社会性需要所产生的内驱力，称为继发性内驱力或社会性内驱力。一般说来，社会性内驱力对原发性内驱力起调节作用。如认可、从属、爱情、独立等，亦可称为第二级水平的内驱力，与人的社会需要相联系。无论哪一种内驱力都与需要密切联系，都是引起有机体活动的激活状态。但需要和内驱力并非同一状态，内驱力是当需要缺失时有机体内部所产生的一种能量或冲动，以激励和组织行为去获得需要的满足。无论哪一级水平的内驱力都与有机体的需要密切联系，且都能引起个体活动的激活状态。

3. 指向学业活动的内驱力。认知内驱力是在要求理解、掌握知识，以及系统地阐述问题或解决问题的需要的基础上产生的一种内驱力。它指向学习任务本身，即为了获得知识。满足这种动机的奖励（知识的实际获得）是由学习本身提供的，因而它也被称为内部动机。认知内驱力或兴趣是后天获得的，有赖于特定的学习经验。在意义学习中，认知内驱力是最重要、最稳定的动机。

自我提高内驱力是在通过胜任某些活动而获得他人尊敬的需要的基础上产生的一种内驱力，其目标是赢得某种地位或名次。这种动机从儿童入学即开始，并日益显得重要，是成就动机的主要组成部分。与认识内驱力不同，它不直接指向学习任务本身，而是把成就看做赢得地位与自尊心的根源，因此，是一种外部动机。与取得成就相反，失败对自尊和地位是一种威胁，也能促使青少年在学业上作出长期、艰巨的努力。

交往内驱力是在希望获得或保持他人认可、赞许、关心、支持或友谊的需要的基础上产生的一种内驱力。这种内驱力的产生有赖三个条件。第一，青少年在感情上对他人有依附性。第二，能从他人的赞许或认可中获得一种派生的地位。所谓派生的地位指不是由青少年本身的成就水平决定的，而是从他自居和效仿的某人或他人不断给予的赞许或认可中引申出来的地位。第三，享受到派生地位乐趣的青少年会有意识地使自己的行为符合他人的标准和期望，借以获得并保持他人的赞许，且这种赞许往往能使一个人的地位更确定、更巩固。可见，附属内驱力也是一种外部动机。青少年从小学到中学，附属内驱力的来源逐步从家长和教师转向伙伴，同伴的赞许和认可日益成为重要的动机源。

以上三种内驱力是构成青少年学习动机的主要成分，某种内驱力作用的大小和它在学习动机中的比重不是固定不变的，通常因年龄、性别、社会地位、种族、人格结构等因素的不同而发生变化。

### （二）诱因（外部刺激）

机体不仅能被内部刺激所激发，而且能被外部环境刺激所引起。外界刺激常常能使人趋近或逃避某种事物，不管当时内部状态如何。有机体并不仅仅是由于内驱力的驱使才被迫活动的。外部刺激也能激起有机体的活动。例如，饥饿会导致有机体去寻找食物，但并不饥饿者看见美味佳肴也会引起食欲，即使已吃饱也会再次进食。

诱因是指能满足个体需要的外部刺激物（或情境）。诱因可分为正诱因和负诱因，正诱因使人产生积极的行为，即趋向或接近某一目标，如奖金、奖状、表扬等；而能使个体因逃离或回避它而满其需要的刺激物为负诱因。而负诱因使人产生消极的行为，即离开或回避某一目标，如罚款、批评等。诱因还可分为物质的和精神的两类。前者如奖品、奖金、罚款等，后者如鼓励、表扬、微笑等。然而，外部刺激的诱因强度和性质也不是固定不变的，而是依机体的经验和需要等的不同而经常变化的，甚至会改变正负的方向。例如，各种与食物有关的嗜好受孩提时代所养成的习惯影响很大。又如，平时酒可能是正诱因，但是在酩酊大醉后的第二天，酒就转变成了负诱因，甚至一想起酒味，就会恶心发呕。诱因强度还依存于目标与有机体之间的距离。一般而言，时间和空间的距离越近，引起趋向目标的力量就越大。即是说，随着目标的接近，诱因强度有增大倾向。

诱因从方法的角度，又可以分为三种：即理智的诱因（通过调动理智而引起学习动机，如目标与反馈）、情绪的诱因（通过激发情绪而引起学习动机，如表扬与批评）、社会的诱因（通过唤起社会刺激而引发学习动机，个人竞赛与团体竞赛、期望与评价等即属于此类）。诱因和内驱力是紧密联系的：一般地说，既没有无内驱力的诱因存在，也没有无诱因的内驱力存在。可以先有内驱力而后选择行动目标，也可以先有诱因诱发出需要，然后唤起内驱力。由此可见，在现实生活中，人们的行为及其动机常常是由内驱力与诱因的相互作用来决定的。

个体的行为往往取决于需要和诱因的相互作用，只有需要和诱因相结合才能成为实际活动的动机。例如，有"上名牌大学"这一需要的考生，只有在某些名牌大学在本地招收一定数量考生的条件下，才会产生报考名牌大学的动机。

枯燥的教学不但不能激起求知内驱力不强青少年的听课动机，而且也难以激起求知内驱力较强青少年的听课动机。因此，重视和强调诱因对个体动机的作用，在教学实践中更具有现实意义。教学的主要手段正是在于向青少年提供各种诱因，以促使青少年产生学习动机，进而养成良好的学习习惯。

内驱力和诱因有密切联系，没有内驱力就不会有行为的目标；反之，没有行为的目标或诱因，也不会有相应的内驱力。在实际生活中，人的行为往往由内驱力与诱因的相互作用来决定。动机的强度或力量既取决于内驱力的大小和性质，也取决于诱因吸引力的大小。此外，目标的价值和个体对自己实现目标的概率的估计或期待也影响着动机的强度或力量。

### （三）最佳唤醒

每个个体都有着各自的最佳唤醒水平，低于这个水平时，个体寻找刺激；高于这个水平时，个体逃避刺激。一般来说，个体偏好中等刺激水平，它导致最佳唤醒；而过低或过高的刺激水平都不为个体所喜好。唤醒理论提出了三个原理。第一，人们偏好最佳的唤醒水平。每个个体都有自己的最佳唤醒水平，高于这个水平时就需要减少刺激，低于这个水平时就需要增加刺激。第二，简化原理，即重复进行刺激能使唤醒水平降低。第三，个人经验对于偏好的影响。富有经验的个体偏好于复杂的刺激。这里还有经验因素，因为任何活动经多次重复都会失去新鲜感而变得乏味，从而降低了刺激水平，这时个体便产生一种新的动机，去寻求更有刺激性的活动。

## 八、动机认知失调理论

认知失调是指这种由认知冲突引起的内心失去平衡的一种心理状态。个体经常有保持心理平衡的倾向，但当个体对同一事物产生两种（或多种）不一致的认知时，就会产生心理紧张的失衡现象。由于人的心理场具有保持一致性、维持平衡性的倾向，认知上的失调就会产生相应的失调体验，成为心理压力，推动人们作出减少压力的努力。所以，认知失调能够成为人们行为的动机，个体为恢复平衡；产生旨在消除认知不一致的行为动力，因而认知失调具有认知动机作用。成为青少年学习的动机。例如，当青少年在课堂上发现某种新知识与自己头脑中的已有知识发生矛盾时，就会产生认知失调现象，引发青少年试图弄懂新知识究竟是怎么回事的动机，以便与自己认知结构中已有的知识统一，消除认知失调，恢复平衡状态。特别要指出的是，个体由于努力认知，使认知不平衡引起的紧张感解除，代之以轻松、满意的情绪体验。这种积极的情绪体验对认知动机起了一种强化作用，增强了个体认知活动的动机。

面对认知失调，人会努力设法消除这种失调，恢复认知元素之间的一致和平衡。一般通过以下途径来实现：①改变或否定其中某认知元素。②重新评价认知元素。这是为了减弱它们的强度或意义。③增添新认知元素。这是为了弥补原来认知元素之间的"鸿沟"。

认知失调理论启示我们：要重视青少年的主体地位；要重视对青少年价值判断的引导；要重视为青少年提供各种有关的信息；要重视丰富青少年的经验阅历。

认知论的动机理论认为，人类的动机行为是以一系列的预期、判断、选择，并朝向目标的认知为基础的。行为的动机是期望得到某些东西，或企图避开某些讨厌的东西。期望是指个人预测特定行为在达到特定结果时的主观认知，而不是客观实在的。期望值就是如果进行某种行为必定会达到某种结果的主观概率，一个成就动机高的人，往往就采取难度适中的目标。

# 第六章　青少年的学习策略

近年来，随着信息社会的发展与社会竞争的日益激烈，学会学习和终身教育理念的广泛普及，越来越多的人认识到："未来的文盲，不再是不识字的人，而是没有学会学习的人"。关于如何学习的问题成了教育的热门课题。学习策略、元认知等方面的研究为学会学习提供了理论和实践的指导。

## 第一节　学习策略概述

系统研究学习策略问题只是近几十年的事，但我国教育家早就有了关于学习策略的论述。如，孔子认为"学而不思则罔，思而不学则殆"，这一思想辩证地反映了学与思之间的关系。孔子还提出"温故而知新"、"三省吾身"等许多学习要则。我国古典名著《中庸》明确指出了学习的五大原则：博学、审问、慎思、明辨、笃行。《礼记·学记》中有"独学而无友，则孤陋而寡闻"的论断，揭示了学习者之间的合作关系的重要性。墨子曾说"志不强者智不达"，说明了在学习过程中动机激发与智力潜能发挥之间的关系。孟子有"性有不得，皆反求诸己"的说法，这相当于今天所说的元认知的思想。朱熹比较系统地总结了学习的原则和方法，即"循序渐进、熟读精思、虚心涵泳、切己体察、着紧用力、居敬持志"，还特别提到读书有三到，即"心到、眼到、口到"。明末清初的著名思想家黄宗羲认为，"无深湛之思，学之不成"，这相当于今天讲的精细阐述策略问题。现代大教育家陶行知总结出学习的几大途径是"体验、看书、求师、访友、思考"，这对于我们改善学习有着积极的作用。

### 一、学习策略的概念

学习策略是指在学习过程中，学习者为了达到有效学习的目的而采用的规则、方法、技巧及其调控方法的总和，它能够根据学习情境的各种变量、变量间的关系及其变化，对学习活动和学习方法的选择与使用进行调控。

学习策略的定义可以理解为：第一，它与学习活动密不可分。学习策略通过学习活动而获得，同时学习策略蕴涵在学习活动中，指导学习活动。第二，它是由一系列规则构成的，这些规则用以指导人的学习行为，因此学习策略应该是一种程序性的知识。第三，其运用的目的是为了提高学习效率。

## 二、学习策略的特征

1. 操作性体现在青少年认知过程的各阶段，它能够为有效认知提供各种方法和技能。

2. 监控性则体现在内隐的认知操作之中，从先前的学习经验得来的学习策略在不同的学习情境下的适用性并不相同，因此学习者需要在整个学习过程中对它进行有效的监控和及时的调整。

3. 迁移性则是指学习策略作为一套规则系统，它是学习者从具体的学习活动和过程中抽象出来的，能够适用于不同的学习情境和环境，即从某种学习情境中获得的学习策略，能够有效地迁移到类似的或不同的学习情境中去。

4. 层次性。实际上人们经常在不同的层面上谈学习策略问题或使用"学习策略"的概念。有时指学习的整体计划，有时指学习者的自我控制，有时指具体的学习方法。这反映了学习的复杂性，也说明学习策略的概念是有层次的。

5. 生成性。大多数策略是在学习活动中由学习者从盲目到有目的的过程中逐步发现、体验而生成的，这些生成的策略具有很大的个别差异。

6. 有效性。所谓策略，实际上是相对效果和效率而言的。一个人在做某件事时，使用最原始的方法，最终也可能达到目的，但效果不好，效率也不会高。比如，记忆一列英语单词表，如果一遍又一遍地朗读，只要有足够的时间，最终也会记住。但是，保持时间不会长，记得也不是很牢固；如果采用分散复习或尝试背诵的方法，记忆的效果和效率一下子会有很大的提高。

## 三、学习策略的层次

最顶端是价值层面的策略，即含有某种价值取向（"学什么"的问题）的策略，通常以态度的形式表现出来。老师经常教育青少年要端正学习态度、培养学习兴趣，针对的主要就是这一类策略。随着青少年年龄的增长，这一层面逐步成为元认知的基本元素，对下面各个层面起控制和调节作用。

第二层为一般性策略，即在决定了"学什么"之后决定"怎么学"，它涉及对整个学习的物理环境、心理环境和心理状态的控制和调节。具体说就是决定在哪里学，和谁在一块学，先学什么后学什么等问题。

第三层面为学科性策略，即以某一具体科目为对象的学习策略。如语文学习中的朗读策略、阅读策略、写作策略，数学学习中的计算策略、证明策略、解题策略等。

第四层面也就是最底层的技术性策略，即在某学科中某一类内容的学习策略，如阅读中的分段策略，找重点句和关键词的策略等，解几何证明题的作图策略、性质或定理的组合策略等。

分析学习策略的成分不仅要考虑学习活动的类型，而且还要考虑所获信息的种类。有人认为，学习策略因知识的类型而有所不同。复述策略、精细加工策略和组织策略是针对陈述性知识的，而针对程序性知识，如模式再认或动作系列过程等，其策略是有所不同的。因此，要搞清能适于各种学习活动、各类知识的学习策略的成分，是学习策略研究中值得重视的基础问题。这一问题的解决与学习策略的分类有着直接的关系。

### 四、学习策略的分类

1. 认知策略是指信息加工的方法和技术。这些方法和技术使学习、记忆及问题解决等信息加工活动比较有效地进行。具体而言，它主要包括以下三方面内容，复述策略、精加工策略和组织策略。

2. 元认知策略也叫监控策略，它是学习者对自己学习活动的有效监视与控制。元认知策略作用的发挥与元认知自身的特点密不可分。包括三种成分：即计划策略、监控策略和调节策略。计划策略是指学习者学习前对学习活动的目标过程做出规划与安排。如确定学习目标、预测重点难点、产生要回答的问题、分析如何完成任务、安排学习时间等。作用是使个体的学习活动有明确的方向，发挥学习目标的导向作用，避免盲目性和被动性，为监控奠定基础。监控策略，指在学习过程中依据学习的目标对学习计划中的学习进程、学习方法、效果、计划执行情况等方面进行有意识地监控。调节策略是指根据学习进程的实际情况对计划、学习进程所采用的策略进行调整，它包括调整预先的目标或计划，改变所使用的策略，有意地矫正学习行为等。综合上述三种成分分析可知：元认知策略实际上是一种制定计划－执行控制－自我评价－信息反馈－及时调节的过程，它使整个学习活动置于元认知的监控与调节之下，对提高青少年学习活动的自觉性与主动性，提高学习效率有着不可替代的作用。

3. 资源管理策略是辅助青少年管理可用的环境和资源的策略，对青少年的动机具有重要的作用。成功的青少年使用这些策略帮助他们适应环境及调节环境以适应自己的需要。具体来讲，资源管理策略包括时间监管、学习环境管理、努力管理和其他人支持这四种成分。在具体的学习行为中我们把学习策略细分为：计划策略、预习策略、听课策略、笔记策略、作业策略、复习策略、记忆策略、应试策略、理解思考策略、阅读策略和学习目标策略。

## 五、学习策略的差异维度

1. 学习策略可能对目标信息有直接的作用，如领会策略；也可能因通过在总体上增强学习者认知功能的水平而对目标信息有间接的作用，如专心策略。

2. 学习策略可能是算法式的，如针对某些任务的固定的过程序列；也可能是启发式的，如根据任务的条件和个别学习者的需求和技能，而能优选的过程序列。

3. 学习策略可能因所要完成的任务的规模而不同。

一种学习策略在特定性水平上存在差异。有些学习策略具有高度的特定性，是专门用于特定任务的，依赖于学习的具体内容；有些学习策略则具有高度的一般性，独立于学习的内容以外，可以广泛地用于许多学习任务上。如 PQ4R 阅读法可以广泛适用于课本学习任务，不管其具体的内容。相反，有些阅读方法只适用于学习科学理论或故事。

尽管还有其他一些可能重要的维度，如潜力、所要求的认知努力的量、与学习者现有学习技能的接近程度等，但是，前面四个维度足以使我们对学习策略的特征有一个大致的认识。在这四个维度中，第四个维度学习策略的特定性水平可能是最重要的，有关特定性的决策可能极大地影响所有其他的决策。

## 六、学习策略的形成条件

### （一）内部条件

1. 青少年原有的知识背景。学习策略的应用与它所加工的信息内容有着十分密切的关系。研究表明，策略的应用离不开被加工的信息本身，青少年在某一领域的知识越丰富，就越能应用适当的加工策略。当青少年遇到不熟悉的事物，策略应用就明显地存在问题，记忆效果也较差。因此，青少年原有的知识背景是策略学习与应用的一个重要条件。

2. 元认知发展水平。元认知是策略训练成败的关键，也是影响策略可迁移性重要因素。而元认知成分的掌握情况则主要取决于个体自身意识发展水平的高低。一般来说，儿童先有对外部事物认识的发展，然后才有自我意识的发展。由于儿童的自我意识发展水平较低，对他们来说，策略的应用达到反省水平相对比较困难，这也是低年级儿童使用策略效果较差的原因之一。

研究表明，元认知能力是个体在学习中随着经验的增长而逐渐发展起来的，要经历一个逐步提高的过程，不可能在一夜之间或经过几次教学就能达到元认知能力的改进。

3. 青少年的动机水平。早期研究表明，告诉青少年某些有关学习方法的规则，就可以使他们掌握该策略，提高学习成绩。后来的研究表明，青少年仅记住论述学习策略的小册子中的条文，并不能改进他们的学习。只有当外来的指导被青少年接受并改变他们的信息加工过程时，才能改进学习。而且策略性知识必须通过大量的练习才能作为一种概括化的策略能力迁移到与原先的学习任务不同的新任务中去。进行这样的学习，如果青少年没有强烈的要求改进自己认知加工过程的愿望（即学习动机），是难以奏效的。

国外有一项研究表明，青少年的动机决定他们选择什么策略，并决定他们使用这些策略的效果。具有外部动机的青少年倾向于选择和使用机械策略，具有内部动机的青少年倾向于选择和使用有意义的和起组织作用的策略。动机强的青少年倾向于常使用他们习得的策略，动机弱的青少年对策略的使用不敏感。

**（二）外部条件**

1. 训练方法。训练方法是影响策略学习的一个重要的外部条件。关于学习策略的训练方法问题，长期以来一直存在很大的争议。总结起来可以归纳为两种对立的观点和方法。

第一种观点涉及直接训练还是间接训练的问题。当前的研究结果表明，策略学习以与教材内容学习相结合为宜。例如，在教授外语单词的同时进行记忆方法的指导。

第二种观点涉及一般策略与特殊策略的训练问题。强调策略训练不能离开专门领域的知识和特殊策略的学习。因此对脱离具体学科进行的一般策略训练持否定态度。

第三种观点涉及通过规则运用进行策略训练或者通过实例进行策略训练的问题。较好的方法是：先提供策略应用的实例，通过师生讨论，共同归纳出有关策略，然后在教师的指导下进行策略应用的练习。

2. 变式与练习。促进青少年学习策略最重要的教学条件是在相似情境和不同情境中的练习。这些练习必须有连续性，通过一系列彼此联系的练习，帮助青少年完成知识的转化。此外，练习还必须有变化，只有经过在变化的情境中练习，学习策略才能获得迁移，才能灵活运用。这两种练习对于学习策略的掌握至关重要。

3. 有一套外显的可以操作的训练技术。学习策略是个体对自己的内在过程的调控活动，但是它仍然可以在个体的认知行为中得到反映。反过来，如果把学习策略转化为一套具体可操作的技术来控制学习者的认知行为，那么就有可能培养青少年的良好认知或学习习惯，改变其不良的认知行为或习惯，进而培养他们的学习策略。例如，青少年在数学作业和测验中常会出现种种差错，这往往是由于青少年的不良学习策略或学习习惯的结果。

### 七、学习策略发展的阶段

#### （一）无意识地运用策略阶段

学龄前儿童及小学低年级青少年在学习过程中常常不能有意识地运用学习策略。

在认知策略方面，他们常常无意识地运用复述策略，因此很难做到有重点、有针对性地复述，而且由于元认知处于较低水平，他们也很难发现复述过程中所存在的问题。在精加工策略方面，这一年龄段的儿童由于受思维能力、知识经验等的限制，他们难以对学习材料做超越字面意义的理解，他们的理解基本上停留在对原文的复述上。例如，他们不能用自己的话对课文的意思做解释，他们也不能合理地运用想象帮助自己理解知识。学龄前儿童及小学低年级青少年在组织策略方面更为薄弱，他们既不能概括所学的知识，更不能将较分散的知识整合成一个整体。

这一年龄阶段的儿童由于缺乏时间概念，他们不善于管理自己的学习时间，也不善于寻求有实质意义的帮助。

#### （二）有指导地运用策略阶段

小学的中高年级青少年在老师的指导下能够主动地运用学习策略进行学习。

首先，在认知策略方面，随着年级的提高和老师的教育，小学中高年级青少年掌握了越来越多的学习方法，如朗读的方法、分段的方法、写记叙文的方法、解应用题的方法、预习和复习的方法等。

其次，在元认知方面，小学中高年级青少年的元认知水平已经有了一定的发展。他们对自己的性格、智力特点、兴趣爱好等有了一些比较粗浅的了解，对不同学科的特点及其学习方法也有了一些认识，他们开始懂得学习应该有一定的计划和安排，开始思考如何改进自己的学习。

最后，在资源管理方面，这一年龄段的青少年也有了一定的发展，开始利用各种资源帮助自己提高学习的效果和能力，如能够在老师的指导下查阅和利用资料，能够对时间做出一定的安排等。

该教学模式的基本步骤是：教师向青少年呈现和讲解所要学习的策略，并且运用多种示例说明这一策略的实际价值和运用方法，然后青少年按照这一策略进行练习。在练习过程中青少年要用口头报告的形式介绍和解释自己的每一步骤以促进对这一策略的保持。

### （三）独立地运用策略阶段

这一阶段大约出现在初中。这个年龄段的青少年已经能够独立地安排自己的学习，如制定学习计划、调整自己的情绪、根据自己的特点运用学习方法等。

### 八、学习策略的发展差异

学习策略作为学习者在学习过程中应用的手段、方法和调控技能，在不同的学习者和不同年龄阶段的儿童身上有不同的发展水平和特点，呈现出较为明显的发展上的差异，这种差异主要体现在学习策略发展的年龄差异和不同学习者身上表现出来的水平差异。

### （一）学习策略发展的年龄差异

研究发现，在年幼儿童身上存在明显的策略生成和策略运用缺陷。米勒认为，策略运用缺陷现象是普遍存在的，是儿童策略发展过程中的必要一环。策略的发展可以分为四个阶段：第一阶段为无策略阶段，即儿童根本不会使用策略，它包括两种情形，一是自发使用策略，二是在他人要求或暗示下使用某一策略；第二阶段为部分使用或使用策略的某一变式，即有些场合儿童会使用策略，有些场合儿童又不会；第三阶段为完全使用但不受益阶段，这一阶段儿童能够在各种场合使用某一策略，但策略的使用并没有提高成绩，这一阶段的典型特点是出现策略运用缺陷现象；第四阶段为使用且受益阶段，该阶段儿童能够使用策略，并且这一策略的使用还会导致成绩和策略有效性的提高。

在获得策略的早期阶段，儿童多使用单一的策略；当儿童的作业从非技能性向技能性过渡时，策略运用的多重性就表现得特别明显了。例如，儿童初学一位数加法时，均以数手指的策略解决问题；当对问题完全熟悉时，会采用"记忆恢复"的策略，直接从长时记忆中提取答案；在其间的过渡阶段，儿童可能采用数手指、记忆恢复、从较大加数起数数、将问题分解为小问题等多种策略。

儿童的记忆策略、元记忆和解决问题策略水平随着年龄的增长而不断提高。其中小学和中学是两个转折点。元记忆的各部分的发展速度不均衡，元记忆知识中对记忆目的的认识发展先于对记忆材料性质的认识发展，记忆监控能力中对记忆效果的评价能力的发展先于对记忆策略的自我认识。

其中从小学升入初中是认知策略发展较为迅速的时期。这说明教育对学习策略的发展具有促进作用。儿童记忆组织策略的发展经历了从产生性缺损到成熟运用的过程，一年级儿童不能自发地运用组织策略，五年级儿童已能自发地使用策略。导致一年级儿童产生性缺损的原因主要是对记忆任务和记忆策略缺乏元认知的了解，这表明儿童策略的发展和元认知的发展是密不可分的。

### （二）学习策略发展的水平差异

不同能力水平的青少年在拥有和使用学习策略上也存在巨大差异。表现在：选择线索，不能适当地利用编码策略以及不能自发地产生解决问题的策略和评价使用策略的效果；低水平的学习者由于缺少丰富的相关经验，难以获得以及使用高级的、复杂的策略，中等或高水平的学习者则容易获得并容易从高水平的策略受益。

研究发现，不同水平的学习者不仅在学习策略使用的数量和频率上有差异，尤其在质量上也有差异。研究者对数学成绩优、中、差青少年解决数学问题的策略和元认知监控策略进行探讨时发现，优、中、差青少年的差异主要表现在元认知监控方面，成绩好的青少年更善于评价和选择，即对自己的理解过程更善于进行监控，更能选择有效的策略。比较研究的结果表明，元认知能力是青少年有效运用学习策略的基础。不同水平的青少年使用的阅读策略在数量和质量上均有差异。他们使用策略的根本差异在于使用策略的恰当性，即善学者懂得何时、何地完成何种任务，使用何种策略最合适。

### 九、影响学习策略教学的因素

策略的学习和训练包括教学两个方面，因此策略教学的影响因素也相应地来源于这两个方面。

### （一）青少年的因素

学习策略的掌握和运用很大程度上取决于学习者自身。来自学习者的因素主要有年龄特征、原有的知识背景、学习动机、学习归因方式、自我效能感等。

1. 年龄特征。学习策略的发展具有一定的阶段性，同时学习者的认知发展也具有相应的年龄发展的阶段特征，因此学习策略的教学必须要充分考虑到策略发展的阶段性和认知发展的阶段性特征，既不能够不管不问，也不能够拔苗助长。

2. 原有的知识背景。青少年原有的知识背景中有两种知识，一种是策略性知识，另一种是非策略性知识（学科领域知识），这两种知识对学习策略的掌握和运用都有非常重要的影响。

3. 学习动机。动机的强度对掌握和应用学习策略的影响主要体现在青少年掌握策略的意识性和对学习材料的兴趣以及对材料的敏感程度上。只有在较强的学习动机下，学习者才会积极探索、吸收能够提高学习效率的学习策略。

4. 学习归因方式。研究表明，当学习者将学习的成败归于自身能够控制的、相当稳定的因素，如努力程度时，这些学习者的策略水平相对就较高。这就要求教师能够引导青少年恰当归因，以促进青少年学习策略的掌握和运用。

5. 自我效能感。它是指学习者对策略应用效能的信任和自信程度。如果青少年注意到，使用某些学习策略确实提高了他们的学习成绩，则青少年可能受到激励，他们将继续应用这些策略。因此，在学习策略教学中，教师应该让青少年体验到应用策略所带来的成功感。

### （二）教师的因素

策略训练中，教师也是影响学习者掌握和运用学习策略的重要因素，其中主要有运用学习策略的水平、策略教学经验和策略教学方法。

1. 运用学习策略的水平。这是对教师自身策略知识和能力的要求，通常运用学习策略水平较高的教师，他们在教学活动中善于识别重要的学习策略，并且能够清楚地认识到哪些学习策略对当前的学习任务最为适宜，他们也最有可能对青少年进行策略的教学。

2. 策略教学经验。教师的策略教学经验包括：①善于选择适合的学习策略；②善于不断寻求新的学习策略；③能将学习策略明确地、有意识地教给青少年；④能提高青少年掌握学习策略的意识水平。教师在这些方面的学习策略教学经验，能够有效地促进青少年对学习策略的获得和运用。

3. 策略教学方法。教师的策略教学方法影响青少年学习策略的掌握程度，恰当的教学方法体现在：①对教学过程的特点有深入的了解，能在关键环节对青少年授以必要的策略；②能根据青少年年龄特征、认知水平及学习任务，采用多样化的教学方法，提高教学效果；③能运用适当的教学方法、教学手段有效地揭示内隐的学习策略，把抽象的内容具体化、形象化，便于青少年学习和掌握。

## 十、学习策略的教学模式

### （一）课程式教学模式

这就是所谓的学习策略教学的课程化，它通过开设专门的学习策略课程，讲授教学策略的有关常识，包括教学的模式、方法、手段等。

这种策略训练的基础在于学习策略本身具有一定的概括性和抽象性，它能够从具体的学习内容和情景中脱离出来，形成独立于具体认知任务和学习任务的策略方法，如适合任何课程学习的复述策略、精加工策略、组织策略等。

该训练模式的基本思想是将学习由简单到复杂分为信号学习、刺激、反应学习、连锁学习、言语联结学习、辨别学习、概念学习、规则或原理学习、解决问题学习，故任何一种学习都必须以完成较低层次的学习为前提。

该训练模式的基本步骤是：第一，将某一活动技能按有关原理分解为小的步骤；第二，通过活动示范每一步骤；第三，青少年记忆各个步骤并加以练习，直至熟练。

### （二）学科渗透式教学模式

它是指将学习策略的训练与特定学科的学习内容相结合，在具体学科知识的学习过程中传授学科学习的方法与技巧。如专门传授语文或数学学科学习方法与技巧的阅读理解策略和应用题解题策略就属于这种教学模式。学科渗透式教学模式可以贯穿整个教学活动，它要求教师在教学前就应该具有教学的策略观，以教学策略为指导，进行备课、讲课、评课和听课、作业等。

由于所学的学习策略与学科学习密切结合，因此这种教学模式对学习效果的影响可以说是立竿见影的。其不足之处在于策略来源于具体学科内容，易使学习者在具体学习之后将这些策略淡忘，难以形成系统的策略观，也不便于学习者把学科学习策略迁移并应用到新的其他学科的学习中去。

### （三）交叉学习式教学模式

这种教学模式是为了克服前面两种策略训练模式的不足而设立的，这种教学模式往往是先独立地教学习策略，包括学习策略的意义、适用范围、条件及具体操作程序等，简短的教学之后，将它与具体的学科内容结合起来，根据具体学习情景的差异，要求并帮助青少年把所学的策略运用于具体的学习活动中。

这类训练模式虽然吸收了上述两种模式的长处，舍弃了它们的短处，但它同样有自己的不足，如这类训练会减缓教学进度等。

### （四）合作学习模式

该学习模式的基本思想是，合作性是当今基础教育改革所倡导的基本理念，同时也是当今世界学校教育的普遍趋势，合作学习强调青少年的经验分享和与人沟通能力的发展，这是现代人最需要的能力之一。

该学习模式的要点是合作学习要求青少年有一个团队组织，在这个组织中每个人都有自己的职责，每个人都有义务向别人提供力所能及的帮助。要使合作能够进行，教师必须注意以下几点：①要有一个有吸引力的主题；②要有可分解的任务；③要有一个有凝聚力的稳定的团队；④要有一个具有激励性、发展性的评价机制；⑤需要在课与课之间、课内与课外之间具有连续性。

## 十一、学习策略的结构

### （一）由基本策略和辅助策略构成

基本策略包括识别材料、应用各种技术去理解保持材料，以及在适当情境中回忆和使用获得的知识的各种策略，即直接操作材料的各种策略。

辅助策略由保证基本策略有效进行的各种策略组成，包括形成一种适宜的学习态度的各种技术，处理由挫折、疲劳、分心等的出现而产生的注意缺失的各种方法，以及控制和纠正正在操作中的基本策略的各种技能。它的作用主要是维持一种合适的内部心理状态，以保证基本策略有效地发挥作用。

### （二）由学习方法、学习的调控和元认知构成

学习方法指用在编码、储存、提取、运用信息等认知过程中的认知方法或技能，有外部的方法（如何做笔记等）与内部的方法（如何想象等）等等。学习方法是学习策略中最基本的要素，是直接作用于认知过程各个阶段以达到学习目的的手段。

学习的调节与控制是指学习者在一个连续不断的学习活动期间使用的调控学习行为，尤其是学习方法的选择和使用的技能。它包括：①在面临学习任务之前和实际学习期间，激活和维持注意与情绪状态。②分析学习情境，提出与学习有关的问题和制定学习计划。③在学习期间，监控学习过程、维持或修改学习行为。④学习结束后，总结性地评价学习效果，包括学习方法的效果。学习的调控在策略构成中处于中介地位，它不直接作用于信息，可看成学习的间接手段。

元认知可以简单地定义为对认知的认知，即个人关于他自己的认知过程

和结果以及与之有关的事项（任务、目标、方法等）的认知，其实质是个体对自己认知活动的自我意识和自我体验。元认知是整个学习策略结构的核心，也是这一结构的最高层次的调节机制。学习方法的使用和学习的调控只是一种执行的活动，而要自觉地、有计划地执行某种活动，其首要条件是要对活动中的各种因素及其相互关系有所认知和体验。在学习中，就是要对学什么、如何学、何时学、为何学、学习受何因素的影响及各因素间的关系具有明晰的自我意识和体验。这一切都是在元认知的作用下产生的。

**（三）由获得陈述性知识的策略、程序性学习策略和学习动机自我激发的策略构成**

陈述性知识是关于事实的知识。获得某一学科的基本概念和事实是学习该学科的基础。获得陈述性知识的策略涉及的技巧有：①集中注意的技巧；②概括的技巧；③联想的技巧。

程序性学习策略是指完成各种智力活动程序的认知技能，其涉及的具体技巧有：①掌握程序模式的技巧（包括了解某一程序模式特点的技巧和选择有效序列的技巧）；②练习的技巧；③反馈、矫正的技巧。

学习动机自我激发的策略涉及的技能有：①情绪调节技能（如自我激励、自我放松、积极的自我暗示等方法）；②自我控制技能（如确立学习目标、制定学习计划、合理安排学习时间、排除干扰等技能）。

**十二、学习策略常用方法**

1. 划线。划线是一种最常用的学习策略。划线可以帮助我们快速找到和复习课文中重要的信息，监测学习的进度和程度。尽管这种方法应用广泛，但人们几乎没有发现它有什么益处。问题在于大多数青少年不能决定什么材料是最关键的，只是一味地划。所以在使用划线策略的时候，我们应该注意只划出确实重要的信息，如果什么都划，就失去使用这个策略的价值了。研究表明，只有每段划一个句子，才会促进学习。因为划出无关信息会干扰我们将注意力真正集中到重要信息上，从而影响回忆的效果。当要青少年每段只划一句最重要的句子时，他们确实能记住得多一些，这可能是因为决定哪一句是最重要的句子需要较高水平的加工。青少年谨慎使用划线、并且只划出他们认为重要的信息，这一点是很重要的。有的研究发现，划出无关信息将降低对重要材料的回忆。由于六年级以下的青少年不能有效地决定哪些信息重要，因此，最好鼓励年龄大的青少年划线。另外，单独地使用划线策略，并不是学习材料的好方法。因为划线并不能提供思考材料的机会。将划线与其他策略如在划线的旁边做注释结合起来使用可能会收到更好的效果。

划线能使青少年快速找到和复习课文中重要的信息。划线有一定的方法，可以首先解释在一个段落中什么是重要的，如主题句；其次教青少年谨慎地划线，也许只划一到两个句子；最后，教青少年复习和用自己的话解释这些划线部分的含义。

（1）圈出不知道的词。

（2）标明定义。

（3）标明例子。

（4）列出观点原因或事件序号。

（5）在重要的段落前面加上星号。

（6）在混乱的章节前划上问号。

（7）给自己作注释，如检查上文中的定义。

（8）标出可能的测验项目。

（9）画箭头表明关系。

（10）注上评论，记下不同点和相似点，比如，"通过力量的平衡来防止战争……"，你可能联想并注下"恐怖主义是否也可以用力量的平衡来加以预防呢"。

（11）标出总结性的陈述。

2. 做笔记。在阅读和听讲中，用得比较普遍的学习策略是做笔记。我们在学习时记笔记，仿佛是为了复习，笔记仅仅成了一种用以复习的信息的外部存储。其实，笔记的意义远不止于这些。它能促进新信息的精细加工和整合。

做笔记这种策略可能对有些材料很有效，因为它要求学习者对材料的中心思想进行心理加工，它要求学习者决定记什么。但是，人们发现做笔记的效果是不一致的。笔记的种类将影响整合和组织信息的方法。逐字逐句地做笔记是对材料的一字一句的编码；做总结性笔记将增进对材料的再组织和整合。用自己的话作简要笔记，组织和总结讲课中的要点，这可能使笔记更适合于自己。有人发现用自己的话做笔记（用不同的词表达中心思想）和为了准备教别人而做笔记是很有效的，因为它们要求对信息进行高水平的心理加工。在复杂的理论性材料中，关键的任务又是找出思想大意时，做笔记似乎效果最佳。要求有一定心理加工的笔记比纯粹笔录阅读材料要有效得多。为了增强青少年做笔记的能力，教师在讲课或阅读之前，可以给青少年提供一个"梗概"，这等于是给青少年一个类目，引导他们做笔记。研究发现，这种做笔记的方法，再加上复习，能增强青少年的学习。

做笔记的过程包括以下三个步骤：

（1）在笔记的每一页的左边扉页上留出 1~2 寸的空白。

（2）做笔记时保持这扉页是空白的。

（3）做完笔记后，在扉页上用词和句子简要总结笔记。

这些词或句子应当是能有助于引发对笔记上所有信息的回忆，它们起到了标签的作用。除了在扉页上写总结性的词和句子外，还可写出一些问题，这些问题能提醒你回忆笔记上的信息，通过这些问题，你也能检查自己对这些材料的理解。有些青少年并未意识到做笔记需要进行这样两个步骤：记下讲演中的信息，然后理解所记的信息，停留在第一步并不是一种有用的学习策略。

虽然说做笔记有助于编码加工，但是只记不复习也达不到应有的效果。青少年自己做笔记并且进行复习，比只做笔记不复习和借别人的笔记复习要学得好。复习笔记的益处在于它能允许对材料的进一步精细加工和整合。因此，你不仅反复地看笔记，而且还要积极地思考笔记中的观点，并且和其他所学的信息进行联系。当然，如果你错过了一次课，你不妨借阅他人的笔记，看别人的笔记，你也能从中受益。

教师可以通过下列方法促进青少年做笔记和复习笔记：讲演慢一点；重复复杂的主题材料；呈现做笔记的线索；在黑板上写出重要的信息；给青少年提供一套完整的笔记，让他们观看；给青少年提供结构式的辅助手段，如提纲或二维方格表等。

但是，在听讲的同时做笔记，必定占用有限的学习资源，所以并不是所有的青少年都能从做笔记中受益，对能力较低的青少年和处理听觉信息有困难的青少年，做笔记效果较差。这样的青少年也许先认真听老师讲课然后看老师的讲义更好些。

3. 写提要。写提要就是写下能表达所读信息的中心思想的简短陈述。这种策略和前面所讲的列提纲、建立网络、画关系图等学习策略类似，都要求学习者以梗概的形式总结所学的材料，能增强对书面材料的领会和保持。可以让青少年每读完一段后用一句话作概括。或者让青少年准备一个提要来帮助别人学习材料，其部分原因是这种活动使得学习者不得不认真考虑什么重要、什么不重要。但是值得一提的是，有些研究发现写提要方法并没有效果，并且如果要用这种策略增强对书面材料的领会和保持，其条件还不甚明了。

4. PQ4R 方法。PQ4R 是由几个步骤首字母的缩写组成，分别代表预览、设问、阅读、反思、背诵和回顾。有研究表明 PQ4R 方法对稍大的儿童有效。PQ4R 程序的进行可使青少年集中注意力有意义地组织信息、使用其他有效的策略，诸如产生疑问、精细加工、过一段时间后复习等。PQ4R 技术可以这样具体地使用：

（1）预览：快速浏览材料，对材料的基本组织主题和副主题有一个初步的了解。注意标题和小标题，找出你要读的和学习的信息。

（2）设问：阅读时自己问自己一些问题。根据标题用"谁"、"什么"、"为什么"、"哪儿"、"怎样"等疑问词提问。

（3）阅读：阅读材料，不要泛泛地做笔记。试图回答自己提出的问题。

（4）反思：通过以下途径，试图理解信息并使信息有意义：①把信息和你已知的事物联系起来；②把课本中的副标题和主要概念及原理联系起来；③试图消除对呈现的信息的分心，④试图用这些材料去解决联想到的类似的问题。

（5）背诵：通过大声陈述和一问一答，反复练习记住这些信息。你可以使用标题、划了线的词和对要点所做的笔记来提问。

（6）回顾：最后一步积极地复习材料，主要是问你自己问题，只有当你肯定答不出来时，才重新阅读材料。

5. 提问。问题作为重要的教学组成部分，受到了越来越多的青睐。探究学习和基于问题学习等学习形式都是以问题作为学习中心，在解决问题的过程中达到学习的目标，并提高青少年的思维能力。总之，问题是一种重要的手段，能使青少年就提供的材料进行思考，并解决问题，进而积极参与学习过程。对于使用问题来促使青少年思考并解决问题，有以下一些建议：

事先计划好问题。根据教学目标选择合适的问题。

提问的风格应该简洁、明确、主题性很强。提问时，应该使用自然的谈话语言，就像老朋友一样。既可以是简单的一个问，也可以是一个问题情境。

给青少年时间思考。有关提问的研究中都发现，不少教师在转向下一个青少年或者下一个问题之前并没有给被提问者足够的时间思考。对于低层次的问题，等待的时间至少为 3～4 秒钟，如果是高层次的问题，应该增加到 15秒。另外，要避免教师自己回答问题，中途打断青少年的回答。

### 十三、学习策略与自我调节学习

掌握了学习策略并不意味着学习就一定非常有效率。一个青少年即使拥有许多学习策略方面的知识，但如果没有尝试这些策略的意愿，这就好比一个人家中有很多书，但从来想不起看；一个人懂得各种记忆方法，但从来没有在受到激励的适当场合去运用，难以发挥其功效。使用策略的前提是，青少年必须重视学习和理解，他们必须给自己设定可以达到的使用有效策略的目标。因此，在强调青少年学习策略的同时，还要鼓励青少年进行自我调节学习。

自我调节学习是指学习者系统地引导自己的思维、情感和行为，使其指向目标实现的学习。或者说是学习者主动激励自己并且积极使用适当的学习策略的学习。它不仅可以被看作一种动态的学习过程（或活动），也可以被视为一种相对稳定的学习能力。自我调节学习是一种主动的与建构性的学习过程，在这个过程中，青少年首先为自己确定学习目标，然后监控、调节、控制自己的认知、动机和行为。自我调节学习包含三个过程：自我观察（或者自我监控）、自我判断和自我反应。学习者带着各种不同的目标进行学习，如获得知识和解决问题的策略、完成作业或者实验等。学习者心中带着这些目标，并对自己的学习进程进行观察、判断和反应。而这三个过程又是相互联系、相互影响的。

学习中的自我观察是指学习者依据标准对自己行为的诸方面进行考察和判断或关注自己的学习行为的某些方面。如果学习者发现自己的学习有问题或不充分，那么他就有可能寻求帮助或采取行动改变自己的现状。同时，学习指导者也可能对学习者传授更有效的学习策略，让学习者使用这些策略来促进自己的学习。研究表明，学习策略和自我调节技能是可以教给学习者的。

学习中的自我判断是指将当前学习的作业水平和自己的目标进行比较。自我判断的目标是个体自己定的。个体所定的目标可分为绝对目标和常模目标。绝对目标是固定的。例如，一个青少年可能的自定目标是在 15 分钟内完成 3 页作业，这就是绝对目标，即他是按照绝对目标来衡量自己的进步的。常模目标是基于他人成绩而定的。例如，学习者以所观察到的榜样来确定目标，将自己的行为和他人的行为进行比较而确定成为全年级的前五名。学习者还可能把绝对目标和常模目标结合在一起使用。例如，一个青少年要在 15 分钟的时间内完成 3 页作业，同时他还和同伴进行比较，以判断谁将最先完成作业。

将行为和目标进行比较可以了解自己距目标的进展。在 15 分钟内完成 3 页作业的学习者可能会意识到，他在不到一半的时间里已完成了一半以上的工作。取得进步的信息会提高其自我效能感，从而维持其完成任务的动机。与自己能力相同的人比较，而不是与自己能力高得多或低很多的人比较，会有助于自我效能感的提高。因为学习者认为，他人可以成功，自己也是可以成功的。

个体在学习进程中对自己能力和技能的自我评价由两个部分组成：一是自我判断，即通过将当前操作与目标进行比较以判断自己的当前操作；二是自我反应，即通过证明成绩是否突出、是否令人满意等来对这些判断作出自我反应。积极的自我评价会使学习者增强学习的效能感，并更加努力学习。如果学习者认为自己有能力获得成功，只是当前方法不当，这种较低的自我判断和消极的自我反应不一定会降低其自我效能感和动机。他将改变自我调节过程，努力将学习活动导向成功。

过去的许多教育改革都强调，学校和教师为帮助青少年学习能做什么。自我调节的学习理论则强调，青少年完全能够使用各种不同的学习策略和动机策略来促进自己的学习。这些理论认为学习不是"对青少年发生的事，而是由青少年发生的事"。自我调节的青少年是一个积极的学习者，他们进行自我观察，自我判断，自我反应。自我调节青少年和被动的青少年相比，在选择和注意课文中与讲演中的重要信息时，拥有更有效的策略，并且能够以更有效的方式组织材料。由此看来，自我调节的学习是积极激励自己并且积极使用适当的学习策略的学习。如果说学习策略是一种包含认知策略、元认知策略和资源管理策略的过程性知识，那么，自我调节的学习就是积极使用学习策略的过程和能力。

### 十四、学习过程中的自我监控

元认知作为对自身认知过程的监控和调整，它适用于人的所有的认知活动。一些研究者则从青少年的学习过程出发，对学习过程中的自我监控进行了探讨。

青少年学习的自我监控可以分为八个方面，分别是计划性、准备性、意识性、方法性、执行性、反馈性、补救性和总结性。其中，计划性是指学习活动前对学习活动的计划和安排；准备性是指学习前对学习活动做好各种准备；计划性和准备性是青少年具体学习开始之前自我学习监控能力的具体表现；意识性是指在学习活动中清楚学习的目标、对象和任务；方法性则是指在学习活动中讲究策略，选择并采用合适的学习方法；执行性则是指在学习活动中控制自己去执行学习计划，排除有关干扰，保证学习活动的顺利进行；意识性、方法性和执行性是青少年在学习活动进行过程中自我学习监控能力的具体表现；反馈性是在学习活动后对自己的学习状况及效果进行检查、反馈和评价；补救性则是在学习活动后根据反馈结果对学习采取必要的补救措施；总结性是学习活动后的思考以及对学习经验和教训的总结。

### 十五、学习策略的学习意义

#### （一）学会学习的必然要求

学会学习是现代社会对每个社会成员的必然要求，信息时代，个体面临的社会环境也日趋复杂，终身学习的压力越来越大，掌握获取知识的策略成为社会对学习者的必然要求，因此我们的教学也应该将策略的教学作为重要的目标。

#### （二）主体性教学的要求

在教学活动中，青少年的主体性主要表现在发展的主体性和学习的主体性两个方面。从发展的角度来讲，青少年是教学目的的体现者，要使教学目标得以实现，青少年必须要知识到位和学会学习。从学习的过程来讲，青少年是学习活动的主人，他们的学习积极性是保证学习目标达到的基础。只有青少年能够主动地学习，主动地对学习内容进行认识，主动地接受教师的指导和帮助，才能实现自己的发展。由此看出，在青少年的主体性中，无论是发展的主体性还是学习过程的主体性，都涉及青少年对学习策略的掌握。

#### （三）能够有效提高学习的质量

在众多影响学习质量的因素中，学习策略是其中最重要的一个因素之一。学习活动和认知活动都涉及相应的效率问题，而学习策略能够使得学习的效率提高，从而提高他们的学习效果。尽管从掌握学习的理论上说，每个学习者都能够达到对学习材料掌握的程度，但这种掌握的效率却受到青少年学习策略的影响。因此，掌握学习策略，能够提高学习效率，使青少年从沉重的课业负担中解放出来。

#### （四）解决当前的学习问题是至关重要的

如何适应当今信息化的社会，关键在于学会如何学习，这与掌握学习策略密切相关。解决学习中的问题既要有效又要尽快，掌握学习策略能以最小的成本获得最大的学习收益。

#### （五）终身学习的必要条件

终身学习依赖学习者的学习能力和学习策略。教育的根本目的除了使学习者能适应社会发展之外，还在于发展学习者独立学习、自主学习的能力和意识。学习策略关系到一个人的现实生存和终生发展。认知策略是学习策略的基础，也是最早形成的学习策略。为获得认知学习的良好效果，我们会采取下述一系列主要的认知策略。

# 第二节　学习策略的促进

学习策略是判断不同学习者差异的重要内容，让青少年学会学习的重要方法之一就是对青少年进行有效的学习策略的训练。优秀教师不仅会结合教学内容教给青少年具体的学习策略，而且还会教给青少年积极、适时地选用有效的学习策略。

## 一、促进学习策略训练的原则

人们在学习、阅读时常常使用各种不同的策略，教育心理学家们一直在争论到底哪种学习策略最有效。一般而言，青少年在学习时常常使用各种不同的策略，没有一种学习策略可以适用所有的情况，显然，学习策略需根据具体情况加以选择和使用。在进行学习的训练时，不管教什么策略、怎么教这些策略，可以遵循一定的基本的原则。

一般而言，青少年在学习时常常使用各种不同的策略，没有一种学习策略可以适用所有的情况，显然，学习策略需根据具体情况加以选择和使用。在策略教学时应遵循一些适用于具体学习方法的有效原则。

### （一）主体性原则

主体性原则既是学习策略训练的目的，又是必要的方法和途径，任何学习策略的使用都依赖于青少年主动性和能动性的充分发挥。如果青少年处于一种被动状态，学习目标、过程、方法都由他人包办代替，学习的效果也由他人评价，那么也就无从谈起学会学习了。因此，在培训中，要向青少年阐明策略教学的目的和原理，使其领会，同时，要给青少年以充分的运用学习策略的机会，并指导其分析和反思策略使用的过程与效果，以帮助其进行有效的监控。

### （二）内化性原则

内化性原则是指训练青少年不断实践各种学习策略，逐步将其内化成自己的学习能力，并能在新的情境中加以灵活应用。内化过程是需要青少年将所学的新策略与头脑中已有的有关策略的知识整合在一起，形成新的认识和能力。

### （三）特定性

学习策略一定要适于学习目标和青少年的类型。即通常所说的具体问题具体分析。研究者们发现，同样一个策略，年长和年幼的，成绩好的和成绩差的，用起来的效果就不一样。例如，向别人写出阅读的提要可能是一种有效的学习方法，但对年幼青少年可能比较困难。年幼儿童没有反思他们自己思维过程的能力。但是，一年级的青少年，知道某些学习任务比其他学习任务难，三年级的青少年通常知道什么时候他们已经不能理解某些事物。尽管如此，这些年幼的青少年在这些方面毕竟能力有限。直到儿童晚期和青少年时期，青少年才有能力评价某个学习问题，选择一个策略去解决这一问题，并且评价他们的成功。这并不意味着，学习策略对这些年幼的儿童并不重要，这仅仅意味着针对学习者的发展水平，要确定哪些策略是最有用的。

同时，还要考虑学习策略的层次，必须给青少年大量的各种各样的策略，不仅有一般的策略，而且还要有非常具体的策略，比如前面所讲的各种记忆术。

### （四）生成性

有效学习策略最重要的原则之一，就是要利用学习策略对学习的材料进行重新加工，产生某种新的东西，这就要求学习者进行高度的心理加工。要想使一种学习策略有效，这种心理加工是必不可少的。生成性程度高的策略有：给别人写内容提要，向别人提问，将笔记列成提纲，图解要点之间的关系，向同伴讲授课的内容要求。生成性程度低的策略有：不加区分的划线，不抓要点的记录，不抓重要信息的肤浅提要等，这对学习都是无益的。

### （五）生成性学习

生成性学习是一种强调积极整合新信息于已有图式的理论。建构主义的一个主要假设是所有的学习都是"探索"，生成性就是要教青少年利用学习策略对学习的一些具体材料进行重新加工的方法，要求青少年进行高度的心理加工，使之变成自己的东西，是重要的心理加工新信息。例如，可以成功地教青少年对所学材料提问题、写内容提要、将笔记列成提纲、作总结和类比，教青少年讲解他所听到的。这些生成性活动都有益于青少年的学习和记忆。

### （六）有效的监控

教青少年何时何地使用策略非常重要，但教师却常常忽视这一点。这可能是因为他们没有意识到其重要性，也可能是因为他们认为青少年自己能行。我们要知道，如果交待清楚何时何地使用一个策略，那么我们就更有可能记住和应用它。有效监控的原则仅仅意味着青少年应当知道何时、如何应用他们的学习策略以及当这些策略正在运作时能将它说出来。

### （七）个人效能感

成绩和态度之间的关系是十分密切的，青少年可能知道何时与如何使用策略，但是如果他们不愿意使用这些策略，一般他们的学习能力是不会得到提高的。能有效使用策略的青少年相信使用策略会影响他们的成绩。策略训练课程必须包括动机训练。青少年应当清楚地意识到一分努力一分收获。教师要树立这样一种意识：在青少年学习某材料时，要不断向青少年提问和测查，并且根据这些评价给青少年定成绩，由此促进青少年使用学习策略，并感到使用学习策略，学习就会有所收获。

## 二、策略促进的方法

目前，虽然对学习策略的性质、结构和测量等问题还有待于进一步研究，但是，人们都认识到，学习策略是可教的而且是可以迁移的。许多教育心理学家研发了各种学习策略训练教程，并进行了实验性的训练研究。

### （一）指导教学模式

指导教学模式与传统的讲授法十分类似，由激发、讲演、练习、反馈和迁移等环节构成。研究表明，教师的示范讲解，对于学习策略的学习具有很大的促进作用，教师先向青少年解释所选定学习策略的具体步骤和条件，在具体应用中不断给以提示，让其口头叙述和明确解释所操作的每一个步骤以及报告自己应用学习策略时的思维，通过不断重复这种内部定向思维，可加强青少年对学习策略的感知与理解保持。同时，教师在教学中依据每种策略来选择许多恰当的事例来说明其应用的多种可能性，使青少年形成对策略的概括化认识，提供的事例应从青少年的认识水平出发、由简到繁，使青少年从单一策略的应用发展到多种策略的综合应用，从而形成一种综合应用能力。

以阅读理解为例，指导教学的内容应包括：①策略是什么，涉及策略的涵义、关键点和特征；②为什么进行策略的学习，涉及策略的目的和作用；③如何进行策略的学习，涉及学习策略的分解步骤或成分以及成分之间的关系；④何时何地运用策略，涉及策略的适用条件；⑤如何评价策略的运用情况，涉及对策略运用的效果进行评价以及采取补救措施等等。

阅读策略指导教学模式的实施可分为三步。第一步，教师有意识地明确教学内容和方法，其在具体课程中明确策略知识中的陈述性知识、程序性知识和条件性知识成分，以及指导这些知识学习的方法。第二步，在学科课程或阅读指导课程中进行监控，根据青少年水平和具体情境，采取明确、直接的指导，使青少年掌握所教的策略知识。第三步，使青少年运用阅读策略进行积极的监控，以提高其阅读水平。

其中，第二步是模式的核心部分，可以进一步划分为三步。①直接讲解，教师向青少年明确讲解某种策略的三种知识，具体包括策略的涵义与特征、作用，如何使用阅读策略，何时何地运用阅读策略以及如何评价策略的效果。②示范。教师用语言向青少年呈现阅读中的策略运用过程，将运用策略过程中不外显的心理活动过程明确地呈现给青少年，这样可减少青少年的模式认识与猜测，使其能准确、恰当地掌握阅读策略。具体示范的内容为两个方面，一方面是阅读的思维推理过程，另一方面是自我监控过程，即如何有意识地控制策略的运用。在示范中，教师要明确告知青少年，他们应当有意识地控制所学的策略和明确所需的条件，寻找策略中所包含的全部心理技能。③辅导青少年正确运用阅读策略。在讲解和示范之后，教师还必须提供一定的练习机会，根据青少年的具体进展给予适当形式的辅导，如解释或类比等，逐渐使青少年熟练掌握所教策略。

在学习策略训练中，指导教学模式日益受到重视，尤其是对儿童，这一模式比较有效，因为，儿童很难自己发现策略知识，有时即使自己发现也不能自动运用这些知识。有人分析了几种训练方法，从非常间接的方法（如发现法）到直接而明确的方法，从单一方法（如行为示范）到复合方法（如在示范的同时给以直接的讲解），结果表明，直接的复合方法比其他训练方法更可能促成有关策略的准确知识，因此，教师应当明确解释策略知识和示范策略运用过程，而且当青少年尝试运用策略时给以指导和反馈。

当然，指导教学也有一定的局限性。例如，一些学习过程很难进行讲解，还有一些学习活动的具体过程还未确定下来，而且，有时难以确定将一个策略分解到什么程度最为有效。

## （二）交互式教学

交互式教学方法，主要是用来帮助成绩差的青少年阅读领会，它是由教师和一小组青少年一起进行的。交互式教学要教青少年这样四种策略：①总结——总结段落内容。一开始，教师作一个示范，朗读一段课文，并就其核心内容进行提问，直到最后概括出本段课文的中心大意。②提问——提与要点有关的问题。提问是为了引起讨论，概述大意则有助于小组成员为阅读下文做准备。然后，教师指定一个青少年扮演"教师"，彼此提问。③析疑——明确材料中的难点。④预测——预测下文会出现什么。一开始，教师示范这四种策略，例如，朗读一段课文，并就其核心内容进行提问，直到最后概括出本段课文的中心大意。提问是为了引起讨论，概述大意则有助于小组成员为阅读下一段课文做准备。然后，教师指定一个青少年扮演"教师"，效仿教师的步骤，带领大家分析下一段内容。青少年们轮流担当"教师"。教师先树立一些榜样性行为,这些行为是他想要青少年自己能做的,然后改变自己的角色,当青少年产生问题时,教师起一个促进者和组织者的作用。对交互式教学的研究一般都发现,这种策略能提高成绩差的青少年的成绩。

### (三) 脚本式合作

许多青少年可能已经发现,当自己和同学讨论所读到的和所听到的材料时,获益匪浅。这种教学模式主要通过小组成员之间的合作,共同利用小组各成员所拥有的不同文化资源相互支援去进行学习。最常见的合作学习即两人一组,彼此轮流向对方总结材料,不断变换主讲者与听者角色。把这样一种学习活动模式提炼为脚本式合作。在这种学习活动中,两个青少年一组,一节一节地彼此轮流向对方总结材料,当一个青少年主讲时,另一个青少年听着,纠正错误和遗漏。然后,两个青少年彼此变换角色,直到学完所学材料为止。关于这种学习方法的一系列研究证明,以这种方式学习的青少年比独自总结的青少年或简单阅读材料的青少年,其学习和保持都有效得多。有意思的是,脚本式合作的两个参与者都能从这种学习活动中受益,而主讲者比听者获益更大。

学习策略知识不是孤立的,不能脱离专门知识。专门领域的基础知识是有效利用策略的前提条件,脱离知识内容的单纯训练容易导致形式化倾向,难以保证青少年提高学习策略水平。教师要善于不断探索优化自己的教学步骤,为青少年提供可以仿效的活动程序;同时要根据青少年原有的学习方式基础来启发青少年的思路,让其有意识地内化有效的学习策略。

### (四) 程序化训练模式

程序化训练就是将活动的基本技能,如解题技能、阅读技能、记忆技能等等,分解成若干有条理的小步骤,在其适宜的范围内,作为固定程序,要求活动主体按此进行活动,并经过反复练习使之达到自动化程度。

程序化训练的基本步骤是:①将某一活动技能,按有关原理,分解成可执行、易操作的小步骤,而且使用简练的词语来标志每个步骤的含义。例如,PQ4R阅读策略,包括预览、提问、阅读、反思、背诵、复习六个步骤。②通过活动实例示范各个步骤,并要求青少年按步骤活动。③要求青少年记忆各步骤,并坚持练习,直至能够运用自如。

### (五) 完形训练模式

完形训练就是在直接讲解策略之后,提供不同程度的完整性材料促使青少年练习策略的某一个成分或步骤,然后,逐步降低完整性程度,直至完全由青少年自己完成所有成分或步骤。例如,在教青少年列提纲时,教师可先提供一个列得比较好的提纲，然后解释这些提纲是如何统领材料的，下一步就给青少年提供一个不完整的提纲，分步对青少年进行训练。完形训练的好处就在于能够使青少年注意每一个成分或步骤，而且每一步训练所需的心理努力都是青少年能够胜任的，更为重要的是，每一步训练都给青少年以策略应用的整体印象。

在实际教学中，教师不管采用什么方法进行学习策略的教学，都要结合学科知识。学习策略知识不是孤立的，不能脱离专门知识。专门领域的基础知识是有效利用策略的前提条件，脱离知识内容的单纯训练容易导致形式化倾向，难以保证青少年提高学习策略水平。教师要善于不断探索优化自己的教学步骤，为青少年提供可以仿效的活动程序；同时要根据青少年原有的学习方式基础来启发青少年的思路，让其有意识地内化有效的学习策略。

## 二、学习策略的教学技巧

### （一）学习策略的识别与结构分析

教师要善于识别概括性、实用性较广的学习策略并对其结构进行分析，确定各种策略的动作或心理成分及其联系与顺序，真正使策略的每个步骤具体化、操作化。

1. 优质精加工。不是随便怎样的精加工都能显著改善学习，在为显著改善学习而对记忆材料进行精加工的时候，要讲究精加工的语义。原则一：精加工应该富有意义，且与学习者已有的知识相匹配。好的精加工应该具有青少年能理解的正常语义，而语义不明确的精加工往往效果不理想。原则二：精加工应该把有待联系的信息整合起来。从教学应用的角度看，当我们使用精加工来联结两个独立信息时，最好努力多用及物动词、描述一个过程、显示一个事件的发生，等等。简而言之，精加工宜动不宜静。原则三：精加工应该为整个语境充实逻辑联系。

2. 好的运作。好的精加工还要有好的运作，而好的运作则万变不离其宗，那就是促进或诱发青少年主动积极地参与精加工。原则四：精加工应该促使学习者作积极的信息加工。要促使青少年对于精加工本身再编码，这也是通过实验开发出来的一个技术，即在提供精加工之后，再跟着提出一个关于该精加工的问题要求回答。比如，为使被试记住"电话——茶杯"的配对，主试编了个"电话砸茶杯"的句子要青少年记住，这属于"提供精加工"；接着，主试问"电话是怎样砸茶杯的?"这就属于"提出一个关于该精加工的问题"。原则五：精加工要生动。它要求教师帮助青少年专注于视觉意象随着语言叙述而逐步形成，或者借助于语言的描述、指称来固定意象中的必要成分。通俗地说，好比在脑子里一笔一笔地画画，一幕一幕地放电影。图画精加工往往比言语精加工更有利于信息的长期保存。原则六：在一般情况下，精加工多多益善。

3. 妥善应用。精加工策略在应用时要适合学习者的个体差异。原则七：对于能力差的青少年，与其要他们自生一个精加工，还不如向他们提供一个精加工。学习能力低的青少年有"产生性缺陷"，因此他们没有能力自行构建好的精加工；但是他们并没有"传递性缺陷"，因此他们可以接受一个恰当的精加工，照令行事地运作。原则八：言语精加工和图画精加工的加工方式不一样，因此它们并不总是产生同等的学习效益。教师应该善于在学习材料和策略与青少年个体的信息加工偏爱方式之间造成最适合的匹配。原则九：不同特点、不同能力水平的青少年都可以从精加工的使用中受益。原则十：精加工并不对一切作业结果都有益。一般来说，精加工主要对联想性的记忆学习有显著效益。

### （二）教学方法应灵活多样、内容分量应适度

教学应首先激发青少年形成学习策略的认知需要，再确定适合于所学材料的学习策略，这些策略应具有有效性和可操作性，能够通过指导后获得改进；然后，指导青少年在不同学习情境下进行训练，并对学习结果进行评价与及时反馈矫正。很显然，从激发、讲解、练习、反馈到迁移的教学步骤与长期以来传授知识的步骤是一致的，易为青少年接受。

提高人的学习、记忆和思维效率的策略是难以穷尽的，而教学时间有限，应选择常用的重要策略，且一次只能教少量策略。研究表明，这样的教学效果好。

### （三）结合学科知识的教学进行训练

形成青少年的学习策略应结合各科教学内容来进行，而脱离知识内容的单纯训练易导致形式化倾向，难以保证青少年学习策略的提高；那种对策略知识不完善和不聪明的使用也有害学习。

### （四）注重元认知策略的训练

教师除教青少年获得学习策略外，还应让青少年懂得为什么（Why）、何时（When）、何处（Where）运用策略，知道自己策略的不足之处。一般来说，学习能力强的青少年，其元认知发展水平较高，具有较多有关学习策略方面的知识，善于监控自己的学习过程，灵活应用各种策略去达到特定的目标。可见元认知策略训练对一般的学习策略的掌握与运用也有重要地促进作用。可使学习策略的运用更加有效、灵活。元认知策略训练的方法：①盲目

训练法，指只教青少年运用策略，但不告诉为何、何时用何种策略的方法；②感受训练法，指帮助青少年理解为何、何时运用不同策略的方法；③感受自控训练法，指在感受的基础上让青少年练习不同策略，提供掌握不同策略的机会。他的研究表明第一种方法很难导致所学习的策略的迁移，后两种既影响所习得的策略的迁移，还明显影响学习者所获得知识的性质与组织。因而教会青少年反思方法、培养反思习惯，使其对学习策略作清晰的辨别，增强体验与调控，就会大大促进其学习策略的形成与运用。

**（五）应让青少年知道何时使用某一策略**

学习策略多种多样，就是同一信息加工阶段也存在着多种策略，如信息的编码阶段就有复述、精制、组织等策略。一般来说，不同策略适用于不同内容和不同任务情境，只有当学习材料与特定的策略有内在契合性时，策略的使用方才有效。此外，策略使用的条件与范围也是制约正确选择策略的重要因素。在教学策略的同时，也教给策略的使用条件，这种训练十分有效。

# 第三节　学习策略的类别

## 一、复述策略

复述策略是在工作记忆中为了保持信息，运用内部语言在大脑中重现学习材料或刺激，以便将注意力维持在学习材料上的方法。它是短时记忆的信息进入长时记忆的关键。在简单任务的学习中，人们会用到复述策略。从表面看，复述似乎就是反反复复地念、背、记，但实际上复述是一个"识记——自我反馈——自我评价——自我矫正——再次识记"的过程。复述的关键在于不断地反馈和矫正。按一定顺序重复项目的名称，以此帮助记忆，如许多新信息，人名、地名或外语单词等，只有经过多次复述后，才能在短时间内记住。复述策略涉及到的认知过程有选择、维持、获取。

### （一）利用记忆规律

工作记忆的容量有限，要想尽可能多地复述内容，需要了解并合理利用一些基本的记忆规律。

1. 利用随意识记和有意识记。随意识记是指没有预定目的、不需经过努力的识记。这种识记也是有条件的，凡是对人有重大意义的、与人的需要和兴趣密切相关的、给人以强烈情绪反应的或形象生动鲜明的人或事，就容易随意识记。而有意识记则是指有目的、有意识的识记。

2. 排除相互干扰。人们之所以没记住某一信息，有一个重要原因，就是这一信息在识记过程中受到了其他信息的干扰。在进行其他活动之前，一定要花时间在头脑中复述刚刚获得的新信息。一般来说，前后所学的信息之间存在相互干扰。先前所学的信息对后面所学信息的干扰叫做前摄抑制；后面所学的信息对前面所学信息的干扰叫做倒摄抑制。

心理学家还发现，当人学完一系列词汇后，马上进行测验，开始和结尾的几个词一般要比中间的词记得牢。这就是所谓的首位效应和近位效应。因此，要充分利用首尾时间。

3. 抑制和促进。前后所学的信息之间的消极影响称之为抑制。当后面所学的信息干扰了先前所学信息在记忆中的保存，这种现象叫做倒摄抑制。当所学的信息干扰了后面信息的学习时，就出现前摄抑制。前后所学信息之间的影响有些则是积极的。学习某件事常常有助于学习类似的事，这种现象叫做前摄促进。反之，后面所学的信息有助于先前信息的学习，如学习数学有助于过去所学的数学知识如乘法口诀表的记忆，这种现象叫做倒摄促进。在所有遗忘的原因中，倒摄抑制可能是最重要的。这一现象就能解释为什么我们很难记住频繁重复的影像，如上周三晚餐的情景。在安排复述时，学习者要尽量考虑抑制和促进的作用。

4. 整体识记和分段识记。对于篇幅较长、或者较难、或者内在联系不强的材料，适于采用分段识记，即将整篇材料分成若干段，先一段一段地记牢，然后合成整篇识记。对于篇幅短小或者内在联系密切的材料，适于采用整体识记，即整篇阅读，直到记牢为止。

5. 首因和近因效应。教育心理学中最为古老的发现之一就是，当我们学完一系列词汇后马上加以测验，我们记开始和结尾的几个词一般要比记中间的词效果要好得多。人们倾向于记住开始的事情，其原因可能是，由于我们对首先呈现的项目倾注了更多的注意和心理努力，造成了首因效应。在长时记忆中建立新信息时，进行心理复述是很重要的。通常，比较多的心理努力花在首先呈现的项目上。另外，由于在最末了的项目和测验之间几乎不存在其他信息的干扰，造成了近因效应。

根据首因效应和近因效应可知，开始阶段和最后阶段所学的信息比其他信息更易记住。为了利用这一点，教师要精心组织课文，把最重要的新概念放在课文的开头，在最后对它们进行总结。好多教师一上课就检查家庭作业、点名等，这并不科学。最好还是上课一开始就着手基本的概念。同样学习者要把最重要的任务置于学习时间的首尾，不要把首尾时间花在整理材料、削铅笔之类的事上。

6. 多种感官参与。在进行识记时，要学会同时运用多种感官，如用眼睛看、用耳朵听、用嘴巴念以及用手写等。心理学家证明，多种感官的参与能有效地增强记忆。

7. 画线。画线是阅读时常用的一种复述策略。画线是指在学习过程中将比较重要的信息勾画出来，便于理解记忆。因此，区分重要与次要信息就成为画线的关键。学习的过程中，一般采用下面的程序，首先是对新材料进行理解，在理解的过程中，就需要对不熟悉的地方加以解决，如不知道的字词等；在理解的过程中同时需要对一些比较重要的信息进行勾画，有时为了更多地提供思考材料的机会。在画线、注释的过程中可以使用一些常用的简写符号，以提高效率。在教青少年画线时，首先解释在一个段落中什么是重要的，如主题句等等；其次，教青少年谨慎地画线，也许只画一到二个句子；最后，教青少年复习和用自己的话解释这些画线部分。此外，还可教青少年一些圈点批注的方法，与画线策略一起使用。青少年在做笔记时经常使用这种方法，可加强课堂学习效果。

8. 标题目、写提要。标题目、写提要与画线中的摘要不同，它是用自己的语言对材料的中心思想进行简短陈述。它们的目的都在于促进新信息的精细加工和整合，是对材料的中心思想重新进行心理加工，写提要的过程中要尽可能用自己的话对学习材料进行组织。

### （二）自动化

并非每一件事都要求青少年有意识地注意，我们的大脑就没有特意注意我们的心跳和呼吸。刚开始学写字时，不得不有意识地决定怎样一笔一画写出字来，但是随着我们的经验越来越丰富，在写字的动作上所花的注意力就相当少了。随着学得越来越好，任务所要求的注意力就相当少，这样一个过程就称之为自动化。需要高度思维的任务，如果已被学得非常透彻，同样也不需要许多注意就能进行。自动化是非常重要的，它能把一些诸如写字、计算等低水平的知识技能，变成我们的第二天性，以便腾出我们的工作记忆去完成更复杂的任务。布卢姆在研究了自动化在优秀画家、数学家、运动员等精英人物的活动中的作用之后，把自动化称之为"天才的手脚"。自动化主要是通过操练和练习而获得的。

### （三）亲自参与

在学习完成各种任务时，让青少年亲自参与这些任务，要比让青少年只是看说明书或者老师完成这一任务学得多。例如，如果让青少年有机会亲自画立体几何图，要比只让他们看老师画，所学得的东西要多得多。

此外，在多方面灵活运用所学的内容，也是一种有效的复习方法。这包含两种含义，一种指运用多种感官的学习如用视觉阅读、用听觉听讲、再加口语练习与书写的动作等。如特瑞奇勒对人的感觉与学习、记忆之间的关系进行了研究，结果表明，学习 1% 通过味觉，1.5% 通过触觉，3.5% 通过嗅觉，11% 通过听觉，83% 通过视觉。而且，人一般可记住自己阅读的 10%，自己听到的 20%，自己看到的 30%，自己看到和听到的 50%，交谈时自己所说的 70%。这说明多种感官的参与，能有效地增强记忆。另一种是指复习情境的变化，如将所学的书本知识再用实验证明、写成报告、作出总结、在谈话中使用以及向别人讲解等，这在学习上都更有成效。

### （四）情境相似性和情绪生理状态相似性

俗话说"触景生情"、"睹物思人"在一定的情境下，人能联想起在这一情境下所发生过的事。故地重游时，能回想出许多上次来游玩的情节。这说明情境的相似有助于回忆。如果测验场合与学习场合相同，回忆成绩比较好。同样的，当背景音乐的节奏在识记和回忆时保持一致时，人们在记忆任务中会表现得更好。情绪状态相似性和情境相似性一样也大大影响了记忆。我们的情绪兴奋时，能回想出许多愉快的事，心境不佳时能回想出许多不愉快的事。此外，有一种与此有关的现象叫做依存于状态的学习。人们发现，如果能够回复到与自己学习某种知识时同样的情绪或生理状态，就易于回忆起这种知识。例如常常听到这样的说法：深醉了的人在清醒后不记得自己喝醉时把酒瓶藏在何处，而当他喝醉时则记不得自己清醒时把钱藏在什么地方。由此看来，在考前猛吃蜂王浆之类的滋补品是否就一定有益呢？这是一个耐人寻味的问题。

环境相似性和情绪生理状态相似性对记忆的影响能给复习以启示。我们不妨考虑分别在不同的情境、不同的情绪、不同的生理状态下进行复习，以求回忆时（如考试）的情境与情绪或生理状态和复习时的情境与情绪、生理状态相似的可能性更大。因为，回忆时的情境与状态你是无法预料的。假如，你在晴天、阴天、下雨天都复习过；在每个教室、图书馆、实验室都复习过；在清醒、乏困、感冒、紧张状态下都复习过，那么，就能保证考试时的情境和状态与复习时的情境和状态相似的概率大一些。例如，刚好考前由于紧张复习，几天未睡好觉，晕晕乎乎的，又连下几天雨，好几个监考员走来走去，令你紧张不安。尽管如此，你仍能获得一定的相似性，有比较好的回忆。

### （五）心向、态度和兴趣

心理态度、兴趣，也是影响记忆的一个重要因素。感兴趣的事或持积极态度的事，我们记得牢一些；不感兴趣的事或持消极态度的事，我们记得就差一些。这个因素在政治的认识或信仰上所起的作用，尤其明显。与其信仰相同的观念或事实，则容易吸收，并有助于记忆；否则倾向于排斥，容易遗忘。这称之为选择性的保留和遗忘。在教学时，一方面教材的意义必须适合青少年的态度和兴趣，另一方面，青少年的态度和兴趣并不是先天固定的，教师可以设法引导，教师有说服力使青少年形成建设性的态度和兴趣，使他们容易记住和保留所学的知识。我们要设法改变自己的态度和兴趣，以适于对知识的学习和记忆。

在学习中，这些复述策略只能发挥有限的作用，它们能影响信息加工系统对信息的注意和编码，但是却不能帮助你在这些信息和你已经知道的信息之间构成联系。这就是为什么复述策略在长时记忆中一般无效，复述策略往往要配以其他一些能有助于学习者织织整合长时记忆信息的学习策略。这些策略就是精细加工和组织。

### （六）复述的方法选用

1. 注意克服记忆效应。这里所指的记忆效应主要有两种。一是复述过程中不同材料的干扰。这种干扰既有先前学习的材料对后面要复述的材料的干扰，也有后面复述的材料对先前学习的材料的干扰。这就要求复述过的材料在头脑中应该尽量保持清晰的印象。二是首因效应和近因效应，这是指复习刚开始时的材料和最后复习的材料容易记得牢。这就要求对中段的内容要加以特别的注意，或者将特别难以记忆的内容放在开始或者结尾的时候进行复述。

2. 运用多种感官协同记忆。运用多种感官协同记忆，可在大脑中留下多方面的回忆线索，从而提高记忆效果，例如边听边看、边说边写、边听边做、边想边动手等。

3. 多种形式复习。不同的复习形式会使复习更加持久专心，不单调，有利于多角度地理解知识。例如，复习英语生词时，可朗读、抄写、默写、看中文回忆英文或相反、用单词造句、同学间互问互答等多种方式。

### 二、精细加工策略

精细加工策略是指学习者将新学材料与头脑中已有知识联系起来从而增加新信息的意义的深层加工策略。精细加工策略是一种在机械学习和简单知识学习中，在脑中想象所学材料的样子，或利用记忆术通过联想人为地为学习材料附加意义，将新的学习材料的潜在意义揭示出来，或对学习材料本身的意义和衍生的意义做更详细的阐述。如果一个新信息与其他信息联系的越多，能回忆出该信息的原貌的途径就越多，回忆就越容易。精加工策略是一种扩充的策略。因此，它是一种理解性的记忆策略，和复述策略结合使用，可以显著提高记忆效果。下面就是一些常用的精细加工策略：

## （一）记忆术

对于一般的学习，记忆术是一种有用的精细加工技术，它能在新材料和视觉想象或语义知识之间建立联系。把那些枯燥无味但又必须记住的信息"牵强附会"地和头脑中的鲜明奇特的形象（视觉表象）相结合，使记忆过程变得生动有趣，从而提高学习记忆的效果。通过给识记材料安排一定的联系以帮助记忆，并提高记忆效果的方法。记忆术的基础或者是利用视觉表象，或者是寻找语义之间的联系。想象的形象越鲜明越具体越好，形象越夸张越奇特越好，形象之间的逻辑联系越紧密越好。在记忆名词、种类、系列或项目组等信息时，记忆术非常有用。比较流行的一些记忆术有位置记忆法、首字联词法、视觉联想法和关键词法。

1. 位置记忆法。使用位置记忆法，就是学习者在头脑中创建一幅熟悉的场景，在这个场景中确定一条明确的路线，在这条路线上确定一些特定的点，然后将所要记的项目全都视觉化，并按顺序和这条路线上的各个点联系起来。回忆时，按这条路线上的各个点提取所记的项目。位置记忆法是一种传统的记忆术，这种技术在古代不用讲稿的讲演中曾被广泛使用，而且沿用至今。

2. 首字联词法。首字连词法是利用每个词语的第一个字形成缩写，或者用一系列词描述某个过程的每个步骤，然后将这一系列词提取首字作为记忆的支撑点。在这种策略的应用中要注意，当需要记忆的是操作程序时需要按顺序记住材料，一般情况下可根据记忆的内容和方便来决定首字如何组合以形成记忆和提取的线索。《辛丑条约》的内容可用"钱禁兵馆"（谐音"前进宾馆"）帮助记忆：①要清政府赔款（钱）；②要清政府保证禁止人民反抗（禁）；③容许外国在中国驻兵（兵）；④划分租界，建领事馆（馆）。

3. 缩简和编歌诀。缩简就是将识记材料的每条内容简化成一个关键性的字，然后变成自己所熟悉的事物，从而将材料与过去经验联系起来。歌诀韵律和谐，抑扬顿挫，非常有助于记忆。例如，周恩来总理对我国省份编制的歌谣。又如，《二十四节气歌》：春雨惊春清谷天，夏满芒夏暑相连，秋处露秋寒霜降，冬雪雪冬小大寒。在缩简材料编成歌诀时，最好靠自己动脑筋，自己创造的东西印象深刻。歌诀力求精练准确，富有韵律。当然，也可以利用现成的歌诀，但也要仔细分析，弄清歌诀的真实含义，把它变成自己的东西。

4. 谐音语义联想法。学习一种新材料时通过谐音线索，运用视觉表象，运用联想，假借意义，对记忆亦很有帮助。联想可有助于学习记忆。通过联想，将新材料与头脑中的旧知识联系在一起，赋予新材料以更多的意义。联想好比鱼钩，可以将像水中的鱼一样的新知识，用钩子钓起来，挂在一起，就可以在青少年的记忆系统中，保留不忘。确实很有道理。利用视觉表象和语义联想去记住一系列材料，找出新旧材料之间的内在逻辑联系。

有这样一个有趣的故事，据说有一个私塾先生，每天让青少年背诵圆周率（$\pi = 3.1415926535897932384626\cdots$），自己却到山上寺庙里与一和尚饮酒。青少年们总背不会，一天，有一青少年编了一顺口溜，青少年们很快就背会了。结果使先生大吃一惊，这个顺口溜是："山巅一寺一壶酒，尔乐苦煞吾，把酒吃，酒杀尔，杀不死，乐尔乐。"在这里，青少年将无意义的数字系列赋以意义，并且化作视觉表象，把有意义的信息或视觉表象当作"衣钩"来"挂住"所要记住的数字。化学学习中，金属元素的活动顺序是钾、钙、钠、镁、铝、锌、铁、锡、铅、铜、汞、银、铂、金，有人把它们编成"加个那美丽新的锡铅，统共一百斤"。运用这一方法时应注意，关键的谐音词只起"检索"的作用，它不能代替对知识本身的精确感知，应该在谐音和需要学习的材料之间进行有效的转换。例如，记外语单词时，不能把谐音当做准确的读音，它只是帮助我们在准确发音及其所表达的中文意义之间建立的一种人为联系。

5. 关键词法。关键词法就是将新词或概念与相似的声音线索词，通过视觉表象联系起来。这种方法在教外语词汇时非常有用。现在有研究表明，这种记忆术也同样适用于其他信息的学习，如省首府名、阅读理解、地理信息等。当然，值得一提的是这些实验都是在人工的实验条件下做的，学习材料特别适用这些策略，在实际课堂中的应用效果说法不一。

6. 视觉想象。许多有力的记忆术的基础都是通过形成心理想象来帮助人们对联想的记忆。心理想象是一种非常有效的记忆辅助手段，其他如关键词法、限定词法都利用了视觉表象。联想时，想象越奇特而又合理，记忆就越牢。比如可以使用夸张、动态、奇异的手段进行联想。有一种用想象来增强记忆的古老方法，就是创造一个故事，将所有要记的信息编在一起。

7. 加注释。注释是对学习材料中的事实、观点、结论等做解释或阐述自己的看法、发表自己的感想。注释反映了青少年由学习材料的书面意义所产生的联想和推论，这是一种积极、主动的过程，是学习者根据自己的理解生成新意义的过程。

8. 用自己的话来解释。青少年学习知识特别是学习文学类知识时，往往要对文学描写中的空白处加以自己的想象，想象的内容填充了文中的空白，使其更加丰富和生动。例如，青少年学习唐诗时，为更好地理解唐诗，他们会加上很多自己想象出的意象性的内容。

9. 自我提问。无疑，问题是信息深度加工的先导。当青少年学习某一知识时能够主动地发问，如"这句话的意思是……"、"这个词在这里的意思是……"，这说明他们能够深入地思考，因为问题往往能够带来认知结构质的改变。

10. 比较。即找出知识之间的相同点和不同点，这样能够产生很多新的知识分支并且有助于对知识的理解。

## （二）灵活处理信息

精细加工，除了采用记忆术之外，很重要的还要采用一些方法主动对信息进行加工。例如寻找信息之间的意义，主动应用。

1. 主动应用。我们学习的好多信息，往往只能适用于限定的、常常是人为的环境之中，如果不在实际中应用，就成了惰性知识，难以发挥功效。因此，我们不仅要记住某个信息，而且要知道如何以及何时使用所拥有的信息。青少年在学习信息时，教师不仅要帮助青少年理解这些信息的意义，而且要帮助青少年感觉到这些信息有用，能把这些信息和其他信息联系起来，并在课堂以外的环境中应用它们。

2. 利用背景知识。精细加工强调在新学信息和已有知识之间建立联系，对于某一事物，你到底能学会多少，最重要的一个决定因素就是你对这一方面的事物已经知道多少。但是，青少年往往不会使用他们先前的知识来帮助学习新的材料。教师一定要把新的学习和青少年已有的背景知识联系起来。利用背景知识，联系实际。

精细加工强调在新学信息和已有知识之间建立联系，背景知识的多少在学习中是非常重要的。对于某一事物，我们到底能学会多少，最重要的一个决定性因素就是我们对这一方面的事物已经知道多少。教师一定要把新的学习和青少年已有的背景知识联系起来，帮助他们感觉到这些信息有用。如，地理与历史内容的学习可以相互贯通，数学知识在物理中的应用等。

3. 做笔记。做笔记是阅读和听讲时常用的一种精细加工策略。教师能促进青少年做笔记和复习笔记。俗话说好记性不如烂笔头。记笔记不仅可以有效地控制自己的认知加工过程，还有助于概括新的知识和建立新旧知识之间的联系。研究发现，记笔记的主要作用包括：①保持学习者的注意和兴趣。

②有效地组织材料。记笔记时，笔记本上不要写得密密麻麻的，不妨在笔记本的右边留出一点空地，以便补充其他相关信息。这一策略对于学校的正规课程学习极为有利，因而受到广泛重视。

第一步：听课前的准备工作，准备一个活页式的笔记本，笔记本要稍微大一点儿以便有足够的空间做记录和画图表。每一页上要有分类标志、编号和日期。如果可能最好做单面记录，这样便于拆分和归类。记笔记前，先将每一页分成两栏，比较宽的一栏为主栏，记录听课的内容，较窄的一栏为回忆栏，用关键词和短语将主栏的内容恰当概括，记录在回忆栏。听课前，花几分钟复习前面的笔记，以便与新讲的内容建立联系。

第二步：听课中做笔记，尽量抓住重要观点，尽可能记下有意义的概念和要点，这比记下详细例子更重要。记录中可以使用一些缩写和自己明白的符号代码。

第三步：听课后整理，听课后尽早（最好不要拖延至第二天）整理笔记。首先通读笔记，修改潦草字迹使它更清楚，填补听课时有意留下的、来不及记录的空白，找出主要观点并标示出来。然后，在回忆栏写下关键词或短语，用自己的话归纳出关键词，实际上是在头脑中对听课内容的组织和建构。

5R 即指由 5 个 "R" 字母开头的术语：①记录，在听讲或阅读过程中，在主栏内尽量多记有意义的概念、论据等。②简化，随后（或课后）将主栏中内容恰当概括，并简明扼要地写进辅栏（回忆栏）。③背诵，即遮住主栏内容，以回忆栏中的内容为线索，叙述课堂上（或阅读中）学习过的东西（不要求机械地叙述，而是在充分理解的基础上用自己的话叙述）。叙述过后，再打开主栏，核实所述之正误。④反省，即把自己听课或阅读时的想法、意见等，写在卡片或笔记本的某一单独部分（与课堂记录内容分开），并加上标题和索引，编制成提纲、摘要，分成类别群。⑤复习，每周花一定时间快速浏览笔记，主要看回忆栏。

4. 提问。提问最有助于青少年在理解基础上记忆。无论阅读还是听讲，青少年要经常评估自己的理解状况，思考一些问题。基本上，训练青少年在活动中自己和自己谈话，自己问自己或彼此之间相互间老师要问的问题，结果表明，青少年能在解数学题、拼写、创作和许多其他课题中成功地教会自我谈话。

以上所述都是一些基本的精细加工策略，对于比较复杂的课文学习，精细加工策略有说出大意、总结、建立类比、用自己的话做笔记、解释、提问以及回答问题等。总之，和逐字逐句学习的青少年相比，那些能在学习时进行精细加工的青少年一般能更好地理解信息。因此学习时要让青少年使用一些精细加工策略。

对新知识能掌握多少，很大程度上取决于你对与它有关的已有知识知道多少。背景知识在学习中的作用通常表现在两个方面：一是它能够帮助学习者理解新材料；二是它可以作为新材料记忆保持的拐杖，新的学习材料是在已有背景知识之上的扩展和深化。要充分利用背景知识，需要注意以下几个方面。

一是树立有意义学习的心向，即应该是在对新材料理解的基础上进行学习，而不是机械记忆式地学习。

二是建立类比。类比有异同两种方式的比较，而且用来进行类比的事物应该是青少年熟悉的、可以接受的。比如，初学负数时也可以用生活中的经验来进行类比，一个人一分钱都没有肯定穷，但如果另外一个人不仅身无分文，反而还欠别人很多钱，那么这个人就比刚才那个人更穷，他所拥有的钱财就不是没有，而是负数了。

三是利用先行组织者。先行组织者是新材料学习之前所温习的、与新材料有关的已有的背景知识，它通常是教师在讲授新课之前所呈现出来的、用来同化新知识的熟悉的认知框架，它能有效地组织青少年理解和记忆新知识。例如，在讲语文课的某一篇记叙文时，先回忆类似的叙述文体，接着介绍该类文章的常见框架，然后再让青少年自己根据框架浓缩关键信息，并加以组织。这样，不仅能加深青少年的理解和记忆，还会大大提高青少年的阅读能力。

### 三、组织策略

组织策略是指整合所学新知识之间、新旧知识之间的内在联系，形成新的知识结构的策略。组织策略也是一种生成策略。知识的条理、层次等组织特性是认知结构清晰性的重要指标，也是判断青少年学习成效的重要指标。对知识进行组织是学习记忆新信息的重要手段。一方面，组织是把信息组合成具有一定意义的整体，而有意义的内容通常是比较容易记住的。另一方面，组织是把学习材料分解成一些较小的单元，再把这些单元归在适当的类别之中，这样，每项信息就都能够同其他信息联系在一起进行记忆，这将大大有助于信息的提取。这些技术能帮助青少年分析课的结构，从而使他们更好地理解课的材料。

组织策略是改变认知结构的一种方法。组织策略对认知结构的改变主要体现在对知识的简化、系统化和综合化上。知识的简化是将知识的具体阐述部分删除，保留知识的主干部分。知识的系统化是找到知识之间的相互联系，使之成为整体，如对要记忆的英语单词进行归类，再如对一学期所学的内容进行整理、形成复习提纲等。知识的综合化是将新学的知识与已有的知识结合起来，形成一个更大的知识链和知识网。形成概念或原理体系。即与已有的相关经验联系起来寻找它们之间的关系，如将学过的生字词加以分类后按一定的层次排列。这是一种综合性的组织方式，具体的形式有树状的概念图、概念地图等。

总之，组织使记忆量大大减少，从而大大减少了识记与回忆的沉重负担。

### （一）归 类

归类是把材料分成小单元，再把这些单元归到适当的类别里。分类的方法能使知识更具逻辑性，也更便于理解和记忆。例如，要外出购买的东西很多：盐、葡萄、蒜、苹果、胡萝卜、桔子、胡椒、豌豆、辣椒粉、姜，可以将它们归在"水果"、"蔬菜"和"作料"的概念下，再分门别类地记忆。某一领域的专家的特征之一，就是在他们的长时记忆中拥有一个组织良好的、金字塔结构式的知识体。在记忆大量信息时，他们会迅速地识别和处理，将它们归成不同的"组块"，安插在自己的知识体里。在需要这些信息时，他们又会用各类别的标题作为提取的线索，从而很快地找到信息。

### （二）提纲挈领

列提纲是以简要的语词写下主要和次要的观点，也就是以金字塔的形式呈现材料的要点。每一具体的细节都包含在高一水平的类别中。所列出的提纲要具有概括性和条理性，但其效果取决于学习者是如何使用它的。一个有效的方法是让青少年每读完一段后用一句话作概括；另外一种方法是让青少年准备一个提要来帮助别人作为学习材料，其部分原因是这种活动使得学习者不得不认真考虑什么重要、什么不重要。使用主题纲要法可分为四个步骤：①学习教材，判断教材学习的主要目标，理解基本思想；②勾画或摘录出要点；③考虑信息之间的关系，可用数字表达它们之间的层次结构；④记住提纲，使用提纲解答问题。"举一纲而万目张"。青少年学习教材的根本任务是抓住教材的中心思想和支持中心思想的重要细节，以及它们之间的联系。纲要策略不仅能够减轻短时记忆的负担，有助于阅读和记忆，而且还有助于提高创造性解决问题的能力。

### （三）利用图形

图形是用来图解各种知识是如何联系的。具体做法是先提炼出主要知识点，然后识别这些知识点之间的关系，再用适当的解释来标明这些知识点的联系。图形比提纲更简明、形象，更能体现上下层次之间的各种复杂关系。

主要图解法有以下几种：

1. 系统结构图。青少年对学习材料进行归类整理，将主要信息归成不同水平或不同部分，然后形成一个系统结构图。复杂的信息一旦被整理成一个金字塔式的层次结构，就容易理解和记忆了。在金字塔结构里，较具体的概念要放在较抽象概念之下。这种结构对青少年的理解特别有帮助。在教复杂概念时，教师不仅要有序地组织材料，而且，重要的是要使青少年清楚这个组织性的框架。教师要不时地回顾这个框架，并且要标明从一部分向另一部分的过渡。如"合金是两种以上金属的结合"。

2. 流程图。它着重说明某个过程之间的要素是如何联系的。它具有方向性和时间顺序，易于表达程序性知识的结构。流程图可用来表现步骤、事件和阶段的顺序。流程图一般是从左向右展开，用箭头连接各步。

3. 模式或模型图。模式图就是利用图解的方式来说明在某个过程中各要素之间是如何相互联系的。模型示意图是用简图表示事物的位置（静态关系），以及各部分的操作过程（动态关系）。

4. 概念关系图又称网络关系图。概念关系图它是由结点（观点）和连线（观点之间的关系）组成。结点的排列分层似金字塔，而连线具有不同的性质，来表达不同性质的关系，能图解各种观点是如何相互联系的。建构概念关系图的过程是一个把自己头脑中的知识外显化的过程，它需要遵循一定的步骤：①首先选择核心概念（一般上位的概念列在最上面）。②然后找出次要的观点或支持主要观点的部分。③将次要的观点和主要的观点联系起来，并标明文字说明。④反思。熟练做某一种或几种概念关系图后，也就不拘泥于一种形式，可以采用综合的模型。不仅如此，对于程序性知识的学习采用流程图的形式，对于复杂的信息，采用各种形式的表格都可以对信息起到组织的作用。有利于形成信息的视觉化，能促进对信息的记忆和理解。

### （四）形成表格

即将用语言文字表征的知识转换为表象表征的方式，这种方式比较形象地从各个维度表征了所学的知识。如用表格的形式记录历史事件和年代，用表格的形式记录各种概念或公式等。

1. 一览表。对材料进行全面的综合分析后，抽取主要信息，并从某一角度出发，将这些信息全部陈列出来，力求反映材料的整体面貌。例如，学习中国历史时，可以时间为轴，将朝代、主要历史人物、历史事件全部展现出来，制成一幅中国历史发展一览图。

2. 双向表。双向图是从纵横两个维度罗列材料中的主要信息。层次结构图和流程图都可以演变成双向表。

### （五）运用理论模型

对于复杂的课题，可以采用图解的方式来说明某个过程之间的要素是如何相互联系的，建立相符的理论模型。比如，前面所讲的学习的信息加工过程，就是一个经典的理论模型的例子，运用这种模型可组织和整合信息。当某一课中含有模型时，青少年不仅学得好，而且能运用他们的学习去创造性地解决问题。

实际上，青少年在学校中所学的绝大多数材料，常常会提供一些组织的线索，都可以让青少年在某种认知结构内吸收新知识，使其有意义，从而加深青少年对它的领会，增强记忆。多年来，人们一直建议这样一种基本的阅读技巧：要组织材料，可以先扫描一下章、节、小节的标题。青少年要学会使用这些线索。

上面讲了三种认知策略，教师要教会青少年分析他们所使用的认知策略，考虑在什么情况下使用复述策略、精细加工策略和组织策略。

### 四、预习策略

预习是整个学习过程的启动环节，也是一个很重要的环节，它对做好学习新知识的准备，对巩固和强化已知的知识，对培养自学能力等都有重要作用。要提高课堂学习效率，必须做好预习。

### （一）预习的好处

1. 可以提高学习效率。即提高吸收新知识的效率，保证上课的学习质量。预习可以先了解学习内容，尤其是学习的要点、难点、疑点，犹如战前的火力侦察，使听课攻坚目标明确，注意力更集中，摆脱盲目性，增强针对性。同时能跟上教师讲课的节奏，积极思考，对预习中已理解的加深理解；未理解的豁然理解；理解错的加以纠正。使认知循环上升到第二层，从而得到丰富、发展与加深。

2. 预习还可以使课堂笔记记得更好。明确哪些该记，哪些应从略；哪些要详记，哪些可从简。预习更有利于复习巩固。事先思考过，课内记得易、多而牢，理解得深而全，可明显节省复习与作业的时间。

3. 可以培养自学能力。预习是首先独立地接触新知识，是自学的演习。坚持预习不但能使整个从学过程主动、效率高，而且可以培养自学意识、能力和习惯，是提高自学能力的最佳方法之一。预习须经过独立思考，这种思考常常带有开拓创新性，对提高独立思考能力很有利。

4. 可以改变学习的被动状态。预习赢得了时间，节省了精力。不预习，被动式听课，听课如"听天书"、"坐飞机"，上课效率低，复习费时，作业疲于奔命，造成恶性循环，愈加被动。改变这种状况的办法只有"笨鸟先飞"，再逐步变为巧飞、高飞。

**（二）预习的分类**

1. 课程预习。课程预习是指对新课程的预习。一般可用跳读法快速浏览一下新课的教材。首先看全书的前言和绪论，了解本学科研究的对象、意义和方法。然后浏览一下目录，了解全书有多少章，都是些什么内容，彼此有何联系。接着，快速翻阅全书，对课程的内容和结构体系有个概括的了解，确定自己的学习目标和方法。

2. 阶段预习。阶段预习是指一章或一个单元的预习，一般可通读或粗读全章内容，划出要点，并根据初步印象，浏览一下作业和复习思考题，确定阶段学习计划。

3. 课前预习。课前预习就是学习者在上课前对学习的内容进行初步自学。通过浏览和熟悉教材，初步了解学习内容的范围、要点、疑点和难点，以便自己在课堂上能够主动学习，切实提高上课的学习效果。要求每次课前学习内容的预习，比前两种预习要详细些。课前预习是一种直接影响上课效果的预习，一般应做到以下几点：首先，初步通读教材，了解新课要讲哪些新知识、基本内容、背景和思路是什么，新知识是怎样引入的，主要解决什么问题等。其次，扫除障碍。利用工具书，扫除拦路虎。还要看看需用的旧知识是否掌握，有无遗忘，如遗忘，要复习一下；应知而不知的要补一补。同时，把将要学习的新知识与有关的旧知识联系起来，温故而知新。最后，设疑思考。提出问题，初步探索解答。还要抓住学习要点，明确疑点，抓住难点，确定听课重点。

课前预习，要防止过粗和过细两种倾向。过粗，收不到预习效果；过细，花的时间过多，听课无收获，反而会降低听课的积极性。

**（三）预习的程序**

1. 总预习。总预习是指一门课程在开讲之前，大略翻阅一下教材的目录、各章节的主要内容，熟知一下该门课程内容上的主要特点。

2. 阶段预习。阶段预习是指一门课程几个大的阶段前的预习，对这个阶段中所要讲授的几个章节内容再预习一遍。

3. 课前预习。课前预习是指对下一堂课所要讲授的内容进行较为详细的预习。从严格的学习程序上来说，遵循预习的这三个程序，最少也要做到课前预习。

### （四）预习的方法

1. 概览预习法。主要是对应该预习的内容做粗略、概括的了解。先留心读一读教材前言或绪论部分，了解一门课程的主要内容、知识结构顺序、学习目的、意义等等。然后看一下章节目录、标题。接着还可以粗读一下教材，头脑中先有一个对教材内容总的印象。

2. 提炼概括预习法。每章、每节、每段阅读后，提炼出每章、每节、每段的中心思想和段落大意，抓住每一段、每一节的关键词语、重点论述和基本原理。

3. 消除障碍预习法。预习的每一章节内容中总会遇到一些不懂的词语、典故、生字等障碍，这些是理解教材的观点和内容的"拦路虎"。在预习中可以通过查阅工具书等方式提前消灭，有助于对应掌握的观点和内容的理解。

4. 质疑预习法。在预习中有意识地发现不易理解的疑难问题，善于从不同角度提出各种各样的问题，并试图回答这些问题。无论能否回答，都要带着这些问题自觉主动地去听课。

5. 思考题预习法。一般教材在每章节后总要布置一些思考题目。预习时，可以根据这些思考题目看自己能否回答，来检验自己的预习成果。

6. 参考书预习法。预习主要以教材为主，但也可以参阅参考书。参考书有两类：一类是不同版本的同一教材。预习时可以把指定教材和参考教材比较对照，找出疑难问题，从而加深对基本观点、内容的理解。另一类是与教材内容有密切联系的专题研究、专著。把教材同这类参考书结合起来，有助于将对观点、原理的理解进一步引向深入。

### 五、上课策略

上课是青少年获取知识的最主要来源和基本途径。通过上课接受知识是在校学习的基本特点。

### （一）上课听讲策略

1. 调动各种器官。上课有时也称为听课，实际上眼、耳、鼻、舌、身全都参与，手脑并用，看、听、想、记、做、说结合。不同课程，着重使用的器官不同。由于课上教师传授教学信息的载体主要是语言，因此青少年上课一般以听为主，看、记、想、做等都不可误了听。但是，不能只听，用多种器官协同捕捉信息比用单一器官的效果要好。上课既要善于集中注意力，又要善于分配注意力，要边听边看边想边记。听要听准、听全、听清；同时要看教师的手势、表情、板书演示，以及模型、挂图、幻灯、录像等感性材料；在头脑中及时加工整理，使其形象化，向理性飞跃，紧跟教师思路，展开联想，积极思考；动用记忆力，尽量记住应记的内容，还要记好笔记。总之，要做到眼到、耳到、心到、手到。

2. 抓住重点。重点多在开场白、反复讲解处和结束语的提示或暗示中。开场白多是承上启下，说明讲授新知识的来龙去脉、内容提要和方法，所以很重要，绝对不能因迟到而听不到。要尽快进入角色，听好开场白。反复讲解的，多是重点和难点，更要听好记好。结束语往往是小结、概括和要求，不要因快下课而忽略。

3. 紧跟教师思路。上课听讲，主要是听讲授的思路。思路就是思考问题的轨迹，一般思路包括提出问题、分析问题和解决问题三个环节。好的讲课总是一环扣一环，上一环没听好就会影响下一环听讲。青少年听课，要全神贯注，紧跟老师思路，既不能太滞后，也不可太超前。上课主要是接受、借鉴老师的思路，如果自己有新发现，应记下，留待课后独立思考，既不要贻误理解老师的思路，也不要抛弃突发奇想。

上课时切勿走神儿，走神儿就会造成听讲思维断层，破坏师生思维的同步。听课有时会出现思维障碍，此时要暂时把问题记下，跳过这个障碍，继续听下去。这样，就可抓住讲授主线，不出现大的遗漏。能紧跟讲授思路，保持听课思路清晰，就能形成良好的听讲心境，提高听课效率。"用神听之，听之骨髓；用心听之，听之肌肉；用耳听之，听之皮肤。听之不深，知之不深也。"这就要求学习者在课堂学习中一定要有正确方法。

**（二）正确的听课方法策略**

1. 导思路听课法。教师在课堂上要讲授许多观点和内容，但这些观点和内容不是毫无内在联系的罗列出来，而是遵循一定的逻辑联系一个接一个、一步跟一步、一层又一层地展示出来。同时，每次课开始时，总要由上一次课的内容导入本次课的内容，教师在讲授过程中还要不断提出带有启发性的问题。作为听课的青少年，不仅要听教师讲授哪些观点和内容，更重要的是要跟随老师所引导的思路切入本课内容中，揭示这些观点和内容之间的内在逻辑联系，同时还要随着教师提出的问题积极主动地思考，也就是说，听课者的思维进程一定要努力跟上教师的思维进程。

2. 对比听课法。这种方法主要是在进行认真预习基础上所采取的听课方法。由于在预习中学习者只是初步弄清楚了一些问题，同时还带有许多问题。

听课者首先就要把自己在预习中自认为弄清楚的问题同老师的讲解加以对照，以便加深对这些问题的解释。同时发现自己理解中的不足或缺陷。其次，要有意识地带着预习中遇到的不懂不清楚的问题认真听一听教师对这些问题的讲解。这种听课方法目的明确、针对性强，听课效果更为突出明显。

3. 抓精华听课法。教师在一个单元的内容讲授中包括许多内容和观点。有些内容和思路是一般教材和大多数教师的普遍讲法；有些则是授课教师独到的或创新性的见解。听课者在抓住教师对基本概念、基本观点这些重点内容的普遍性见解讲授的同时，更要抓住教师独到的或创新性的见解。往往后者是课堂讲授中最精华的内容，对听课者来说也是最受启发的地方。作为听课者来说，就要学会和善于抓住这些精华和最受启发的内容。

4. 质疑听课法。学习者在预习中需要提问题，听课中也要善于提问题。一是因为教师在课堂上讲授的有些观点和内容对多数青少年来说，已经很清楚了。但由于每个听课者的基础不同、理解能力不同、预习的程度不同等等，总有少数听课者没有完全听懂。这些听课者应该把不清楚的问题记下来，课后通过与老师或同学交谈真正弄明白这些问题。二是因为课堂时间有限，有些问题特别是一些非重点问题教师没有展开讲授，听课者如果能够发现这些问题，提出来课后向教师请教，也非常有助于学习的深入和思维能力的提高。三是教师讲的观点和认识也并不是百分之百正确，听课者也不应该完全盲从教师。如果发现教师讲课中的一些问题，或对一些认识有不同看法，听课者都应该记录下来，课后与老师交流。这样做不仅对自身的学习和能力的提高有极大的帮助，而且也会促进教师水平和能力的提高。

5. 记笔记听课法。课堂笔记是构建知识结构的预制件和原材料，也是课堂学习的备忘录和里程碑。即使有教科书，也不能代替课堂笔记。

课堂记笔记是听课的一种非常重要的方法，也是当前绝大多数听课者习惯运用的一种方法。但是记好笔记却不是每一个听课者都能真正做到的。听课笔记中不仅要记录教师板书的内容，更要记录教师在讲解中阐发的重点内容、观点、关键词语，特别是对自己启发最大的最精华的内容。课堂笔记一般是为自己今后复习所用，因此笔记中可采用多种自己习惯运用的符号。不一定要求规范，只要自己能看懂就行。同时最好边上留下一些空白，以便复习时对笔记进行整理。

在整理笔记时，千万不要光顾着浏览，在浏览的同时，一定要检查写的内容是否正确。若有笔误、不明确之处，设法加以改正、清理或在上课时提问。整理笔记要及时，把确实无用的内容删掉，同时将速记部分誊写清楚，以免将来不易辨认。还要整理出重点和次重点以方便阅读和复习。

### 六、练习作业策略

作业练习是学习过程中的一个重要环节。它是运用上课所学知识，独立分析和解决问题，是适用理论推导、运算、制图、表达等技能的手段。

作业练习的基本功能在于将知识转化为技能技巧，由获得知识进而运用知识，锻炼分析问题和解决问题的能力。作业训练的技能技巧是多方面的，包括思维、理论推导、制图、列表、运算、读写、表达、操作等等。

作业的功能还在于训练科学素养或艺术素养，作业要准确、规范、工整、洁净、美观清晰、讲究格式等。只有在规范上严格要求，才能防止"马大哈"，降低差错率，培养出严谨的学习态度。要把作业看作是考试的预演，做到作业同考试一个样。平时作业一丝不苟，考试就不用惊慌发愁。

作业也是培养青少年责任心的一个重要手段，又是对上课、复习效果的检查，并可为小结积累资料。

练习作业的策略主要有：①准备。准备包括物质准备和精神准备。物质准备有笔、纸及其他工具，没准备好，做题时必然忙乱，耽误时间，浪费精力；精神准备就是上好课，搞好复习，理清概念原理且能记熟。否则心中不明白，笔下也糊涂。知识没有掌握，便不能转化成技能技巧。②审题。就是弄清题意。首先是搞清楚已知条件和求解项目，条件不够怎么"架桥"其次，就是探索解题思路，联想学过的理论和方法，哪些可用，如何用，确定解题方法和步骤。解法要力求简捷合理。③做题。按解题思路条理清楚地表达出来，做到概念明确、合乎逻辑，数据准确、表述规范。④检查。即检查有无谬误，方法有三：逐步检查法、重做检查法和验算检查法。⑤改错。常见错误有审题失误、思考不周、概念混淆、计算粗心、表达不准以及笔误疏漏等。⑥联想。即寻求一解多思，一题多解，培养求异思维能力；探求解题规律，以求解一会十，解一顶百。

### 七、复习策略

#### （一）课后复习

1. 及时复习法。根据遗忘规律，与知识接触的时间间隔越长，越容易遗忘。因此，学习者在课堂学习之后，一定要趁热打铁，尽量缩短与课堂学习间隔的时间，及时进行复习，减缓遗忘的速度。

学习后在最初的很短时间里就会出现大量的遗忘。如果过了很长时间，直等到考试前才复习，就几乎等于重新学习了。所以根据这一规律，复习最好要及时进行。复习的黄金两分钟是指学习后十分钟就进行复习，只用两分钟复习就能取得良好效果。

2. 回忆复习法。复习时不要翻教材和笔记，最好先在大脑中将课堂讲授的观点、内容回忆一两遍。看记住了哪些，理解了哪些；哪些忘记了或者还不理解，然后看书和笔记本。这种复习法不一定要利用整块时间，可以利用饭后、睡觉前等零星时间闭目思考。

3. 整理复习法。复习时可将预习笔记、课堂笔记和教材放在一起，对照、总结、整理、提高。一看预习中遇到的问题课堂上是否全解决了；二看听课中遇到的问题是否清楚；三看本章节的要点是否真正掌握；四看是否还有新的问题。同时把笔记不全的地方再加以补充完善。对重点或难点问题可用特殊符号标注出来，以便于考前总复习。

4. 自我检查复习法。课后教师留作业的目的实际上是为了检查课堂学习的状况。作为学习者一方面要认真完成作业，另一方面还要学会自我检查学习效果。如自我提问题和自我解答问题，自己找一些有关的问题和习题练习，同学之间相互提问题和相互解答问题等等。

**（二）分散复习**

分散复习就是指每隔一段时间重复学习一次或几次。分散复习能极大增强所有信息和技能的长期保持。由于消退、干扰等各种原因，学习的材料都会随着时间的推移而出现不同程度的遗忘。因此，还需要采用分散复习来保持对学习材料的记忆效果。一般认为开始复习的时候，时间间隔要短，以后可以长些。大体时间安排为：十分钟、一天、一周、一个月、两个月、半年之后对同一个材料各复习一次。

**（三）总复习**

总复习一般是在一个学期结束之前或者一门课程结束之后考试之前所进行的对一个学期所学知识或一门课程的总的复习。这种复习可以概括为四大基本方法：

1. "梳辫子"法。所谓"梳辫子"就是对已经学过的一个学期或一门课程的许多零散的知识点进行归纳、整理，从中理出头绪，找出知识点之间的内在联系，反过来进一步加强对原来知识的记忆、理解和应用的复习方法。这种复习可分为四个步骤：

第一步：把学过的知识点在头脑中再进行回顾。究竟学了哪些知识，这些知识在头脑中的印象深刻程度如何，头脑中是否有总体轮廓。

第二步：在回顾的基础上，对这些知识进行归纳、整理。哪些是应该掌握的基本知识，哪些是派生出来的知识，并对这些知识点进行分类，用图表或树形方式表示出来，使人对所学过的知识从整体上能一目了然。

第三步：以前一步归纳的总纲为指导思想，再回过头来对所学过的每一个知识点进行具体深入的复习。

第四步：在系统复习的基础上，再回过头来检查一下前面归纳的总纲是否完整和准确，可对其进行适当修改，再反过来指导对具体知识点的复习。这样反复几次，就可达到对知识的理解和掌握程度的熟练。

2. "过筛子"法。所谓"过筛子"就是通过自答、讨论、做习题等形式自我检查对知识的记忆、理解和运用的程度，对相对比较熟悉和理解深刻的知识采用过筛子逐步淘汰，对相对不熟悉或理解不深刻的知识集中力量打歼灭战。经过几轮过筛子，就可达到全面复习的目的。这就是"过筛子"复习方法。这种复习方法不是与"梳辫子"法绝对对立的没有任何联系的方法，而是在前者基础上继续深入的方法，是对前一种方法的补充。"过筛子"复习法又可派生出以下几个更具体的方法：

（1）做习题方法。在理科学习复习时有大量习题可做。做习题时不要做完了事。无论会做还是不会做以及请教别人后会做的，做后都要认真思考一下，会做或不会做的原因是什么，会做表明自己哪些知识点掌握了，不会做表明自己哪些知识点没有掌握，是记忆问题还是理解问题等等。由此筛选出掌握还是没有掌握、掌握熟练还是不熟练的知识来。

（2）自答方法。按照教材每一章后面的复习思考题或教师布置的思考题合上教材和笔记本，口头或笔头自答后，再对照书本、笔记或其他同学的答案，由此检查出不同的知识点来。

（3）讨论方法。复习中可找两个或两个以上的同学共同复习，相互提问，相互讨论，相互争辩，由此发现自身对知识的理解和掌握程度。

（4）自我提问方法。在复习知识点时，不要只是按照教材上或教师布置的思考题进行复习。自己要学会从不同的视角提出问题，然后自己回答，以检查对知识的掌握程度。

（5）综合检查方法。可以找出本课程曾经考过的几份试卷，自己独立试答一下，全面综合检查自己对知识的理解和掌握程度，找出存在的问题，有针对性地进行复习。

3. 尝试回忆法。尝试回忆是将课堂学习的内容回想一遍。这种方法实际上是在自己检查自己，逼着自己进行思维活动。尝试回忆的好处，至少可以表现为以下四个方面：

（1）可以检查课堂学习的效果。在尝试回忆的过程中，如果能够正确地回忆出课堂学习的全部或大部分内容，就可以证明自己的预习和课堂学习的效果是好的。为了正确地检验自己的预习和课堂学习的效果，在尝试回忆开始时，最好先不要看书或听课笔记，等到想不出来的时候再看书或听课笔记。为了加深记忆，还可以一边想一边把主要的内容写出来，这样尝试回忆的效果会更好。

（2）可以提高记忆能力。由于尝试回忆是一种积极的思维活动，它可以把自己学过的知识，在尚未进入遗忘状态之前，先在头脑里再现一遍，这当然是有利于记忆的保持的。

（3）可以提高阅读和整理笔记的积极性。通过尝试回忆，把课堂上学习的内容在脑子里再过一遍，记住的往往是自己已经懂的，没有记住的正是自己没有掌握的，这说明记忆恰好是对学习效果的检查。对于那些想不出来的学习内容，自然就会急着去看书或笔记，这样，就激发了看书和整理笔记的积极性，并自觉地将忘记的内容作为复习的重点，使得复习有针对性。

（4）可以培养思维的能力。尝试回忆时会反省思维的过程，还要概括课堂学习的内容。而一旦想不出来，还要千方百计地寻找回忆的线索，这无疑是在做"记忆体操"。因此，一个经常尝试回忆的青少年，不仅记忆能力会有所提高，而且思维能力也会得到一定的提高。

4. 认真读书法。在复习的过程中，完成了尝试回忆的步骤以后，便要开始认真读书。当然，这时候的读书与预习和课堂学习时的读书是不一样的，它是在预习和课堂学习基础上进行的。因此，必须做到以下几点：

（1）读书和思考相结合。所谓读书和思考相结合，是指不仅要在读书的过程中认认真真，要从头到尾、逐字逐句读，对基本概念、基础知识的内容绝对不马虎，要全面过目，而且还要边读边思考，要多想想在回忆过程中出现的问题，思考内在的联系，更要思考对知识的理解和应用。

（2）要重点突出。复习中的读书，要有重点，要细读和思考。对已经记住和理解的部分可以不必再花费很多时间，而把时间集中在回忆不起来和印象模糊的内容上面。在读书的时候，不妨可以边读边划。

（3）重在精读、熟读。对课本中的一些重要内容，必须做到精读和熟读。至于一些关键的章节、定义、定理和定律等内容，还要在精读、熟读的基础上，将其背出来。

（4）适当看一些参考书。在复习的过程中，适当地看一些参考书还是很有必要的。看参考书当然是在复习好课本内容的基础上进行的，而且是结合课本的内容去读参考书的内容。

（5）自问自答或尝试背诵。所谓自问自答或尝试背诵的学习，就是指青少年在学习一篇材料时，一面阅读，一面自己提问自己回答或自己背诵。这样做的好处就是，根据自己回答或背诵的情况，检查自己的错误和薄弱环节，从而重新分配侧重点。因此，学习印象深刻，记忆牢固。而反复的阅读，则是平均使力，犹如小和尚念经有口无心，只是空虚的口头功夫，学习效率难以提高。

（6）限时记忆。限时记忆主要应用于临时需要记住大量材料的场合。当我们对学习记忆的时间加以限制时，随着限制时间的来临，大脑的兴奋度就会提高，它的机能因此而被调动起来，记忆效果就会提高。

### 八、考试策略

考试是检验青少年学习成绩和教师教学效果的重要环节，也是学习中的重要一环。

有效的考试策略应当注意以下几点：

1. 确立合适的考试动机，适当降低求胜欲望。
2. 正确估价自己，做到心中有数。
3. 合理安排复习，掌握复习的主动权。
4. 制定临场考试计划，避免考试焦虑。
5. 认真做好检查，切勿提前交卷。
6. 掌握一定的应试技巧，争取超常发挥。

# 第四节 学习资源管理策略

资源管理策略是辅助青少年管理可用环境和资源的策略，有助于青少年适应环境并调节环境以适应自己的需要，对青少年的动机有重要的作用。资源管理策略包括：时间管理策略、学习环境管理策略、努力管理策略、学业求助策略。其中，学习环境管理策略主要是善于选择安静、干扰较小的地点学习，充分利用学习情境的相似性等。努力管理策略主要指掌握一些方法来排除学习干扰，使自己的精力有效地集中在学习任务上。这里重点阐述时间管理策略和学业求助策略。

### 一、时间管理策略

时间管理策略就是通过一定的方法合理安排时间，有效利用学习资源。时间是极其重要的学习资源，有效的时间管理可以促使学习，并增强自我效能感；无效的时间利用则削弱信心，降低学习效率。每个人都应当根据自己的总体目标，对时间做出总体安排，并通过阶段性的时间表来落实，时间管理行为应该包括以下几方面：分辨需求，根据其重要性来排序以及据此分配相应的时间和资源。时间管理倾向可能通过个体的学习动机、态度等因素对青少年的学业成绩产生作用。青少年使用学习时间通常是基于习惯，而不是计划。训练青少年掌握时间管理策略，需要帮助他们意识到时间计划的重要性，并优先考虑时间的运用。

**（一）统筹安排学习时间**

每个人都应当根据自己的总体目标，对时间做出总体安排，并通过阶段性的时间表来落实，确立有规律的学习时段。每天只要预留固定的几小时来学习，学习就不需要每天重新计划，而会成为一种习惯化的活动。时间管理的方法可以因人而异，你可以给自己每个小时制定详细的计划，也可以仅就一天的事情排序。排序的依据一般为事情对我们的重要程度和紧急程度，通过这两个维度可以把事情分为四个象限，然后再按照分类得到的四类事情，合理分配时间。一般人耗费的时间第三象限（既不重要又不紧急），因为处理这类事务没有任何压力。其次是第二象限（紧急但不重要），因为"会响的轱辘有油喝"，紧急的事情总是吸引人们的注意力。处理这些事情耗费了大量的时间，这种以减少处理一、四象限的时间为代价，成了一种变相的拖延。这就解释了为什么有的人总是显得很忙，却毫无效率可言。高效的管理时间，需要把精力放在一、四象限。

处理既重要又紧急的事情（第一象限），普通人和成功的人都要投入一定的精力（大约20% ~ 30%）。而造成时间管理效果差异的秘密在第四象限（重要但不紧急）。成功的人花大约60% ~ 68%的时间（普通人只有20%左右）来处理重要但是不紧急的事情，不断地提高自己，有规律有计划地完成任务，做有创造性的工作。与此同时也极力地压缩了在第二、三象限停留的时间。这就等于掌握时间的主动权，保持生活的平衡，减少未来可能出现的危机。

**（二）高效利用最佳时间**

在不同的时间里，人的体力、情绪和智力状态是不一样的，也就是说，学习时间的质量可能是不一样的。每个人要根据自己的模式，安排学习内容，确保状态最佳时学习最重要的内容。①要根据自己的生物钟安排学习活动。②要根据一周内学习效率的变化安排学习活动。③要根据一天内学习效率的变化来安排学习活动。④要根据自己的工作曲线安排学习活动。学习时，随着学习的进行，人的精神状态和注意力会发生变化。一般来说，存在三种变化模式：先高后低；中间高两头低；先低后高。

## （三）灵活利用零碎时间

既可以利用零碎时间处理学习上的杂事，也可以读短篇文章或阅读报刊杂志，拓宽自己的知识面，或者背诵诗词和外文单词。此外，可以进行讨论和通讯，与他人进行交流，在轻松的气氛里与人交流，有助于创造性思维的启发。

## 二、学业求助策略

学习不是一个人的事情，必须与他人进行有效的合作，在遇到自己解决不了的问题时，更需要向他人寻求帮助。学业求助策略指当青少年在学习上遇到困难时，向他人请求帮助的行为。对学业求助的不同看法在很大程度上取决于对独立性和依赖性的不同看法。有些学者把独立性与依赖性看作是一个连续体中的两极，有独立性就意味着缺乏依赖性，有依赖性就意味着缺乏独立性。按照这种观点，求助与寻求身体上的接触、接近、注意和认可一样，是依赖驱力的一个成分。在西方，人们崇尚的是独立和靠自己，自主是幸福、成熟和有能力的标志。如果一个人在童年期以外还常常向他人求助的话，就会被看成是发展不足或社会化不够完善，是不成熟甚至是无能的表现。因而学业求助也被看作是一种依赖行为，应尽量避免。另一种观点则认为独立性有不同的表现形式，除了主动性和成就驱力之外，为了解决困难、掌握任务而向他人请求帮助也是独立性的表现，求助是为了解决一个"真正"难题、为了学习和掌握任务而采取的成熟而有目的的行动，其最终目的还是达到自主。

## （一）学业求助的分类

按求助者的目的将求助划分为执行性求助与工具性求助两类。

执行性求助也称非适应性求助，指学生在面对本应自己解决的问题时却请求别人替他完成。

工具性求助也称适应性求助，指学生借助他人的力量以达到自己解决问题或实现目标的目的。工具性求助策略的青少年，在自己能够解决问题的时候会拒绝他人的帮助，能够自觉选择和控制别人对他帮助。因此工具性求助代表的是能力，是一种解难行为，它能帮助学生解决问题、实现目标以及适应环境。除此之外，也有一些青少年在遇到无法独立解决的困难时选择了回避求助，因为他们担心别人会认为他们很笨。

将求助行为分为不同的类型让我们看到了求助既有独立性的一面也有依

赖性的一面，如果青少年能够决定向谁求助以及求助的量，并利用求助得到的信息最终实现了自己解决问题的目的，这种求助就是独立性的表现应该提倡。但如果青少年不问过程只求结果，让别人代替自己去解决问题，就是依赖性的表现，是不利于理解和掌握的，对学习是有害的。

### （二）学业求助的阶段

1. 意识到求助的需要。个体意识到任务的复杂和困难，发现仅靠自己的能力难以实现目标。

2. 决定求助。个体对求助行为的受益和代价进行权衡，决定是否求助。

3. 识别和选择潜在的帮助者。作出求助决定后，需要决定向谁求助，帮助者的能力、态度是个体选择帮助者的主要标准。

4. 取得帮助。取得帮助的策略有两类，一类是非言语性的，如求助的目光、困惑的表情等；另一类是言语的，即直接开口求助。如果求助者发现从某人那里得到的帮助不能令自己满意，还需要向别人继续求助。

5. 评价反应。求助者最后还需要对求助结果进行评价，这包括所获得的帮助对问题的解决是否足够、求助策略是否有效、他人对求助的反应等方面的评价。他人的帮助如同课本一样是重要的学习资源。学业求助不是自身能力缺乏的标志，而是获取知识、增长能力的一种途径，是一种重要的学习策略。

### （三）学业求助的影响因素

1. 自尊心或能力知觉对学业求助的影响。作出求助请求，意味着向自己和别人承认能力不足，承认自己无力应付失败，这会伤害个体的自尊心。那么求助会令哪类人更易感到威胁呢？关于这个问题有两种假说：脆弱假说和一致性假说。脆弱假说认为低自尊心的个体比较不愿意求助。因为低自尊心的个体只有很少的几个正面的自我认知，容易受到对自我构成威胁的信息的打击，因此比高自尊心的个体更容易避免求助。一致性假说则认为高自尊心的个体更不愿求助。这种假说认为与自我认知不一致的有关信息对自我构成威胁。高自尊心的个体有很多正面的自我认知，求助给个体带来的是与正面认知相反的对自我的负面认知，这样的信息令个体感到威胁，所以不大会去求助。

2. 动机对学业求助的影响。有关动机与学业求助的关系，研究者们主要根据归因理论、内外动机理论及目标取向理论作了有关研究。

（1）归因与求助。归因与学业求助可能会受到其它变量的影响，如目标取向、是否有求助的需要等。

（2）内外动机取向与求助。研究发现，在完成词汇任务时，内在取向的特别是愿意独立掌握的青少年，在求助时更喜欢帮助者给出提示而不是直接给出答案。外在取向的青少年则既可能要求给提示也可能要求给答案。内在动机的好奇心或兴趣维度则与求助无关。

内在取向的两个维度——独立掌握和挑战性对青少年求助行为的影响。青少年越是喜欢挑战性，自我报告的求助可能性越大。在小学阶段，青少年独立掌握的愿望越弱（即越是依赖老师），越可能求助。在中学阶段，则是越喜欢独立掌握越可能求助。

求助既可以满足内在的成就目标，也可以满足外在的成就目标。青少年可以在发展能力的内在动机驱使下去求助，也可以在为完成任务或得到与任务完成相连的奖赏的外在动机驱使下去求助。不仅如此，内在动机也会阻止青少年去求助，因为当青少年以独立掌握为目标时，求助可能会被看作是一种依赖，与个人的自主需要相矛盾而加以避免。

（3）目标取向对学业求助的影响。青少年的数学解难行为。发现在学习目标情境中的青少年比在表现目标情境中的青少年要求证实答案的愿望大。六年级的青少年在表现目标条件下比在学习目标条件下有更多的非探究性的或非适应性的求助行为。在任务卷入条件下，儿童比较愿意求助，对不求助的解释是为了独立掌握。在自我卷入条件下，对不求助的解释是为了掩饰无能。

目标和认知能力知觉对避免求助的影响，部分是以求助态度为中介的。以任务为中心的目标对适应性求助既有直接的重要影响，也有部分是以对求助的正面态度为中介的。持外在目标的青少年更倾向于避免求助；相对能力目标则与适应性求助无关。

总的来说，任务卷入比自我卷入能导致更为适应性的求助。

### （四）学业求助的意义

1. 自我调控学习。自我调控的学习包括很多不同的方面，其中一个很重要的维度就是学习者能够控制自己的社会环境。一个自我调控的学习者，知道谁能帮助或妨碍自己学习，能够主动寻求并对社会支持作出反应，因此从自我调控的角度看学业求助，它是青少年在学习具有主动精神、有学习的愿望和动机的一种具体表现，是一种为提高学习成绩而采用的学习策略，所以应该鼓励和提倡学业求助。不仅如此，学业求助在各种自我调控策略中是最为重要的。很多有助于学习的自我控制策略，对于一些青少年特别是年龄小及成绩不好的青少年来说都没有掌握或不会运用，通过学业求助，他们不仅可以找到解决问题的方法，而且可以在这种社会互助的过程中，在与帮助者的沟通交流中学会其它的自我调控策略。

2. 任何学习者，即使是天资聪颖的青少年在学习上也会遇到一些无法独立解决的问题。这时，青少年面临三种选择：一是干脆放弃，二是盲目坚持，三是寻求帮助。干脆放弃表明青少年不仅缺乏克服困难的能力，也缺乏解决问题的愿望，对待学习实在是一种消极被动的态度；盲目坚持则是不能正视自己能力不足或方法不当，缺乏自我调控的能力，不但无助于问题的解决，而且令青少年产生挫折感和无力感，最终可能丧失对学习的兴趣。长期以来，坚持性一直作为具有内在动机的表现而倍受推崇，其实坚持性与成就并非线性关系。在教育上过分强调和鼓励坚持性，令许多青少年不敢开口询问，久而久之就导致学习成绩下降。同干脆放弃和盲目坚持相比，求助是一种战胜困难的应付策略，是一种适应的方法。求助也并不意味着依赖，青少年在学习过程中的角色是不断变化的，可以由求助者变为助人者，也可以由帮助者变为受助者。青少年正是在这种角色互变的过程中，掌握知识和技能，并运用这些知识和技能实现自助的。

3. 学业求助是个体成长过程中不可或缺的一种学习手段。知识的获得与运用离不开社会环境，心理功能首先是在社会层面上，在儿童与成人或能力水平较高的同伴相互作用过程中发展起来的。在相互作用过程中，成熟的学习者对儿童的活动进行规划、指导、监控和评价。儿童则在内化这些角色的过程中开始独立表现这些行为。维果斯基还认为每一个儿童都有一个最近发展区，这是介于学习者能独立达到的发展水平和虽不能独立达到，但在老师或能力更强的同伴的帮助下可以达到的发展水平之间的一段距离，随着儿童对帮助的吸收与内化，他们将能够独立完成最初只有在别人的帮助下才能完成的任务。因此求助实际上是在解决问题的过程中，实现由他人调控向自我调控的转变的一种机制。

4. 在教育实践中，我们要注意防止两种错误倾向。一是把学业求助看作是对他人的过分依赖而加以全盘否定；二是把学业求助看作是具有学习动机的表现而不加区分地一味称颂。将学业求助区分出不同的类型是很重要的。执行性求助导致的是过分依赖，于学习和掌握无益；工具性求助才是自我调控的策略，能够促进理解和学习。因此在学校里，教师不仅要营造一个鼓励不懂就问、不耻下问的学习气氛，而且要教会青少年如何进行工具性求助。给予青少年工具性帮助，正如古人所云，授人以渔胜过授人以鱼。

### 三、学习努力和心境管理策略

系统性的学习大都是需要意志努力的，为了使青少年维持自己的意志努力，需要不断地鼓励青少年进行自我激励。青少年内在因素是决定学习效果的关键，教师应注重激励青少年的内在动机。

1. 激发内在动机。对学习本身就有兴趣、好奇心和求知欲是一种重要的内在学习动机，它可以使人持续学习下去，敢于克服障碍，迎接挑战，从学习活动中获得快乐。学习的内在动机是可以自我培养的。例如，可以设法通过某些活动，如参观博物馆、展览会、听讲座、观看影像资料等，了解某一学科知识在现实生活中的意义，以及对将来学习的重要性，激发青少年进一步了解相关知识的愿望，并使青少年在求知过程中获得愉快的情绪体验。创造各种机会，使青少年多与那些热爱并擅长某一学科的老师和同学等来往，分享他们从这一学科知识中所获得的快乐，逐渐使这些青少年自己也产生对这门学科的兴趣。同时，为了更好地与他们交流，感到自己在这方面的不足，从而产生学习该门知识的动力。或者，在实际生活中设法应用所学的知识来解决问题，例如，向别人讲述某些现象的原因，设计小小的工具或活动，用所学知识解决一些日常生活问题等。随着应用和学习，自己会感到知识上的不足，而后，愿意得到更多的相关知识。

2. 树立为了掌握而学习的信念。每个人学习时都带有不同的目的，这些学习目的大致可以归为两类。一类是为了追求好成绩，即所谓的绩效目标，这种人一般特别注重自己在别人心中的地位和形象，生怕别人觉得自己不行。另一类则特别注重自己是否真正掌握，即所谓的掌握目标，这种人敢于迎接学习挑战，克服学习上遇到的困难。学习成绩固然重要，因为它也是学习效果的反映，但学习不是为了回答几个选择题什么的，而是掌握某一门知识。因此，除了要在考试中真实反映出自己的能力水平外，更重要的是，要让青少年给自己设立一个内在的标准，来衡量自己的学习是否成功，如此，才能关心老师所规定任务之外的知识，在深度和广度上拓展自己的知识，最终通过不断积累，而提高自己的能力。

3. 选择有挑战性的任务。在挑选学习任务时，要挑选那些具有中等难度的任务。中等难度的任务比太易或太难任务更能激励自己。过难了，自己怎么努力，也解不出来；过容易了，不需费什么力，没有多大的成就感。一个一心想着掌握、不断追求成功的人往往挑选中等难度的任务；而一个一心为了外在成绩和效果的人则总是设法避免因失败而带来的丢脸和难堪，他们不是选择容易任务，就是选择特难的任务，因为，容易任务不会失败，自己不会因失败而丢脸；特难的任务肯定会失败，但别人也难以成功，自己也不会因此受人小瞧。

4. 调节成败的标准。学习时，对于成败，要做到自己心中有一杆秤。有时，即使自己得了99分，别人觉得你学得不错，但自己并不满意，因为题目太容易了，未能反映出自己的真实水平，或者发现自己还有一处关键地方并未弄懂。相反，有时，即使自己得了60分，别人觉得你一般，但自己很满意了，因为，相比自己的过去，自己进步了很多。随着学习的深入和自己能力的变化，要不断调整自己的成败标准。如果标准一直过高，自己总不满意自己，结果会造成自责、自卑和情绪低落。相反，如果标准一直过低，自我感觉过于良好，造成盲目的自信，学习也受到影响。因此，只有适时调整自己的内在的成败标准，才能维持自己的学习自信心。

5. 正确认识成败的原因。学习有成功，但也难免失败。人在成功或失败时，肯定会产生相应的情绪反应，但积极或消极的情绪并直接等于自己能力的高低。因此，在反应过后，需要冷静下来，客观而正确地认识自己成败的原因，以便获取下一次成功，避免下一次失败。一般来说，在学习成败之后，人们总会找这样那样的原因。人在成功时，往往倾向归因于自己能力高。而在失败后，自卑的人倾向于认为自己能力不强，过于自我保护的人则可能倾向于找一些主观原因，如，我身体感觉不舒服，我心情不佳，我不喜欢那门学科，我不擅长考试，也可能会找一些客观原因，如老师教得不好，考题不公平合理，复习时间不够，运气不好等。但是，一个人的成败主要还是取决于一个人的努力程度。能力不是一成不变的，更不是天生的，而是通过努力不断积累起来的。如果认为能力是成败的关键，而能力又是天生的、不可改变的，那就会导致两种情况，一种情况是，觉得自己能力高的人，认为自己肯定能成功，不需要努力，努力反而显得自己能力不高，为了显示自己能，往往不是选择特难的任务就选择特容易的任务，因为这不会导致失败，也就不会丢脸，也就不会对自己能力产生怀疑。另一种情况是，觉得自己能力低的人，认为自己不是学习的料，怎么也不会成功的，努力也白搭，老师和同学也别来帮我，帮我也没用，因为，能力是天生的，改变不了。因此，要正确引导青少年学会正确地自我归因。

6. 自我奖励。当青少年获得了满意的效果后，要设法让青少年对自己进行奖励。奖励的方式多种多样，可以是暗示自己"我真行"、"我成功了"、"坚持就能成功"等，也可以是从事一些自己喜欢的活动等。但是，要注意，并不是只有获得好成绩后才能获得奖励。每个人的起点不同，但每个人都可在自身的起点上进步和发展。只要自己取得了满意的进步，即使外在分数不高，也值得奖励。因此，要为了掌握而学，要引导青少年设立自己的成败标准。

### 四、学习工具的利用策略

善于利用参考资料、工具书、图书馆、广播电视以及电脑与网络等。这既是一种资源管理策略，也是现代社会对每一个青少年学习的要求。学习工具的利用强调及时性，就是当你需要时就应该立即去查资料，这对于加深学习内容的理解、记忆，增强学习的兴趣和对某些问题的进一步思考、探索都是重要的。如何迅速地寻找资源，合理地利用资源是当今社会对青少年提出的要求，也是青少年必须掌握的基本技能。

#### （一）参考资料的利用

选用参考资料时，要注意所选资料宜精不宜杂；与自己的学习内容相吻合；具有较强的针对性；与自己的现有水平相适应；编写体例要条理清晰；具有一定的权威性。

使用参考资料时，要注意配合教材；有选择性地参考重要内容，不必从头到尾地学习；遇到不懂之处，要对照其他参考资料，或请教老师，或与其他同学讨论。

#### （二）工具书的利用

工具书是学习时的"无言的老师"、"案头顾问。"它包括字典词典、百科全书、年鉴以及索引等。选择工具书时，要注意选择最新版本和有权威性的出版社或作者群，以确保知识的科学性和时代性。使用工具书时，一是要注意了解并熟悉检索方式，二是要注意将工具书中的信息与书本上的上下文结合起来理解。

#### （三）图书馆的利用

进入图书馆，首先要学会根据图书目录查阅所需要的书籍。检索的方式多种多样，如按书名或著者检索、分类检索等，书名或著者既可以按笔画查找，也可按拼音查找。在图书馆看书，要注意作读书笔记和摘要。

#### （四）广播电视的利用

广播电视不仅可供人娱乐，也能增长人的知识，开阔人的视野。但要注意有选择地收看，如新闻述评、科技常识、军事天地、文艺欣赏、电脑世界以及英语讲座等。并且，要严格控制时间，可以有计划的连续收看一两项重要内容学习，如新闻联播、英语讲座或电脑世界等。

#### （五）电脑与网络的利用

电脑的使用不仅可增长有关电脑科技方面的知识、电脑操作技能，而且，也同样有助于各科课程的学习。它可用作教学工具和学习工具，如，可选择一些电脑辅助教学软件来自学、预习、复习所学的课堂知识；也可利用电脑中的一些工具软件（如文字处理、电子表格、画笔以及某些高级编程语言）获取和处理信息、解决问题、以及表达自己的思想等。但要注意电脑游戏的影响，可作为学习奖励，然不可多玩。

电脑网络给学习提供了广阔的前景。可以在国际互联网上探索与学习有关的信息，专门为中青少年设计的教育网能提供最新最及时的信息和辅导。这些教育网可以通过一般的搜索引擎（如搜狐等）查到。上网时，要带着一定目的，切不可无限制地漫游，另一方面，要注意利用一些导航工具，指导自己对信息的探索过程，不至于迷向。

### 五、学习环境的设置

学习环境的设置目的是消除一切与学习无关的外界因素，做好学习准备。环境管理策略要求选择最能保证学习效率的场所进行学习。首先，要注意调节自然条件，如流通的空气、适宜的温度、明亮的光线以及和谐的色彩等。其次，要设计好学习的空间，如空间范围、室内布置、用具摆放等因素。如果条件容许，应当有一个相对固定的学习场所，以减少家庭成员间的相互干扰，形成一个相对安静的学习环境。要注意桌面的整洁。各种学习用具要摆放在固定的地方，用完后归还原处。学习时，尽量减少可能的干扰和分心的因素。例如，最好将电话挂断，以免分心和思绪被打断。

# 第七章　青少年的学习评定

## 第一节　学习评定的概述

　　学习评定指运用适当的测验、仪器和技术搜集信息的过程，获得的信息将用于描述和分析青少年的学习与行为状况，并对青少年的课程、教学方法和培养方案做出决策。测评是教学过程的有机组成部分，不仅有助于准确评价教学成效，而且还能改善教学的质量。

　　学习评定主要指教师通过搜集青少年在课堂中的信息，对青少年的学习状况进行判断和决策，并制订出最适合青少年发展的教学计划的过程。教师对青少年的学习成效进行测量的各种手段都是学习评定，如小测验、作文、周记等。

### 一、学习评定的相关概念

　　学习评定是指有系统地收集有关青少年学习行为的资料，参照预定的教学目标对其进行价值判断的过程，其目的是对课程、教学方法以及青少年培养方案作出决策。具体而言，学习评定是一种系统化的持续的过程，包括确定评估目标、搜集有关的资料、描述并分析资料、形成价值判断以及做出决定等步骤。

### 二、学习评定的重要性

　　学习评定为教学提供了大量的信息，任何教育决策的制订都必须建立在评定的基础上。在教育系统中，不同类型的群体基于各自的考虑，都会受益于学习评定。总的来说，评定的功能主要体现在以下几方面：提供反馈、提供信息、作为诱因、衡量教学。

### （一）提供反馈

　　学习评定为师生调整和改进教学提供了充足的反馈信息。教师通过学习评定的反馈，了解教学效果。在课堂上教师可以随时提问青少年，根据回答的情况推想青少年对讲课内容的理解程度，能更准确地把握青少年的学习进展。

青少年通过学习评定，能明确自己对知识的掌握情况。例如，在等边三角形的测验中，有些青少年会发现自己对等边三角形中线的计算方法不清楚，有些青少年发现自己对等边三角形的概念理解不够。如果青少年明白了自己的不足，在下节课的学习中就会对症下药。

评定信息越明确，越具体（只要是积极的、建设性的），反馈的作用越有效。给予具体的描述性反馈的青少年对成功更易于进行内部归因，只给等级分数的青少年更偏向运气等外部归因。很多专家型教师最开始使用积极性的反馈来表扬鼓励他们，然后用建设性的反馈，告诉他们应该改进什么。

**（二）提供信息**

1. 筛查：对所有的青少年进行粗略、简单的考核与测试，确定哪些青少年需要更全面、更综合的检查。

2. 进行教育决策：对青少年进行一系列详细的测查，了解青少年的优势与不足以及对教学的准备情况，以便为教育决策提供信息。

3. 制订教学计划：根据评定结果，教师可以针对个别青少年制订出更适合其能力发展的培养计划。评定信息是对青少年进行分类，确定教学目标和内容以及制订教学的特殊计划的重要依据。

4. 指导青少年：通过前测和后测的比较，了解青少年的学业成就和正在取得的进步，以便对青少年进行学习和职业指导。有许多方法可供使用，如正式测验、观察、课程本位评定等。

5. 对课程的教学效果进行评定，帮助教师反思和改进教学青少年及其家长测量青少年的进步、评价青少年的优点与缺点、确定学校的信誉、做出合理的教育决策。

6. 学习评定为家长了解青少年学习情况、学校鉴别青少年学业成绩提供信息。学校通过成绩单向家长报告青少年的评定结果，可以使家长及时了解青少年在学校中的表现。配合学校的教育在家庭内建立出一套以评定为标准的强化系统。因为家长倾向于鼓励孩子取得好成绩、在学校做好青少年，所以成绩作为一个有效和重要的刺激物，可以促进青少年的行为和学业的进步。

**（三）作为诱因**

评定结果作为诱因可以激励青少年努力学习。学习评定能够激励青少年付出最大的努力。高分、奖品等都是对出色工作的奖励。要想通过评定提高青少年的努力程度，①首先评定对青少年实现有价值的目标要起关键作用或者有影响，否则分数就成不了诱因。一些中青少年看重分数，是因为这对他们进入大学很重要。②评定要公平、客观。它对所有的人都要是一致的，而且要与青少年的真实表现紧密相连。③要有清晰的评估标准，青少年知道怎么做才能获得好的评价。④对评估要有合理的解释，根据情景不同而不同，如，一些青少年认为，当其他同学不做作业而自己做了一些时，就说明自己很努力。⑤评估应该具有经常性和挑战性，给予频繁而短小的测验比偶尔的大测验更能促进青少年学习，并能够根据青少年进步和改善的程度进行评估。

### （四）衡量教学

学习评定和教学的关系决定了评定—教学过程的有效性。学习评定与教学活动是密切联系的。学习评定与教学的关系越密切，教学过程就越有效。

## 三、教学测量与评价的功能

### （一）为教师调整和改进教学提供充足的反馈信息

青少年的学习过程至少应当包括以下四个环节的内容：做——反思——学习——应用。教师在课堂教学的过程中应该结合学习过程中的四个环节，通过设计一定的教学活动来促进青少年的学习。教学评价就是通过对青少年学习过程特别是对青少年在实践中应用知识的评价来反映青少年的学习能力和应用能力，同时也可以反映教师的教学能力。

对教学测量与评价结果的分析，可以让教师了解青少年的学习类型，明确自己在教学上的得失，判断教材的可用性和教学方法的有效性；同时也可以诊断青少年在认知结构上哪些地方有缺失，可以作为教师实施补救教学的依据。教师可以针对不同学习类型的学习行为特征，以及不同认知结构缺陷的所在，有针对性地提出符合个别需要的补救教学的策略与措施，以达到因材施教的目的。

### （二）是学校鉴别青少年学业成绩、家长了解青少年学习情况的主要方式

由于青少年的学习能力、知识储备等不尽相同，不同青少年的学习是存在差异的，甚至有些青少年会表现出偏科、厌学、学习困难等问题。另一方面，不同的青少年对教师教学的适应性也是不同的。对同一个教师，有些青少年可能会接受他的教学方式，但是也可能会存在一部分的青少年不能很好地适应该教师的教学方式，这样就可能造成青少年学习及能力培养上的差别。那么学校要了解青少年的学习状况，教师的授课状况，要发现青少年在学习过程中或教师在教学过程中存在的问题，应该通过怎么的方式呢教学评价就是学校鉴别青少年学习成绩的有效途径；同时也可以帮助家长了解青少年的

学习情况，这样就可以使学校、家庭在教育教学过程中有机地联系在一起，促进学校与家长之间的有效合作，更有利于青少年的培养和教学改革的顺利进行。

### （三）是教学过程的一个重要组成部分

一般来讲，教学的目的是通过教学帮助青少年获得一系列预想的学习结果，使青少年的知识水平有所提高，得到全面的发展，把他们培养成为高素质的人才。但是如果只有教学，而没有评价，就无法确定教学是否达到了预期的目标，青少年是否在能力上有了提高。从这个角度上来讲，教学评价是教学过程中一个不可或缺的重要组成部分，教师的教学、青少年的学习、对教学的评价三者之间具有相互依赖性。

### （四）作为教育评价和决策的依据

教育评价是"指在系统地、科学地和全面地搜集、整理、处理和分析教育信息的基础上，对教育的价值做出判断的过程，目的在于促进教育改革，提高教育质量。"课程和教学是教育的要素和实现教育的主要途径，教学评价是整个教育评价的核心内容，没有教学评价，就没有课程评价，也没有教育评价。比如说，如果对教师的教和青少年的学没有有效的评价，就不能得到系统的、全面的信息，也不可能做出正确的教育评价，因此教学评价是进行教育评价的主要依据。同时因为教学评价具有导向和调控的功能，它会引导和激发评价对象朝着预期的目标努力。在教学评价过程中，对任何被评价对象所作的价值判断，都是根据一定的评价目标、评价标准进行的。因此，有什么样的评价内容，被评价对象就会认真做好那方面的工作；有什么样的评价标准，被评价对象就会按照评价标准的要求来开展什么样的工作。换句话说，教学评价的目标是什么，通过怎么样的手段、依靠怎么样的标准来实施评价，都会有力地引导被评价者在教育教学工作中做什么，怎么做。再者，通过评价可以获得有关教学活动对人才培养、实现教学目标等方面的信息。这些信息的反馈，将会对改善和调节教学目标、教师的"教"和青少年的"学"等起到重要的作用。这种导向和调控的功能其实就是决策的具体表现形式，也是教学评价的积极结果。

### 四、教学评价的分类

### （一）形成性评价和总结性评价

从实施教学评价的时机而言，有形成性评价和总结性评价之分。形成性评价通常在教学过程中实施，一般是由青少年完成一些与教学活动密切相关的测验，也可以让青少年对自己的学习状况进行自我评估，或者凭教师的平常观察记录或与青少年的面谈。一般在教学初始或教学期间使用。总结性评价，或称终结性评价，通常在一门课程或教学活动（如一个单元、章节、科目或学期）结束后进行，是对一个完整的教学过程进行测定。一般在学期或学年结束时使用。

### （二）常模参照评价和标准参照评价

常模参照评价是指评价时以青少年所在团体的平均成绩为参照标准（即所谓常模），根据其在团体中的相对位置（或名次）来报告评价结果。例如，某生在数学测验中得 80 分，经与百分位数常模对照，发现该生的百分等级是 85，80 这个数字表示该生胜于其他 85% 的青少年。

标准参照评价，是基于某种特定的标准，来评价青少年对与教学密切关联的具体知识和技能的掌握程度。

比较青少年之间的学习差异，以采用常模参照为宜；若教师要帮助青少年达到某学科事先确定的水平，则以用标准参照为好。

### （三）配置性评价和诊断性评价

配置性评价，或称准备性评价，一般在教学开始前进行，摸清青少年的现有水平及个别差异，以便安排教学。通过配置性评价，教师可以了解青少年对新学习任务的准备状况，确定青少年当前的基本能力和起点行为。

诊断性评价，有时与配置性评价意义相当，指了解青少年的学习基础与个体差异；有时指对经常表现学习困难的青少年所做的评价，多半是在形成性评价之后实施。诊断性评价的目的是发现问题，其评分不作为正式成绩。在批改试卷时，教师要留意青少年容易犯哪些错误，错误的成因是什么。诊断出问题后，教师要针对这些问题进行指导和治疗。过一段时间，再重新做一次测验，看经过辅导后青少年是否还存在错误以至进一步采取补救措施。

### （四）正式评价和非正式评价

正式评价指青少年在相同的情况下接受相同的评估，且采用的评价工具比较客观，如测验、问卷等。非正式评价则是针对个别青少年的评价，且评价的资料大多是采用非正式方式收集的，如观察、谈话等。有时，教师可以采用非正式评价作为正式评价的补充。

### （五）团体评定与个体评定

在同一时间对一定数量的青少年（例如一个班、一个年级等）的评定，叫做团体评定。大部分教师事先准备好试卷、然后要求青少年在课堂上作答的形式就属于这种类型的评定。团体评定需要使用团体测验，团体评定的标准既可能是标准参照的、也可能是常模参照的。

在同一时间对一个青少年进行的评定叫做个体评定。如一个青少年接受一位导师的指导，这位导师将全面地考查他运用所学知识解决问题的能力，并根据观察来的信息主观地评定其学业成就，这就是个体评定。个体评定的形式也包括标准参照评定和常模参照评定，使用的测验大多是个体测验。但是由于一些测验的特殊性质或受测人的特殊性，有时虽然测量工具是团体测验，也必须以个体评定的方式进行。

## （六）动态评定

动态评定不只是简单的前测和后测，而是一个连续不断的过程，评定需要与教学融为一体，能直接指导教学。

教师使用动态评定的目的是评价青少年在教学情境下进行学习的能力水平，而不是确定青少年已经学会了什么。因此，标准化测验的重要性有所下降，非正式评定被提升到显著的位置。非正式评定可由青少年自己进行，例如，青少年就自己完成某一学习目标所做的活动以及活动的效果进行反思和总结，青少年对他人学习进步的思考等。教师采用的非正式评定，对青少年具有很强的针对性和指导性，且评定的资料大多是采用非正式方式收集的，例如，以青少年学习过程的案卷为基础来评价青少年的学习过程。非正式评定只要运用得当，就会取得与正式测验相得益彰的效果。总之，为了获得自己感兴趣或关心的信息，教师需要经常自行编制测验或设计评定活动，由自己决定评定的目标、对象、性质和时间。因此，动态评定具有很大的灵活性和连续性。

动态评定的目的是确定青少年在适宜的条件下能够学得多好，评价青少年在师生交互作用的教学条件下的学习情况。动态评定的关键要素是学习发生的社会环境。当青少年和教师之间建立了一种健康的互相作用的关系时，青少年的学习能力会得到发展和充实，从而有可能最大限度地发挥出学习的潜能。动态评定的过程一般是教师先提供教学，再观察青少年在教学中的反应和表现，然后进行主观评价。因为评定结果主要用于调整和指导教学，所以评定的标准不是测验分数，而经常是由教师自定或者和青少年协商。

## （七）课程本位评定

课程本位评定是以课程内容为依据、使用标准参照测验进行的评定，是特殊教育领域里使用得最为广泛的评定模式。标准参照评定是基于某种特定的标准，来评价青少年对与教学密切关联的具体知识和技能的掌握程度。由于标准参照评定不考虑其他个体对任务的完成情况，故有时又叫自我参照评定。

课程本位评定针对的是青少年的掌握情况，而不考虑与常模团体的比较，是传统评定方式的有效补充。它把教学提到最显著的位置，注重课程目标，降低了测验与考试的作用。与传统评定相比，评定的内容一般经过了良好的界定，提供的信息也比较详细，有助于描述青少年对课程的掌握情况。它所使用的材料通常是教材和教学涉及的内容，有时甚至就是青少年在课堂中学习的内容。例如，教师计划在本月教会青少年读写 100 个汉字，那么月底的评定就是测查青少年对这 100 个汉字的掌握情况。根据特定学校或班级的课程要求对青少年的学习进行评价，有助于加强评定与教学的联系。其次，课程本位评定还能降低竞争带来的一些负面影响，如同学关系的淡漠、对学习和考试的消极情绪等。

课程本位评定要求教师首先制定课程范围或个体教育计划的目标，即希望青少年学会什么内容、掌握到何种程度。教育计划的目标应该详细，甚至可以具体到个别青少年。然后，针对课程范围内的问题或学习任务，经常进行系统性、重复性的测量来评定青少年。最后在图表上绘制出评定结果，这样，青少年和教师都可以清晰地看到青少年取得的学习进步。根据课程本位评定结果绘制的示意图，显示了青少年 4 个月内朗诵成绩的学习进步情况。纵坐标表示青少年在一分钟内正确流利读出的汉字数。阶段 A 代表基线成绩，是青少年在教学前连续三天的测量结果。阶段 B 是教师运用目标教学进行教学干预后青少年取得的进步，用青少年在后继的 14 个星期的每周五的测验成绩来表示。虚线是个别教育计划的目标，即教师所设想的通过 14 周的教学，青少年能够每分钟朗读 120 个汉字。每分钟朗读的字数基线期 A 进行教学干预 B 课程本位评定缩小了课程和教学之间的差距，加强了教学的目的性，为教学活动尤其是学习困难儿童的特殊教学，提供了一项行之有效的评定手段。它的特征是：①多采用标准参照评定的形式，是传统常模参照测验的有效补充；②以青少年的学校或班级所教的课程内容为核心；③把测验与教学有机地结合起来；④与个体教育计划相联系；⑤要求对评定结果绘图；⑥使用直接的重复性测量来表示青少年在某一连续时间段内取得的进步。

### 五、良好评定的指标

教育与心理测量学表明，良好的评定必须具有较高的信度和效度指标，由此评定信息才能对青少年的成绩提供准确的估计，使得教师或其他决策者可以进行恰如其分的决策。

1. 信度。信度反映的是评定的可靠性，即多次评定分数的稳定、一致的程度。它回答的问题是，关于某一个团体或班级的评定结果是否跟某段时间内的评定结果大致相同是否跟另一环境下的评定结果大致相同是否跟另一个评分者的评定结果大致相同例如，如果在三种互不相干的地方和氛围下，每次的回答都是相同的，那么这样的信息被认为是可信的。通常，主观题的评分者信度较低，客观题的评分者信度较高。明确评分标准，对评分人员进行培训，会提高评分者信度。增加题目的数目也会提高测评的信度。

2. 效度。效度指的是测量的正确性，即一个评定在何种程度上测量了它想测的东西，并且在何种程度上允许对青少年的技能和能力进行适宜的概化。例如，青少年在完成一份有 10 个题目的加减法测验后，他做对了 9 个题目。如果这个测验是有效的，那么我们可以很安全地概括：随便让这个青少年完成同样类型的题目，即使测验题中没有出现过的题目，他都能做得一样的好。评定结果将显示出，对于测验题目拟评定的目标，青少年是怎样对待和完成的。测量专家指出，测验效度和使用评定的目的密切相关。由此，一个测验对某一目的或许有效，但对另一个目的则全无效果。例如，数学测验对于评定青少年加减运算的掌握水平是适宜的，但并不适用于评价数学天才儿童。

# 第二节　评定结果

## 一、评分的步骤

1. 搜集有关青少年的信息，信息可以来源于不同类型、性质的测验甚至观察的评定方式。例如，教师对青少年期末学习成绩的评定，通常是期末考试成绩占 70%，平时作业和考试成绩占 20%，课堂表现占 10%。

2. 系统地记录下评定的结果，并随时保持最新的结果。

3. 尽量将搜集的资料量化，用数据来表示青少年的学习情况。

4. 为了把评定的重点放在最终的学习成就，教师需要加大最后测验得分的权重。

5. 评定应该以成就为依据。而其他特征的评定，不要和成就的评定混杂起来。

## 二、评分体系

1. 分数。教师通常用分数或数值来报告评定的结果，如试卷的得分、成绩单上的成绩等。评分时，首先要确定比较的标准，根据它的性质可分为绝对标准和相对标准。绝对标准是以青少年所学的课程内容为依据。青少年的分数和其他同学的回答情况没有关系。而且绝对标准强调，由于不同青少年的学习起点和背景情况的差异，他们的学习结果也是不可比较的。与它对应的评定方式，是标准参照评定。

相对标准是以其他青少年的成绩为依据，对应于常模参照评定。相对标准的评定不仅与青少年自己的成绩有关，还与其他同学的成绩有关。例如，小东阅读成绩是 80 分（满分 100），按照绝对标准属于及格。但是按照相对标准却有不同的解释，如果班里同学都考的是 50～60 分，那么他的相对分数很高，达到了优秀水平；反之，如果同学们的分数都在 92～98 分，那么他的相对分数就非常低，很可能属于不合格水平。

这两种分数都可以用数值或者 1～5 分的等级来表示，绝对分数是青少年的试卷得分，而相对分数需要经过转化。此外，相对标准评定结果还可以用百分等级表示。我们的教师通常习惯用绝对分数来评定青少年的成就，但是当他把全班成绩排序时，也就相当于使用了相对标准来衡量青少年的成就。

2. 合格与不合格。有些课程采用合格与不合格来评定青少年的成就，而不是使用传统的分数。教师可以根据青少年是否完成了每次作业来评定，也有可能根据青少年的几次作业情况评分，甚至评分的标准可以是青少年的出勤情况。这种评分方法最大优点在于，由于降低了青少年之间的竞争性，从而减轻了青少年考试焦虑。它创造了比较轻松、宽容的学习气氛，鼓励青少年敢于尝试有挑战性的学习任务。而且，它的评分标准大多是由教师和青少年一起商议得到的，有助于加强教师和青少年合作，协调师生关系。

与传统评分方法相比，它提供的信息较少，教师、家长和青少年不能从评定结果中了解青少年在学习中存在的问题和不足。而且由于没有分数的压力，青少年很容易通过评定，所以他们极可能放松对自己的要求，把标准降低到合格或及格的程度。一些关于大学选修课程的研究发现，当教师对青少年采用分数评定时，青少年的学习状况普遍好于采用合格与不合格的评定方式。因为这种评定方式的标准较低，如果青少年不能通过时，他体验到的情绪困扰更严重。此外，这种评定方法也很难做到客观和准确，例如由于教师的评定标准不一，对青少年的影响可能不是几分的出入，而是合格与不合格的区别。

一般在考查性的选修科目，教师倾向于采用这种方法。更多的时候，教师是把它和传统评分方法结合起来使用。

3. 评定结果的其他报告方式。除了常用的评分方法，教师还可以使用其他方式来报告评定结果。教师写青少年的个人鉴定或定期的综合评定，提供给家长和青少年。这使得教师有机会，思考每个青少年的优点和缺点。教师在指出青少年的缺点后，还应提出改正的建议和教育对策，并留下空间，鼓励家长和青少年写下自己的意见。这项工作有助于教师重视每个青少年的表现，但比较费时，有较强的主观性，而且对教师的书面表达能力要求较高。

教师可以使用检查单来报告评定结果。它对信息进行初步的量化，但又比分数提供的信息更具体详细。青少年可以从检查单上看到，他完成了哪些学习内容，在哪些方面还需要努力。由于检查单易于理解，可以考查态度、行为等非学业方面的内容，所以在教学中的应用较广。

此外，通过与家长面谈，也可以交流关于青少年的学习、行为和态度等方面的资料。教师采用家访或者家长会的形式与家长会面，一起探讨青少年的学习状况和适合他的教育计划。虽然这种方式比较费时，而且不够正式，但是教师都十分重视和家长的面谈。通过谈话，教师可以向家长通报青少年在学校的表现，而且还能够了解到青少年课外的情况，从而对青少年在教学中的某些问题找到可能的解释。从这个意义上看，面谈也是一种收集资料的有效途径。此外，与家长面谈还有助于加强学校和家庭的联系与合作，提高对青少年教育的有效性。

# 第八章　青少年的创新学习

## 第一节　创新学习的概述

从历史上看，人类的学习方式最初是一种维持性学习，其功能在于获得人类社会几千年积累起来的已有的知识经验，以适应解决当前发生的现实问题的需要。这种维持性学习实质上是一种表层式学习方式，它所注重的是青少年对知识的接受和独立完成学习任务，以被动性、封闭性和单一性为主要特征，对于封闭的、固定不变的情形这是必不可少的。但它仅仅把学习建立在人的客体性、受动性的基础之上，忽略了人的主动性、独立性和参与性，当面对现实社会中存在的各种复杂多变的问题时，这种学习方式已不能适应当今社会的需要。因而，当"学习的革命"以势不可挡之势席卷全球，"学会学习"的观念深入人心之时，学习者必须要从这种表层式的维持性学习方式转向深层式的创新学习方式。只有创新学习方式才最符合人类学习和发展的本质，也只有创新学习方式才能成为人类改变自己的力量，使人类能更好地适应社会，挑战未来。

合理的、先进的学习方式有助于加深对所学内容的记忆和理解程度，并使其能够较迅速地转化为主体自身的认识和实践能力；不太合理的、陈旧落后的学习方式往往停留在对所学内容的简单记忆和浅层次的直观理解上，也不能够或较慢地转化为主体的实际能力。

在学校，我们更加重视的是对青少年的知识文化素质以及身体心理素质的培养与训练，中小学是打基础的阶段，是以接受人类社会所积累的宝贵精神财富为主的。富有成效的传统学习方式便成为中小青少年惯常的最为熟悉的学习手段。其实，我们不是不要求青少年创新发明，也不是反对青少年进行科学研究和探索活动。只是，结合中小青少年身心发展的实际，我们更加强调的是对青少年的创新精神和意识动机的熏陶。因此，在中小学开展创新学习，主要是为激发青少年内在的潜能和塑造青少年的创新心理素质。

### 一、创新学习的含义

创新学习是指青少年在教师的指导下，以已有的知识经验为基础，在强烈的学习动机的支配下，自主、主动地参与学习过程，运用各种有效的学习策略，从而在学习过程中有所创新，培养创新心理素质和实践能力的学习方式。创新学习是在学习过程中人的主观能动性的彰显，是青少年在掌握知识的过程中充分发挥自己的潜能与价值的独特的学习方式。

### 二、青少年创新学习的特征

#### （一）创新学习体现了学习主体的主动性

在学习活动中，青少年是主体，而学习的对象或内容则是客体。在传统的维持性学习中，更多的是强调教师的教，强调知识的注入，把青少年看作是知识的接受者和教师教学活动的被动承受者。虽然这种教师的教和青少年对知识的接受在学习过程中的地位是不容置疑的，但建立在主体哲学基础上的教学论则认为，应当转变这种传统的青少年观，树立正确的青少年观，要突出强调青少年是学习活动的主体，把青少年看作是具有主体性的人，青少年具有对教育影响的选择性、学习的独特性、学习的自觉性和学习的创造性。因此，不能因青少年的"受教育者"身份而否定他们作为"学习者"的身份，因为"受教育者"突出其单向被动承受之意，"学习者"则强调主动自发的学习。在传统的维持性学习中，青少年是一种"受教育者"的角色，而在创新学习中，他们则是真正的学习的主体，是一个能够自主主动学习的学习者。

在创新学习中，青少年的主体地位得以确立，意味着青少年能够主动地学习。从本质上说，主动性是学习活动主体的基本特征，它的实质就是由于人具有自我意识。自我意识作为人的意识的最高形式，以主体自身为意识的对象，通过自我意识系统的监控，就能够实现人脑对信息的输入、加工、储存和输出，这样，人就可以根据自己的意识相应地监控自己的思维和行为。这种自我意识系统的监控表现的主要是人的智力品质，体现在学习上，就是指青少年能主动地预期学习目标、选择学习内容、反思和监控学习过程。首先，青少年有着明确的学习目标，能够对自己所要达到的学习要求和学习结果、所能达到的预期价值（个人价值和社会价值）有比较清醒的认识，并能主动规划和安排自己的学习。青少年可以根据自己的需要选定适合自己的学习目标，目标既不高不可攀，也不触手可及。其次，青少年能够主动地选择学习内容。在大量的信息面前，青少年能够主动积极地捕捉信息、分析和存储信息，并灵活地感受和理解信息。这种能力是创新学习必不可少的能力。人类发展的历史源远流长，所创造的科学文化知识如浩瀚的海洋，加之现代科学技术发展迅猛，知识日新月异，青少年必须学会选择学习内容，哪些是要重点学习的、哪些是需要了解的、哪些又是浏览即可的，等等。选择学习内容的过程，实际上就是发挥青少年主动性的过程，体现了创新学习中青少年的主体性。再次，青少年能对整个学习过程进行积极的反思，能够根据各种反馈信息不断反思和监控自己的学习活动。任何学习都有一个反思的过程，在创新学习中，会有直接理解或直接领悟的直觉思维，但也需要有严密的、全面的、自我反思的批判性思维能力，能够进行自我调节、即时反思和监控。这都体现了青少年学习的主动性。

### （二）创新学习是追求预期性的学习目标

创新学习不是消极地适应环境的变化与要求，更不是满足于对前人已有知识的继承和理解，而是不停地探索、发现和创造，为将来做好必要的准备，因而它具有前瞻性。与适应性不同，创新学习并不受制于外界环境的压力，而是对现实和未来的一种整体性把握，为将来可能或意外发生的事情做好各种战略性的准备。运用创新学习方式，青少年能够对神秘的宇宙进行探索和研究，如寻找宇宙中可能存在的其他生命，探索人类可能面临的各种灾难，并积极寻求策略等，这看似是一种幻想，实则是青少年在自身强烈的好奇心和求知欲的推动下，为未来所进行的学习，而不是人类简单而幼稚的童话或游戏，它是创新学习前瞻性的体现。

创新学习的这种前瞻性自然而然地同学习的预期目标联系在一起。创新学习作为一种学习方式，创新学习者运用它的一个主要目的就是追求预期的学习目标，而这种预期目标之一就是通过产生创造性产品来体现的。尽管这些产品不必直接运用于社会，也不必尽善尽美，但产品必须是创新学习所追求的目标之一。当然这种产品既可以是一种语言文学上的作品，如一篇优秀的作文；或是一种近乎科技发明的设计、方式和方法，如科技活动小组的小制作、小发明等有形的产品；也可以是一种新的思想、观念等无形的产品。创新学习的预期目标不但体现在对产品目标的追求上，也体现在其他方面，如创新学习者能够对自己所要达到的学习要求及其社会价值有所认识，并能主动规划和安排自己的学习；能够根据学习的要求有效地选择内容，在大量信息面前具有捕捉信息以及敏锐地感受和理解信息的能力，并能根据自己的需要对各种信息进行分类整理；能够对所学习的内容进行独立思考、进行多向思维，从多个角度去认识同一个问题，并善于把它们综合为整体的认识，创造性地运用所学的知识去适应新的环境，探索新的问题，拓展自己的视野；能够对自己的学习动机、学习策略和学习结果进行自我认识和调控；能主动发现学习中即将出现或已经出现的问题，及时采取有效的针对措施；能对自己今后的学习、前途和人生道路有美好的憧憬和丰富的想像力，有实现理想的愿望和责任感。

**（三）创新学习使学生具有强烈的学习动机**

学习与动机是密切相关的。青少年的学习是由学习动机来支配的，无论是一般意义上的学习还是具体的学习方式，学习动机都起着非常重要的作用，它作为直接推动青少年学习的动力，能够说明青少年为什么而学习以及青少年的努力程度和青少年愿意学什么的原因。

学习动机主要包括知识价值观、学习兴趣、学习能力感和成就归因。知识观反映了青少年对学习内容是否有用的看法；学习兴趣是青少年特殊的好奇心在学习上的表现，能促使青少年积极主动地参与学习活动；学习能力感是青少年在学习上的自信心，能影响青少年参与学习活动的坚持性；成就归因则是青少年对学习成功或失败原因的主观分析，能引起青少年对学习的期待与情感上的不同变化，从而影响以后的学习。运用创新学习方式进行学习的青少年，其学习动机具有独特性：在知识价值观方面，青少年不仅认为通过教师的传授所取得的书本知识是重要的，而且视自己亲身实践，从经验中获得的知识经验也同样重要；不仅认为直观的显性知识是有用的，而且认为那些难以表达的隐性知识同样也是有用的。在学习兴趣方面，青少年在学习活动中对各种事物都抱有强烈的好奇心，求知欲望强，对学习有着广泛的兴趣，表现出出众的意志品质，能排除外界干扰而长期地专注于某个感兴趣的问题上，而且愿意在其感兴趣的事物上花费大量的时间去探索，渴望找到疑难问题的答案，思考问题的范围与领域不为教师和书本所左右。在学习能力感方面，青少年对自己的学习充满信心，往往在心目中有着其效仿的偶像，崇尚名人名家，富有理想，能够用奋斗的目标来激励自己的学习行为。在成就归因方面，青少年往往会从自身寻找成功或失败的原因，而不是简单地归咎于外部条件。

学习动机是激发青少年学习的内在动力，但这并不足以说明青少年就能够有效地学习。在学校中，青少年最重要的学习是"学会学习"。要"学会学习"，青少年就必须懂得学什么、什么时候学、在何处学、为什么学以及如何学等一系列问题，这必然就涉及到学习策略的问题。所谓学习策略就是指，在学习情景中，学习者对学习任务的认识、对学习方法的调用和对学习过程的调控。对青少年而言，学习策略是学习执行的监控系统，青少年使用学习策略的主观愿望就是为了用较少的"能源消耗"，有效地实现学习的目标。

### （四）创新学习最终获得了多种多样的结果

一般来说，目的总是同结果联系在一起的，有什么样的目的，通过某种活动，就能够产生某种预期的结果。获得知识是人类学习的重要目的，知识的获得并内化在人的认知结构中则是学习的重要结果之一。从本质上看，知识是创造的产物，如语言文字知识，就是人们在长期的相互交往过程中形成的特定符号系统和文学家文学创作的结晶，是文学活动领域进行创造的基石。没有知识，人们的正确观点就难以形成；没有知识，没有学科最简单、最基本的原理、概念作为框架，该门学科的创造活动也就失去了支撑。就某一发明创造而言，知识可以划分为两种，一种是直接与发明创造有关的知识，一种是使发明创造得以顺利进行的基础性知识。没有前者，创造活动便不存在，而没有后者，创造活动赖以进行的知识便成为无本之木。创新学习作为青少年学习方式的一种，其目的之一就是获得相关知识。首先，创新学习不能脱离日常的学校学习，同维持性学习一样，青少年也需要学习基本的学科知识。就青少年而言，这种学科知识的获得是他们在学校教育中所接受的教育成果之一。青少年获得了各门学科的基础性知识，就为将来从事各种创新学习活动准备了前提、条件。其次，青少年在创新学习中还获得了相应的策略性知识。一个人读了很多书，拥有了丰富的书本知识，却不能灵活分解、组合，不会用来解决问题，则只能是一个书呆子。现代认知心理学所强调的程序性知识，就是一种回答怎么办问题的知识，包括智慧技能和认知策略，策略性知识就是一种元认知策略，是对知识运用的把握和调节的知识。策略性知识的获得，反过来又弥补了基础性知识对创造力发展的阻碍，促进创新学习能够更加顺利地进行。再次，青少年在创新学习活动中，逐步掌握了各种创造技法、各种创造工具的操作和使用等相关知识。这种知识是有关创新的特定知识，直接与当前所从事的创新学习活动发生联系，它既是创新学习获得的一个结果，又为从事创新学习活动提供了必备的条件。通过创新学习，这三种知识得以内化到青少年已有的认知结构中，并促使青少年的原有认知结构发生改变，使这种新的认知结构更有利于进行创新学习。

然而，创新学习的目的不仅仅是获得知识，其结果也不仅仅是促进青少年认知结构的改变。创新学习更重要的目的在于培养青少年的创新心理素质和动手实践能力，就是促进青少年原有心理素质结构的优化，同时增强青少年运用知识的实践能力。创新心理素质是进行创新活动所必备的心理素质，是创新能力和创新人格的有机综合。通过创新学习，青少年能够优化原有的心理素质结构，形成优良的创新心理素质。通过创新学习，增强青少年在实践中运用知识的能力。掌握知识的目的在于应用，运用知识也是一个提高分析问题、解决问题能力的过程。在实践中学习知识，易于遇到新情况，产生新问题，这实质上是创新的过程。通过实践学习，青少年养成了主动思考、认真分析、独立解决问题的习惯，遇到棘手的问题，学习者会开动脑筋，从多方面寻找解决问题的突破口，这实质上也体现了创新。创新学习以促进青少年"学会学习"和自我发展为宗旨，改变被动、单向地知识接受型的学习发生模式，构建一种开放的学习环境。实践中青少年往往在开放的学习生活和社会生活中选定学习内容，以个人或小组合作的方式进行学习，主动地获取知识、应用知识、思考问题、解决问题。在学习过程中把通过感知、思维、记忆获得的知识运用到实践中去，以形成相应的技能、技巧。

由此可看出，与维持性学习所获得的单一结果不同，创新学习的结果是多种多样的，它既能通过获得各种知识促使青少年认知结构发生改变，形成有利于创新的良好的认知结构；又能通过在学习过程中优化青少年的心理素质，促使心理素质结构的改变，形成优良的创新素质结构；同时，通过创新学习，必然能够增强青少年的实践能力。

### 三、创新学习的要求

#### （一）从实际出发

开展创新学习，必须从学习本身出发，从学习者自身条件出发，从学习环境出发，甚至要从学习材料出发。因为不同的要求、不同的材料、不同的学习环境都会要求采用不同的学习方式。就学习者自身来看，具备创新学习的素质自然是非常重要的。

#### （二）学习者的素质

创新学习活动的开展依赖于学习者素质的高低。进行创新学习，首先，需要学习者拥有相关知识的积累，这是进行学习的前提条件。其次，进行创新学习，更需要学习者具有创新学习的欲望和责任感。一个没有创新学习动机的学习者，是绝对不可能主动进行创新学习的探索的。再次，进行创新学习，还需要学习者掌握一定的学习技巧，提高自己的学习能力。

#### （三）师生共同参与

创新学习不仅仅是青少年的事情，教师同样也要参与到学习活动中去，只不过教师起组织者、指导者的作用。

### （四）青少年的主观能动性

这种能动性不仅表现在青少年的学习策略这一智力因素方面，也体现在学习动机这一非智力因素方面，二者有效结合，积极主动地学习，才可能有所创新，有所发展。

### （五）明确创新学习的目的

青少年进行创新学习不仅仅是发现一些新问题、新方法、新点子，更重要的是养成自己的创新心理素质，增强实践能力。

### （六）创新学习受条件制约

把创新学习界定为一种学习方式，更能体现出创新学习的本质属性。无论什么样的学习方式都受到多种因素的制约，它既受到学习主体自身条件的制约，又受到学习主体所处的各种社会历史条件的制约。

### （七）学习方式和内容相对稳定

学习方式又是为学习内容服务的，在长期的学习过程中，随着学习内容的变化，学习者对学习的认识和产生的动机是不断变化的，从而会不断修正学习策略，学习方式也必然要发生变化。但学习方式的变化程度与历史的不断进步、学习内容的不断增长相比要缓慢得多，因而又具有相对的稳定性。

## 四、创新教育与继承的关系

创新学习有一个继承问题，没有原有知识经验的积累，创新就失去了赖以存在的前提条件。创新就是能够以新颖的视角来认识一个现象或处理某一件事情或对待某一个事物，从而做出不同凡响、与众不同的行动或形成不同的观念来。

创新的过程中的继承的问题。一方面，不了解过去，不掌握已经丰富和发展起来的学科知识体系内容，也就不会去识别哪些是新的内容、规律和原理，从而认为所有的一切都是创新，这完全是井底之蛙；另一方面，只掌握了大量已有的知识体系和学科知识内容，却不能够在此基础上生发和前进，科学也就失去了魅力，人们的社会生活也就索然无味了，这不符合人创新的本质特征。所以，无论从哪一个角度来说，要创新就必须有一定程度的继承，只有在继承的基础上才能有所创新。

## 五、创新教育是学校实施素质教育的关键

学校开展创新教育，首先必须基于学校这个特殊的场所，认识到学校所

承载的传播文化和实施教育培养的功能。那种脱离学校的实际，将创新教育在学校里无限拔高的做法是值得商榷的。青少年毕竟只是青少年，他们的主要任务毕竟不是创造，而是学习。只有掌握了一定的科学文化基础知识，只有具备了一些基本的创造技能技巧，只有从小养成了敢于创新、勇于创造的良好行为习惯，在未来的科学研究过程中，他们才能担负起振兴民族的伟业，才能真正成为富有创新精神和创新能力的合格接班人。

既然学校是传授人类已经形成的科学文化知识的殿堂，既然青少年的主要任务在于掌握人类已经发现的自然与社会发展的客观规律性知识，那么，开展学校创新教育也就必须以学习为首要选择了。要把创新教育的观念渗透到教育者的头脑里，要把创新教育的内容融合到青少年的日常学习生活中，要将学校创新教育与青少年的科学文化知识的学习紧密联系起来，只有这样，创新教育才能真正落到实处。创新学习应当成为学校开展创新教育的必然选择。

创新教育是创新学习的外在条件，创新学习是创新教育的内在基础，两者是相辅相成、互相促进的关系。只有社会崇尚、提倡创新精神和创造才能，要求教育培养出创造性人才，创新学习才具备了先决条件和前提；同时，也只有每一个青少年都能够自觉地根据自己的特点，采取个别化的适合自己特点的学习方式去学习和掌握知识，实施创新学习，创新教育才能具备存在的基础。否则，不管是社会不需要，还是自己不愿意，创新教育或创新学习的实现都是不可能的。如果从相同点来看，创新教育与创新学习的最终目标是一致的，都是为了培养具有创新精神和创新能力的人才。其一，创新教育的立足点是教；而创新学习的立足点是学。其二，创新教育依据的是教的理论；而创新学习依据的是学的研究。其三，创新教育要变革教师的教学方式；而创新学习则必须改变青少年的学习方式。因此，学校开展创新教育，最重要的是从创新学习入手，这是完全必要的也是十分符合现代教育理念的。因为当前教育理论中的主体性理论告诉我们，青少年是学习的主体，青少年是学校的主人。无论是学校的管理还是教学抑或是开展的活动，都毫不例外地从青少年的角度来考虑，都必须围绕提高青少年的整体素质这个重心。要时刻牢记，能够促进青少年自我发展的教育才是真正的教育。

综上所述，青少年在接受、掌握大量的知识内容、科学体系的过程中，应根据青少年的特点和社会发展的要求，常学常新，常教常新，这才是学校创新教育或学校创新学习的主要立足点。

学校开展创新教育，最关键的是安排好步骤和进程，要真正把创新学习作为开展创新教育的主要内容和主要形式。除了提高教育者的思想观念水平之外，强调具体的教学活动安排、规划教学活动的目标指向性、制定操作性强的工作流程等，都是必不可少的重要环节。我们在实际中发现，光有从事创新教育的愿望是不行的。它往往导致了浮光掠影式的效果；而真正取得实实在在效果的学校都是将创新教育理念与创新学习要求，分解成具体的教学与学习方式方法的环节与阶段，在课堂学习的主渠道中加以贯彻落实的。

### 六、影响青少年创新学习的心理效应

营造良好的学校环境，不仅需要物质环境的改善，还需要学校氛围的创建，尤其是心理氛围的营造。我们必须了解哪些条件可以影响青少年创造性的发展，尤其是那些我们不一定意识到的因素。

#### （一）从众心理效应

创新就是要打破常规，创新就是要与众不同。因此，作为教师就必须要正确对待青少年不同的主张和意见；作为青少年就要处处想到标新立异。只有具备这样的心理状态，青少年的创新学习才能落到实处。而从众心理是人的常见的心理，打破从众心理的禁锢，还需要教师的不断努力。

#### （二）自我限制效应

我们可以想像，人类在孩提时代，有多么丰富的想像力，有多么强烈的好奇心，有多么广泛而浓厚的兴趣。遗憾的是，在家长、老师、社会的束缚下，青少年的想像力逐渐僵化了，好奇心逐渐淡漠了，兴趣逐渐索然无味了。在考试压力和评价标准惟一化的"玻璃罩"下，青少年的自我限制效应使得他们的创新学习无从谈起。

#### （三）失败归因效应

当一个人将不可控制的消极事件或失败结果归因于他自身内部的、稳定的因素如自己的智力和能力等时，那么一种弥散的、无助和抑郁的状态就会出现，自我评价就会降低，动机也就减弱到最低水平。并且，这种状态会"扩散"到任何事情上。

现代的学校教育由于受升学率的影响，老师和青少年都过分看重考试分数，并且以考试成绩的高低为评价青少年的惟一标准。因此，我们的教育无时不在制造失败者。我国目前的教育是在源源不断地向社会输送失败者：小学毕业，通过升学竞争，胜利的上了初中，失败的进入社会；初中毕业，胜利的上了高中，失败者进入社会；同样高中毕业，胜利的上了大学，失败者进入社会；在国外学成者，胜利的千方百计赖在国外，留不成而失败者回到国内。这样，流向国内各行各业、各个层次的建设者，大都是竞争的失败者。

失败的心理感受在每个人身上所产生的影响是深刻的，它会导致他们对自己的能力产生怀疑、对自己失去自信。这种"失败归因效应"如果伴随他们的一生，创新能力是得不到发展的。

### （四）拒绝尝试效应

可怕的不是失败，而是失败后心态的麻木和拒绝尝试。由于拒绝尝试，就不可能发现新情况、新问题。没有发现，没有活动。久而久之，青少年就不再敢于尝试创新了。

在这样的学校教育中，教育实际上已经缺失了教育的发展性功能，异化成为人类的一种工具，一种借以博取功名利禄的"敲门砖"。这不能不说是教育的悲哀。

以选拔、甄别功能为中心的各类升学考试，造就了一大批考试失败的牺牲品。使教育面向全体、教育要促进每一个体发展的目标流于空谈，也使青少年创造性的培养受到极大的阻碍。因此，大多数青少年为了达到他们的既定目标，只能够按照被动应付的方式学习，采取保守的和稳妥的态度去获取较好的分数，争取做一个成功者。

### （五）木桩效应

一哲人云游天下，在某一个村落中见一"力拔山兮气盖世"的大象，被栓在一个"弱不禁风"的小木桩上。哲人不解，便问村人，村人道："这不简单吗，在它幼小的时候栓在大木桩上，久挣不脱。等它成为了大象，就是栓在小木桩上也会规规矩矩地认为，此木桩的力量远在它之上"。

木桩效应启示我们：如果我们在孩子很小的时候就给他们灌输循规蹈矩的思想，不让他们有自由的空间，那么长大后，孩子创造力的发展就会成为一句空话。教育既有创造精神的力量，也有压抑创造精神的力量。教育在这个范围内有它复杂的任务，这些任务有：保持一个人的首创精神和创造力量而不放弃把他放在真实生活中的需要；传递文化而不用现成的模式去压抑他；鼓励他发挥他的天才、能力和个人的表达方式而不助长他的个人主义；密切注意每一个人的独特性，而不忽视创造也是一种集体活动。认清这些任务乃是现代心理教育学研究最有成果的智力成就之一。

# 第二节　创新学习的品质

学习是由于经验的获得而引起行为变化的过程，是人类进步和个体完善的必经之路。一切能够以个体经验的变化和行为方式的改变去适应周围环境和条件的变化的活动，都是学习活动。

## 一、青少年创新学习品质的含义

创新学习品质则是指个体心理因素中非智力人格因素特点在学习过程中的渗透与体现，是青少年在学习活动中所表现出来的非智力人格因素特征的有机综合。它对学习起到始动、激励、定向、维持和调节监督的作用，确保有效学习活动的顺利进行。影响个体学习活动及其效率的一切因素均可称之为学习品质。学习品质最终解决一个人愿不愿意学习、采取什么样的精神和态度学习、学有所成的关键特征等学习过程中的重要问题。参与个体学习过程的有机体的一切身心状态都可视为个体的学习品质，它是一个人在学习过程中所表现出来的整体精神风貌。这是对学习品质最广义的理解。

创新学习品质是指在学习过程中青少年独立思考、灵活运用已有知识、发现并运用新知识的学习。创新学习品质需要青少年充分发挥自己的主动性和积极性。独立思考，表明学习的独特方式；灵活运用，意味着学习的重心在于应用，学以致用。

## 二、青少年创新学习的特点

其一，创新学习则是以青少年的理解运用为中心；其二，创新学习的目标不仅仅满足于接受理解，更强调青少年的独特发现对自己学习的影响尤其是养成良好的学习习惯；其三，创新学习的主要心理活动方式则是思维，强调青少年用独特的思维方式去理解、思考。

青少年的创新学习活动与科学家的发明创新活动是有区别的。青少年的创新学习是他们在学习过程中所体现出来的创新精神、创新意识。只要他们思考的角度不同于老师和其他同学，思考的结论有一定的可取性，我们都应视之为创新学习。否则，对青少年尤其是低龄学生来说，未免要求太苛刻了。

创新学习品质是从事创新性学习所必备的个性特征，它也是学习品质体系中最高层面的特征，体现了创新性活动的独特之处。

## 三、影响青少年创新学习效果的因素

### （一）创新学习品质与外在条件

学习的外在条件是指崇尚教育和学习的社会文化氛围、学校的办学质量和条件、教师的教育素质高低等非个体自身因素，它是不以个人的意志为转移的。

### （二）创新学习品质与内在制约条件

内在制约条件是指学习者自身的条件，诸如身体生理状况、心理发展水平、思想道德意识等，它可以在个人主观意志的控制和调节下加强训练。

从对学习活动产生影响的内在要素来看，参与个体学习过程的有机体的一切身心状态都会对其学习产生影响。学习品质是伴随学习过程而存在的，它反映了学习行为的倾向性和学习过程的独特性，并制约着青少年学习效果的优劣。总的来说，学习品质所包含的个体学习的身心状态包括智力、人格和身体素质等方面。如青少年的智能发展水平是否适应各科学习的要求，青少年对学习活动的认识是否正确，学习的愿望动机是否强烈，学习目的及态度是否端正，学习的方法是否合理，学习信心是否具备，在学习过程中能否做到集中注意力、情绪稳定、独立思考、专心致志、具备坚忍不拔的意志等以及是否有强健的体魄、旺盛的精力去完成艰苦的脑力劳动和艰巨的学习任务。

人的学习活动主要受其智力和非智力两大因素的制约。智力因素决定了青少年学习的可能性以及学习的深度和广度，而非智力因素则为青少年的学习提供了动力基础，起维持和保障学习活动顺利进行的作用。

### （三）创新学习品质与智力因素

因为智力因素对学习的影响十分重要，因而，学习品质结构系统中应当包括青少年的学习能力基础，即智力因素特点。但是，智力因素的影响主要是对学习活动的可能性的作用，它是从事学习的前提之一。绝对地说，有能力从事学习活动与无能力从事学习活动，主要看智力因素的好坏。而一个能力为零的人是找不到的，只有适合从事什么样的学习的问题。因此，对中小青少年来说，教育应当放在如何开发青少年的智力潜能、如何促进青少年更好地掌握知识经验方面。这就涉及到非智力因素培养的问题。

### （四）创新学习品质与非智力因素

非智力因素不仅对个体的学习活动，而且对个体从事各种社会实践活动都会产生巨大的影响。因此，加强对青少年的非智力因素的培养，已经成为现代教育的重要特色以及对教育工作者的迫切要求。通过教育者的启发、引导，创设教育情境和氛围，培养中小青少年勤奋、好胜、沉稳的学习态度和行为习惯，养成灵活辩证的学习归因倾向，形成适合自己独特个性的学习作风。在这一过程中，教育者起主导作用，青少年是学习的主体。

### 四、创新学习品质的结构与功能

创新学习品质的构成应当以一般学习品质为基础，因为只有具备了必要的学习品质特征，才能顺利地从事学习活动，才能谈得上进行创新学习；此外，在构建创新学习品质内容体系时，还应当突出创新性个性特征的作用，加大创新性个性特征所占的比重。据此，将创新学习品质划分为三级 10 个方面：学习兴趣、学习情绪稳定性、学习责任感属于初级品质；学习自觉性、学习缜密性、学习坚韧性属于中级品质；怀疑、幻想、自信、独创等学习精神属于高级品质。狭义的创新学习品质就是指创新学习品质结构特征中的高级品质。

青少年的学习活动是一种特殊形式的认识活动。在这一过程中，教师有组织、有系统、有计划地传授系统的科学文化知识，培养青少年的道德理想和情感，发展青少年的智力和能力，使青少年在德智体美诸方面都得到健康和谐地发展，成为符合一定社会所需要的合格人才。很显然教师起了主导性作用。然而，青少年自己毕竟是学习活动的主体，任何教育影响、措施、方法、内容，都必须通过青少年自身的消化、组织、理解，才能真正为青少年所吸收、接受、掌握。应当说，青少年学习过程中的主体作用就体现在其智力因素特点和非智力人格特征对学习过程的作用上，它集中体现为创新性学习品质对学习过程的统整和调控，即青少年的学习心理品质对学习过程的自组织作用，这便是创新性学习品质的作用及功能。

创新性学习品质有其内在的逻辑结构，它遵循着对学习过程进行调节控制的主线，表现出始动、定向、激励、维持和强化的功能。从始动功能来分析，创新学习品质对青少年的学习活动起着一种发动和推进的作用。青少年对学习过程及其意义的正确理解，是其从事学习和认识活动的前提和基础。青少年只有在深刻理解和掌握学习的目的意义和特征的基础上，才会激发起自己巨大的学习热情和充沛旺盛的学习精力，全身心地投入到愉快的学习过程中。因而，作为始动的创新学习品质主要是围绕青少年的创新学习目标、学习的主动自觉性而形成的。

影响中小青少年学习的主要人格大致可以分为好胜性因素和沉稳性因素。好胜心是指青少年具有较高的成就动机、强烈的自我意识和自信心以及勇于学习和善于学习的自觉性等。如一个青少年在学习上，对自己的要求较严，制定了详细的目标，敢于自我挑战，并坚信自己的实力，从而发奋攻读，刻苦钻研。老师要求的学习任务，能不折不扣地完成；老师没作要求的，则自己制定学习计划，科学管理学习时间间，发挥课堂的效益等。由此可见，它涉及到了学习过程中主体的态度、动机、自信、自尊等个性品质。沉稳性则主要涉及情绪特征、意志特征以及气质性格等品质，表现为在学习过程中遇到困难时，不气馁，有一股不达目的不罢休的勇气；在具体学习细节上则认真细心；还有的青少年能克服家庭、自身的不利条件，坚持学习。沉稳性品质主要包括学习的坚韧性、情绪稳定性以及认真细致、努力负责的学习作风等品质，这些构成了创新学习品质的基础和核心内容。

从激励和强化功能来说，学习品质是以青少年的学习动机和学习信心为核心的。青少年具有强烈的学习成就动机和振奋昂扬的学习自信心，就能够在学习过程中不畏困难和挫折，坚定信念，始终如一地坚持下去，直至取得理想的学业成绩；同时，每一位青少年若能够联系自身的实际条件，确定合理而恰当的抱负水平，不断体验到学习成功的喜悦，彻底地从厌学的情感氛围中解脱出来，就能更加愉快地、精神饱满地完成学业活动。

从定向与调节功能来看，学习品质侧重于学习的意志品质和自我意识水平两方面，它反映了人的意志和主观能动性在维持和监督有效学习过程中的巨大作用。通过意志品质的培养锻炼，逐步提高青少年的自我认识、自我评价和自我调控能力，不断地找出差距，及时补缺补差，最终实现学习过程的最优化。

综上所述，将创新学习品质看成是由内隐品质和外显特征所构成的、由影响青少年学业的主导性人格特征所组成的具有始动、激励、调节功能的自组织系统。它实质上是一个激发青少年学习意识和调节青少年学习行为的动力监控系统。在这个系统中，内隐的品质是高级的心理行为特征，称之为创新学习人格。它主要包括怀疑的品质、幻想的品质、自信的品质、独创的品质、坚持的品质等。外显特征是较低级的心理品质特征，我们称之为创新学习意向。它主要包括学习兴趣、学习情绪稳定性、学习责任感以及自觉性和缜密性等特征。图中形象化地表明了创新学习品质的内涵。这些品质特征基本上抓住了当前影响中小青少年创新学习的非智力人格因素特征，具有较强的针对性和实用价值。

注重青少年智能的开发，促进青少年知识结构的合理与完善，应当与培养青少年良好的思想道德品质和优良的非智力人格因素特征相结合。这不仅是时代的要求，是未来社会发展所必需的，也是现代教育的重要特点。只有这样，才能产生我们所期望的教育效果，才能真正培养出社会发展所需要的高素质的合格人才。

# 第三节　创新学习品质的训练

创新学习品质训练是培养创新个性素质的重要途径。青少年的最主要活动是学习活动。结合青少年的学习活动来加强青少年的心理素质教育是一条重要而又必要的途径。尤其是对青少年的个性品质的培养，更应当从青少年的实际出发，依靠开展健康有益丰富多彩的活动来实现。创新学习品质训练，就是结合开展创新学习活动，培养青少年勇敢、坚韧、幻想、怀疑、好胜、自信等个性品质，以期保证创新学习活动的顺利进行，形成初步的创新个性素质的雏形。创新学习品质优化发展之时，也就是青少年创新个性素质提高完善之时。鉴于目前青少年只顾埋头苦读，不愿动脑筋或不会动脑筋超越课堂、超越书本、超过老师的学习现状，创新学习品质训练只能从初级品质入手，循序渐进，采用迂回反复的小步子方法，并且要做好长期的打算。

## 一、创新学习品质训练的提出

影响青少年学习成效的关键因素是非智力人格因素特点的差异。加强青少年的心理素质教育，培养和训练青少年良好的非智力人格因素特点，应当成为当前素质教育改革方向，尤其是提高青少年整体素质、实施现代教育的立足点。

创新学习品质训练就是通过教师的启发与指导，培养青少年自觉主动学习的意向，确立起有效的学习准备状态，并能通过青少年自身的有意识的实践活动，不断获取经验与教训，最终形成适合于自己的独特的学习行为习惯。

## 二、创新学习品质训练的可能性与必要性

创新学习品质是可以通过培养和教育而得到发展的。首先，人格特征主要是在后天的生活、工作、交往活动中形成的，作为人格特征在学习活动中体现的创新学习品质，它的形成与发展必然离不开学习和教育活动。因此，我们完全可以通过教育训练的方式来塑造青少年良好的创新学习品质。道德信念作为人格品质中最高层次的内容，都可以通过教育训练得到发展，那么，人格心理成分中的创新学习品质自然也可以通过训练得到发展。再次，从教育实践来看，当前中小青少年中的学习困难者，其根本问题恰恰是个性问题，他们在学习动机、学习态度以及人格适应等方面的障碍，不仅使他们摆脱不了学习上的困境，而且影响了他们潜能的开发和人格的和谐发展，必须加强对他们的心理引导。事实上，很多学业不良或品德行为有问题者，往往在教育者的点拨和引导下。注意创新学习品质和良好学习行为习惯的培养，而一跃成为学业上的佼佼者，这类事例屡见不鲜。这也从另一个侧面反映了创新学习品质训练的可能性与必要性。我们的实验训练结果，更加证明了这一点。

进行创新学习品质训练也是十分必要的。其一，青少年的主要活动是学习活动，围绕学习而产生的问题理应成为广大教育工作者关注的焦点。而青

少年的创新学习品质的培养也就自然而然成为教育者的重要任务。其二，创新学习品质的形成与发展，可以丰富和完善青少年的非智力人格因素特征，促进青少年智力因素水平的提高，从而带动其整体素质的发展和提高。因为良好的创新学习品质，必然通过学习活动效率的提高，增强青少年学习的积极主动精神和勇敢的科学探索精神，提高知识文化水平。这一方面提高了青少年的科学文化素质，同时，通过完善认知结构，对其智能发展也会产生促进作用。其三，创新学习品质训练，有助于抓住薄弱环节，突出重点，增强教育者的教育信心和提高学习者的学习意识水平，使师生都能体验到成功的快乐和喜悦，从而激发更大的热情，共同努力，促进教育教学质量的提高。所以，原国家教委有关领导也一再强调，要对青少年加强非智力因素的培养和教育。

### 三、创新学习品质训练的主要内容

学习是人类进步的阶梯，热爱学习是一切成就者的共同特点。所以应鼓励青少年热爱学习。通过范例，从情感上感染青少年，打动青少年，使青少年树立正确的学习观念，进而指出学习时制定计划的重要性以及合理恰当地确定近期或远期的学习目标。

### （一）勤　奋

勤奋训练包括热爱学习、目标学习、兴趣学习、坚韧学习以及勤奋学习。

青少年时期是人生的黄金时期，更是一个人学习科学文化知识、丰富自身以及获得本领的时期。未来的社会需要一大批高科技人才，没有知识、没有文化的人将会被时代所淘汰，只有视学习为人类的第一需要；只有热爱学习的人，才有可能成为未来社会的栋梁。

目标学习就是按确定的目的，计划开展我们的学习活动的过程。只有在学习过程中，不断提出切实可行的学习目标，才能促使青少年不断进步。这里的切实可行，主要指目标要合理，即在通过一定的努力之后是可以实现的；目标要具体，即学习要达到什么标准，指标用什么衡量，怎样衡量，都有确切的含义和内容；目标要检查，即定期检查学习目标的落实情况，便于及时调整，巩固完善。

培养学习兴趣，应当贯彻由浅入深、由表及里、以点带面的原则。首先，明确学习目的，知道自己为什么而学习；其次，建立多种联想，稳固学习兴趣；再次，就是在比较短的时间内，使自己在学习的某一方面有较大的提高，以增加学习的信心，激发自己的兴趣；最后，可以有意识地延伸、转移其他的兴趣爱好，使它们作用于学习。

学习过程中不畏艰难、持之以恒的意志品质的体现，便是坚韧学习。它表现在无论学习什么课程，无论在学校、家中，学习者都能够克服学习上的困难，去获得良好的学习效果。坚韧性的培养是一个漫长的系统工程，不可能一蹴而就，必须从小处入手，自我激励，体验成功，逐渐将坚韧创新学习品质引向持久、深入。

### （二）好 胜

好胜主要训练青少年学习的主动自觉性以及争强好胜的创新学习品质。通过对青少年自信心的激发与培养，营造一种奋发向上的学习心理环境氛围。

好胜的训练：主动学习、独立学习、激励学习、自信学习、好胜学习，其中以自信学习为重点。主动学习、独立学习通过列举当前青少年中存在的依赖性强、主动性差的学习行为表现，使青少年从思想上明确，没有主动自觉的探索精神，是无任何快乐可言的。养成主动学习的习惯，变"要我学"的观念为"我要学"，就必须制定一些约束措施，诸如学习的时间要求、内容要求、学会预习、学会练习、学会复习等。激励学习则是在主动、独立学习的基础上，运用各种激励措施，进一步巩固和培养青少年学习的积极性和强烈的学习动机。

主动学习就是指自觉地探求、积累和掌握知识的学习行为品质。它突出表现为学习时有很高的积极性和自觉性。要想使学习从被动变为主动，首先，要有主动学习的意识，不满足于课堂、老师、课本的传授内容，而立足于自己的理解。其次，要创新主动学习的条件，培养学习兴趣、锻炼学习意志都是不可或缺的条件。最后，要制定主动学习的措施。根据每位青少年的实际情况，制定一些学习的时间要求、学习内容要求以及学习目标要求，去迎接学习的挑战，使其成为一名学习的强者。

独立学习能力的培养是 21 世纪教育的重要内容之一。对青少年而言，他们的学习是在老师的指导下独特的认识活动过程，因而，青少年独立创新学习品质的养成应根据学校教育的要求，抓住预习、练习、复习这三个环节，从养成良好的学习行为习惯入手，逐渐提高青少年的独立学习素质。

激励学习主要是围绕学习动机的培养而展开的。由于学习动机的不同，每个青少年在学习过程中的表现也不尽相同，有的同学愿意为他所喜爱的课程而发奋学习，有的同学则为他所喜欢的老师而努力学习，还有的同学是为了获取父母、亲友的赞扬而认真学习。通过训练，要让青少年树立远大的学习抱负，为成为有理想、有道德、有文化、有纪律的"四有"新人而学习。

也就是要培养青少年的学习成就动机。

成就动机是指一个人对自己认为重要的有价值的工作乐意去做，并力求达到成功的一种内在推动力量。学习成就动机，就是青少年努力进取、追求学业成就的动机。它对促进青少年的学习活动，提高其活动的积极性和主动性，提高学习效率，都具有十分重要的作用。

研究表明，进行人生观、价值观教育，制约青少年的某些观念，调节青少年的各种需要，从而引发其内在的动机，是动机激发的一条重要途径。只有这样，他们才能站在"民族"和"国家"的高度来认识自己肩负的责任和义务，才能认识到自己学习的意义，激发起为中华民族之崛起而读书的热情。同时，利用青少年的好奇心，加强对青少年兴趣的学习培养，通过兴趣作用，达到培养青少年内在学习动机的目的以及实施情境教学、启发青少年思维，促使学习迁移的实现，也是加强学习动机训练的有效途径。

自信就是对自己的能力、才干、素质等的正确认识与评价，对自己能获取的目标有一种强烈期待心理。它是个体良好心理素质的重要组成部分，在一个人的工作、学习和生活中意义深远。"哀莫大于心死"，实质上是说一个人若失去自信，那将一事无成。许多事实亦证明，有无信心是学习能否成功的关键。

自信与好胜是相辅相成的，只有具备自信品质，青少年在学习过程中才会不满现状，力争超越自己、超越他人，才能在学习过程中直面并克服各种各样的困难和挫折，享受到学习成功的喜悦，同时，也只有在这时，青少年的自信心才能真正得以维护，从而保持较高的学习成就动机。

### （三）沉 稳

沉稳强调的是形成扎实的学习作风。在学习中保持一种良好的心境，做到情绪稳定，不犯"冷热病"。粗心马虎、敷衍塞责，遇到问题和困难就心灰意冷是学业不良的青少年通病。

从愉快学习入手，尽量挖掘学习内容和过程本身的教育因素，使青少年感到学习是愉快的；教会青少年控制学习情绪的方法，以良好的心态参与学习过程。学和乐是不可分离的，将索然无味的知识，装扮成趣味盎然的优美画卷，激发青少年的学习激情，让青少年通过学习体会快乐，在稳定快乐的心境下进行学习。具体方法：一是形象说法，就是根据教学内容，用形象生动的语言描述其核心内涵。二是图示导趣，就是将晦涩难懂的内容，用点、线、面组成的画面或图例显示出来，如数学上的解应用题的方法就是这样。三是动手演示，就是将学习内容中可以动手制作的部分，让青少年付诸实践，既维持了自己的注意力，又保持了稳定的情绪。

努力学习强调的是注意品质训练，教会青少年如何集中自己的注意力，养成良好的学习行为习惯以及较强的自我控制能力。意念法是我们在学习时，将当前的学习任务转变为头脑里的念头，在意识中加以默诵。这样，强烈的完成任务的欲望便会促使我们不得不集中自己的注意力；操作活动法就是在学习时，发挥多种感官协同活动的优势，稳定注意力；自我语言暗示法，则强调自我暗示对培养努力创新学习品质的重要性。

认真学习就是要从思想上克服麻痹大意，行动上克服敷衍塞责的不良习惯，做到细心严密。这里，掌握比较的方法，学会观察分析，区分相似与近似之处，对青少年的学习至关重要。因此，训练就由此开始，让青少年在比较中学会鉴别，在观察中了解差异，不放过任何细节。

审慎学习要求青少年不能满足于一知半解、似解非解的状态，而要具有求实惟真的精神。培养求真精神，勇于质疑问难非常重要。

踏实学习就是根据青少年学习上马虎不专心的现象，向青少年们提出如下建议：从遵守课堂学习纪律做起，认真听讲，专心思考，及时认真地回答老师提出的问题，不讲话，不做小动作，不看与课堂教学无关的书籍等；从养成良好的学习习惯入手，如执笔、写字、听讲、使用工具书、复习、预习等；从珍惜点滴时间、把握当前的学习任务开始，如制定详细的作息时间表，学习任务明确，精力不分散等。

### （四）归　因

归因就是人们对自己或他人行为的原因进行推测、判断或解释的过程。从归因的角度看，能对自己的学习作正确归因的人，可以提高成绩，改正不足，不断进步。

归因训练的核心是强调自我努力感的归因模式的建立。因为青少年的智力发展是完全可以适应学业需求的，能力上不存在问题，主要是非智力因素的优劣。因此，遇到问题应多从自身的角度去归因，去分析，多检查自己，而不应当怨天尤人。只有这样，才能激发青少年自身潜在的学习能量，刺激青少年能力和智力的发展，完善自己的创新学习品质特征。

诚然，一味强调自我努力感的归因模式也是不对的。我们同样也强调在学习中加强与其他同学的交往，吸取他人成功的学习经验，完善自身的学习知识结构。

青少年的学习是在教师的指导下进行的，同时也是在班级团体活动中展开的。因此怎样善于发现他人的长处，将其借鉴过来，充实自己，是每个青少年都必须正视的一个问题。

对自己的学习及学业成败，要有一个正确的客观的评价，时刻保持谦虚谨慎的学习态度。谦虚的人，失败时不会把原因全部归结于机会、运气、难度等；成功时也不会把原因全都归于自我努力。他们会从实际出发，内外结合来探讨学业成败的原因，决不骄傲自满，总是在寻找自身的不足与缺陷。当然，过分谦虚也是我们所反对的。

灵活学习是对本篇的总结与概括，是教育青少年，无论何时何地，都不能走向极端，要机智灵活、辩证统一地看待学习及学业成就的大小。

### （五）调 适

调适是向青少年传授一些心理学的基本知识，使他们能正确认识自身，了解自己的心理特征，明确自己的优点与不足，从而有意识地加以锻炼，有意识地加强自己与社会环境的交往，从老师、同伴身上学习，取长补短，共同进步。

### （六）需 要

需要是指个体在生活中感到某种欠缺而力求获得满足的一种内心状态。人们感到知识的贫乏而产生的迫切愿望，便是学习需要。一个人只有具备了迫切的学习需要，才能取得优异的学业成绩。因为，只有这样，他才能坚持不懈地学习。创新学习品质训练主要是对青少年进行好胜与沉稳品质的培养。

## 四、创新学习品质训练的主要措施

### （一）营造愉快的学习情境

基本的学习态度是青少年从事学习的保障，如果没有学习的愿望和情绪，甚至产生厌学情绪，不用说创新学习，就是正常的学习活动也难以持续下去。因此，在训练过程中，我们要求实验教师，了解青少年的学习心理现状，加强对学习兴趣的培养，努力营造愉悦的学习气氛和环境。营造学习氛围，就是要转变青少年的认识，让他们觉得学习是一件愉快舒畅的事情。这又取决于学习过程中成就感的获得。训练中，教师首先要在情感上接近青少年，然后想方设法使不同水平的青少年体验到成功，获得愉快的心理感受，这样青少年在不知不觉中就会转变自己的态度，增强学习的动力。

### （二）激发青少年的上进心

独创需要相互之间的比较和竞争，如果青少年不想通过自己的努力来证明自己的才能，反映自己的水平，那么其创新精神就无从培养。在创新学习品质训练中，我们通过巩固完善学习品质，彻底改变青少年依赖家长、教师的督促控制为特征的被动学习局面，形成自觉主动积极、按时保质保量完成学习任务的主动学习气氛。在此基础上，我们适当增加学习的难度，激发青少年的上进心，培养青少年良好的学习坚持性，鼓励青少年开动脑筋，排除杂念，创新性地解决问题。激发青少年的上进心是以尊重和保护青少年的自尊心为基础的。在青少年思考、解决学习任务时，我们要求教师以正面鼓励为主，避免指责和批评青少年，尽可能地发现青少年解题中的合理因素，使"每个青少年都抬起头来走路"。

### （三）开展形式多样的活动

创新个性素质不是与生俱来的，而是在后天环境与教育活动影响之下形成的。无论采用什么训练形式，最终都必须通过开展创新活动表现出来。组织活动是培养非智力人格因素的根本途径。因此，在创新学习品质训练过程中，要抓住时机，选取典型，开展生动活泼、丰富多彩的竞争比赛活动，以强化训练效果。从培养学习兴趣的角度考虑，适时组织"联想比赛"，让青少年对特定图形作出不同意义的解释和说明；为了培养青少年的独创性，精心选择活动材料与内容，举行"想像结尾"的作文竞赛，鼓励青少年根据自己的知识经验，展开大胆的设想；设计"过关斩将，树立自信"活动，以游戏比赛的形式，让青少年体会到自信的重要作用，并学会自我激励，树立好胜和自信心。在没有强制压抑的氛围中，在鼓励创新的情境下，青少年会千方百计、想方设法达到自己的目标，证明自己的实力。这里，千方百计也好，想方设法也罢，都带有创新的特色。

### 五、创新学习品质训练的基本途径

从提高青少年的认识入手，以养成良好的学习习惯为突破口，加强训练课与其他学科课程的相互协同性、渗透性，以青少年的自我教育锻炼为主要形式，最终达到完善个性、促进全面发展的目标。

认识是行动的先导，只有从思想认识上真正接受某种观念、原理，才会在实际活动中有意识地按照认识的要求去做。因此，进行创新学习品质训练，首要的任务是必须端正青少年的学习态度、学习意愿。在形成良好端正的学习态度的基础上，青少年就会十分珍惜大好时光，利用一切机会努力学习。我们在训练中，通过古今中外大量的生动具体的事例，从正反两方面引导青少年正确理解学习的意义，激发他们的学习热情。经过训练，青少年普遍感到对学习的认识更加深刻了，纷纷表示，不辜负父母、老师的殷切希望，勤奋学习，用自己的勤劳而又灵巧的双手去获取知识。

从认识过渡到行动，是一个必须经历反复练习、不断巩固的活动过程。这时，教育者应不失时机地"趁热打铁"，组织一些健康有益而又富有趣味和具有教育意义的活动，让青少年在活动中体验认识，加深对认识的理解。活动是教育的精髓，也是创新学习品质训练的基本途径。通过活动，能发现教育中的不足和疏漏，以便因势利导；通过活动，还可以增强教育者的信念和决心，激励青少年不断上进。

学以致用，我们强调青少年的自我教育活动，让他们自己在实际活动中有针对性地剖析自己创新学习品质上的弱点，从而加强创新学习品质训练的效果。

由于现在的青少年被动应付型学习情况较普遍，我们在创新学习品质训练中，主要抓主动、独立创新学习品质的培养。选择培养良好的学习行为习惯为突破口，从具体方法上指导青少年独立学习、自觉主动地学习。比如，针对青少年普遍存在作业马虎、不细心的特点，我们开展了种种活动来训练其认真、细致的学习作风。通过创设一些"粗心大意"的问题情境，让青少年在其中展开比赛。这样的结果，既使得青少年的自尊心、好胜心等品质得以展现，又达到了改正马虎敷衍的目的。

单纯的创新学习品质训练的效果是有限的。在实验中，强调创新学习品质训练内容与各学科和课程内容的相互渗透性。

在其他各门课程的教学中，教师都有意识地渗透创新学习品质训练以及其他心理训练的内容，真正做到各门学科之间的协同一致性，促使青少年在智力、人格、思想品质、劳动意识、体魄等诸方面都得到发展。

非智力人格因素的培养训练，也同其他各科教学一样"教无定法"。只要有助于青少年的创新学习品质的提高，只要有利于青少年个性及智能的和谐统一的发展，只要能达到全面提高青少年整体素质的目标，任何方法都是有效的，任何途径都是可行的。我们不必拘泥于形式，用固定的一成不变的框框来束缚自己的手脚，否则，教育活动的创新性便无从体现了。

另外，在创新学习品质训练中，还必须加强个别的辅导，贯彻整体一致性与个体特殊性相结合的原则，让"每个青少年都抬起头来走路"。当然，这也是教育方针的要求，是创新学习品质训练的效应研究。

创新学习品质训练是针对当前学校教育的实际状况而提出的。在传统的"学而优则仕"的思想影响下，学校教育，尤其是中小学教育，片面追求升学率，削弱了青少年的智力培养，形成了一种围绕考试而转的学校教育培养模式。考试考什么，教师便教什么，青少年便学什么。结果，青少年的素质畸形发展，青少年的创新才能被湮灭，青少年的个性被泯灭。创新学习品质训练的提出是实施心理素质教育、强化青少年非智力人格因素培养的切入口，是促进青少年整体素质全面发展的重要一环。

### 六、创新学习品质训练的实际效应

#### （一）创新学习品质训练的直接效应

1. 学习兴趣。学习兴趣是学习活动中最活跃的因素，是一个人渴望得到知识所表现出来的一种积极愿望，是学习活动的催化剂。学习兴趣的发展划分为有趣、乐趣和志趣三个层次水平。初级的学习兴趣是有趣层的体现，表现为青少年对学习过程、学习内容的好奇和探究心理，这种原始的求知欲心理易受到学习本身的制约和影响；中级的学习兴趣是乐趣层的体现，它是学习动机、学习目标、学习需求等心理因素交互作用的结果，表现为青少年具有强烈的学习愿望、正确的学习目的和稳定的学习情感等，它易受到学习目标、学习心境状态等因素的影响；而高级的学习兴趣是兴趣达到志趣层的结果，表现为青少年在学习过程中具有坚定的学习信念、远大的学习抱负以及不为困难和挫折所动的学习自觉性。这是学习兴趣不断深化发展的必然结果。

对青少年学习兴趣的训练是围绕认识展开的，并加强实验训练过程中的知识性、科学性与趣味性的统一。利用青少年的好奇探究心理，结合讲解心理学的知识，满足青少年旺盛的求知欲；同时训练手段有别于日常学科教学，充分发挥青少年在学习过程中的主体作用，注重启发和引导青少年讨论、辩论、归纳、理解和想像，因而符合青少年的年龄心理特点，实验班青少年的学习兴趣较训练前有了较大的提高，与此同时，控制班青少年的学习兴趣发展则不明显。

2. 学习动机。学习动机是指推动青少年进行学习活动的内部动力。一般来说，青少年的学习动机发展水平是不高的，外在的动机较普遍，且起了很大的作用。例如分数的高低、老师的肯定与否、家长的逼迫强度高低、期望值大小等都是促使青少年学习的重要原因。为此，我们在训练中企图通过阐述学习的优越性来引发青少年内在的学习动机，同时组织一些课外活动，如读书比赛活动、学习竞赛活动等，以激发青少年学习的积极性，使青少年意识到自己的责任和义务，充分表现出为祖国、为未来而学习的愿望和决心。

3. 学习信心。学习信心是指青少年在学习过程中对待学习任务和学习障碍、困难的态度与方式。它反映出一个人的自信品质，是好胜心因素的集中体现，也是青少年自我意识发展水平的重要标志。在学习信心的训练中，我们注意抓好两个方面：其一，激发青少年的争强好胜意识。要敢于超过表现较优秀的同学，别人能做到的，坚信自己也可通过努力达到。其二，教育青少年了解自己的实力，制定切合自身实际的学习目标，不能过分盲目地自信。应当承认，这两方面的辩证关系处理得好，青少年的自信心就会得到增强；反之，则会出现片面、极端的情形，如自傲、目空一切或自卑、垂头丧气。由于青少年自我意识的发展相对薄弱，掌握和理解以及执行过程中都还存在着一些困难，加之我们训练自信心的措施和手段还不是很丰富，因此，青少年学习信心的改善不太令人满意。

在学习态度上，我们将青少年划分为主动学习型与被动学习型两类。前者有一定的学习自觉性，能较好地自我管理和约束；后者则过分依赖父母和老师，容易放任自流，没有自制力。应根据青少年学习态度上的不同情况，加以分类指导。训练过程中，我们应首先从情感上理解、接纳他们，使他们感觉到自己的能力和品质得到老师的赏识和鼓励，然后，在每个班级中挑选出主动学习做得较好且成绩优异的青少年若干名，让他们现身说法，剖析自己学习态度的形成。这样，训练就有了较强的直观性和针对性，青少年们普遍反映"收获不小"，并且在学习过程中，纷纷加以仿效，学习态度也发生了明显的转变。

创新学习品质训练的直接效应取决于训练目标的专一性、训练方式方法和手段的多样性以及训练过程中实验教师的耐心细致性。由于目标明确，所以制定的措施针对性就强；由于方法多样，青少年就会产生兴趣，积极配合；由于实验教师认真，他们就会随时发现问题，随时咨询，考虑解决，及时地把训练过程中的问题消灭在萌芽状态。

### （二）创新学习品质训练的间接效应

创新学习品质训练不仅可以促进良好创新学习品质特征的形成与建立，改善不良的学习行为特征，而且会对青少年的智力发展和人格品质特征的优化产生一定的影响。进而，通过浓厚的学习兴趣、强烈的学习动机、必要的学习自信心以及认真踏实的学习作风等对其学业活动加以维持、激励、引导、调节，最终获取优良的学业成绩，这就是创新学习品质训练的间接效应。

从创新学习品质训练对智力因素发展的影响来看，这可能是一个长期的潜伏过程。因为它毕竟只是针对个性品质特征的培养与塑造，而智力因素的发展又有其自身的规律和要求。创新学习品质训练对智力因素发展的影响，主要是通过良好学业成就的获取、知识经验的丰富、认知结构的改善与完善来间接发生作用，促进智力水平的提高的。

人格优化培养是当今教育界的热点问题，也是现代教育发展的重要功能之一。有人探讨利用教育情境中师生、学生之间人际互动建立起来的认知情意方面的积极交往，使青少年在教育教学过程中产生充分的教育共鸣，从而促进青少年个性的最优发展；也有人针对青少年的个性倾向性和个性心理特征的差异，主张因人制宜，实施个性发展教育；还有人主张，人格优化要调动家庭、学校、社会的共同参与，形成积极的环境氛围，给青少年以熏陶和潜移默化的影响。还有人主张，人格主要是在后天的社会生活环境中形成与发展的。因此，培养和塑造人格品质就不能脱离实践活动。青少年最主要的实践活动便是学习活动。在学习活动中不仅能表现出个性，同时，青少年个性特征的形成与发展也离不开其学习活动、同伴交往活动以及日常生活活动。结合青少年的学习活动，进行人格塑造是人格优化的必经之路，将创新学习品质训练作为人格训练的突破口，就是基于上述思想而设计的。开设创新学习品质训练课，不仅能够改善青少年的学习行为表现，而且能有效地影响青少年人格品质的发展。

　　依照人格向性说，将青少年的人格类型划分为外向、中间和内向型三种。一般而言，外向型青少年精力充沛，动作敏捷，但容易浮躁马虎；内向型青少年则相对冷静稳重，谨慎多思，但较难适应环境，反应迟缓。在创新学习品质训练课中，我们不仅找出两者的区别，分析两者的优势与不足，让外向的青少年要更加踏实一些，而内向的青少年可适当增加同老师、班集体的交往，也就是要求内外向类型的青少年都要根据自己的特点，在学习、工作及日常人际交往中互相取长补短。从两类典型青少年群体的变化来看，训练确实起到了一定的效果。

　　创新学习品质训练就是对良好的创新学习品质特征的培养和教育。良好的创新学习品质特征应当包括以下几个方面：浓厚的学习兴趣，稳定的学习情绪，较高的学习动机，恰当的学习自信心，认真负责、细心求真的学习态度，灵活辩证的学习归因等。因此，进行创新学习品质训练就必须要分析这些特征的内在逻辑联系，有计划、有目的、有步骤地加以锻炼和培养。同时，进行创新学习品质训练还必须结合不同学习者的实际情况，有针对性地加以训练。这就是创新学习品质训练的差异性。

　　首先，学习兴趣是创新学习品质训练的先导，是青少年从事艰苦学习活动的前提。只有在青少年具备学习积极性的基础上，我们才能进一步培养他们高涨的学习热情、良好的学习自信心以及沉稳的学习作风。学习态度是创新学习品质训练的核心。态度是行动的先导，端正的学习态度决定着学习者学习精力的投入、学习意志的参与程度。学习归因与调适训练是创新学习品质训练的归宿。可以说，学习归因与调适训练是创新学习品质训练的最高层次，是创新学习品质训练的升华。从学习归因的角度来看，学习者要多从自身的角度，深入挖掘自身的潜力去迎接艰苦学习的挑战，不断调节自身的心理状态，以最饱满的热情、最充足的精力、最快乐的心态去完成学习任务。

其次，因材施教根据青少年自己的创新学习品质特性的差异进行创新学习品质训练，即因人而异。有的青少年学习自信心不足，有的青少年学习态度存在问题，还有的青少年没有掌握正确的学习归因方法，诸如此类的问题都必须从青少年的实际情况出发，有针对性地加以培养。例如，为培养青少年的学习兴趣，我们可以改革教学内容，运用启发式教学，鼓励青少年自我发现、自己提出问题并尝试解决等；为培养青少年的学习信心，我们可以适当降低问题难度，使青少年获得成功的体验，从而激发其上进心；为培养青少年正确灵活的学习归因品质，我们可以让青少年就自己的学业成败进行分析，让其他同学现身说法，分析自己的学业情况。

总之，创新学习品质训练的效果取决于训练目标内容的针对性、训练方法手段的多样性以及训练过程中的灵活性。

### 七、创新学习品质训练中的交互效应

创新学习品质对学习效果是一种复杂的影响，大体上分为积极的正向作用与消极的反向作用，创新学习品质作用的互补性特点是其中最独特的方面。创新学习品质的作用也就是通过学习兴趣、学习态度以及学习归因等品质对学习活动的发动、维持、激励与调节功能而得以体现。

创新学习品质既可以促进学习活动的顺利进行。具体地说，优良的学习品质对学习活动起推动作用，它能激发起学习行为，合理地调节学习者的紧张与松弛，监督学习者的行为表现，灵活辩证地解释看待学习结果，做到胜不骄败不馁。激发学习行为属于学习兴趣和动机的作用；调节监督学习行为是学习态度的功能；灵活解释学习结果则反映出学习归因的影响。所有这些品质的作用并不是孤立地按照学习进程来发挥作用，它们往往是交织在一起互相影响，从整体上发挥对学习的作用。这就是学习品质作用的互补性。这种互补性并非平均性，而是根据不同的学习任务以及不同的学习者有所变化。例如，学习兴趣较强烈而学习意志薄弱的青少年，往往会满足于一知半解，表现出"浮"的学习行为；反之，学习兴趣较弱而学习意志品质较强的青少年，则会随着不懈的努力钻研培养出自己的学习兴趣。调查研究表明，大凡学业成绩优秀的青少年，多具有各自不同的优良学习品质。

在现实的学习过程中，有的青少年以强烈的学习兴趣为主，表现出热爱

学习、渴求新知识的倾向。他们凡事都要问个"为什么"，对新鲜事物有一种天生的好奇心；有的青少年以勤奋刻苦的学习态度为特色，无论学习什么科目，也不管成功还是失败，都能保持沉稳的学习情绪，认真努力地学习；还有的青少年则以灵活辩证的学习归因品质为突出特点，学业成功时，他们会从自己身上找差距，发现不足，而学业失败时，他们又善于看到自己的优点，树立自信。

不良的学习品质主要指学习动机、学习兴趣、学习态度以及学习归因等均存在不足。它对学习过程的影响作用，体现在学习者没有形成良好的学习行为习惯、学习的主动性自觉性较差；学习上没有明确的计划和目标，完全是在教师和家长的督促下进行学习；遇到困难和失败，便垂头丧气、一蹶不振。他们视学习为痛苦，毫无快乐可言，因而陷入严重的厌学泥潭中。由于不愿学习而导致学业成绩落后，再由于学业成绩落后而导致没有信心学好，从而更不愿学习，形成了恶性循环。这些都表明不良学习品质之间亦存在交互作用，也有互补性。学习品质作用互补性的表现形式，就是指各种学习品质特征之间的交互作用的方向特性。它具体表现在以下几个方面：

第一，优良学习品质之间的增力作用。就是说，两种或两种以上优良的学习品质之间可以相互促进，形成更为优秀的学习品质特征，从而取得更为优异的学业成绩。我们可以称之为"累积效应"。例如，既有强烈的学习兴趣又有正确的学习态度的青少年，就比只有强烈的学习兴趣或只有灵活的学习归因品质的青少年更容易获取稳定的好成绩，他们对学习过程的调控和组织就显得更为得心应手。而只凭兴趣学习的青少年，则容易出现较大的波动。对有兴趣的科目、感兴趣的内容精力旺盛，一旦遇到不感兴趣的学习内容则垂头丧气、情绪一落千丈。而强烈的学习兴趣加上正确的学习态度，则会使青少年的学习行为发生新的变化。即不管是感兴趣的内容还是无兴趣的学习内容，青少年都会努力认真地对待，克服困难坚持学习。这样学习态度就成为努力学习的前提；而努力学习的过程就成为培养学习兴趣的过程。通过优良学习结果的取得来培养和发展青少年对该科目学习的兴趣。

第二，优良的学习品质可以改善不良的学习品质，促使不良的学习品质向积极的方向转化和发展。这就是优良的学习品质的"纠偏作用"。比如，良好的学习归因品质表现为在注重自我努力的同时，能正视各种外在客观条件和因素的影响。因此，在加强师生、同伴之间交往学习的过程中，就能够不断发现自己的缺点与不足；同时，由于注意了学习上的劳逸结合，就能够始终保持旺盛的精力和清晰的头脑。这样一来，青少年便不会因成功而骄傲自满；也不会因失败而自卑沮丧，从而避免了不稳定的学习情绪。这是有利于沉稳性人格因素形成的，即有利于良好的学习态度的养成。再如，教师可以利用青少年的学习兴趣，激发青少年的好奇与探究心理，鼓励青少年自我学习、自我发现，养成坚强的学习意志品质去克服学习上的困难和障碍。实质上这是利用学习兴趣去改善青少年学习态度中的不良方面，促使良好的学习态度的形成和发展。现实生活中，我们常常可以发现这样的事例，优秀的班主任往往善于发现学业不良青少年的"闪光点"，进而利用之，促其转化。

第三，不良的学习品质之间的减力作用。在青少年学习行为表现上，这些不良的学习品质特征（学习兴趣低下、学习态度不端正、学习归因品质不灵活等），会使我们的学习找不到方向，漫无目的，学习积极性和自觉性每况愈下，学业成绩越来越差。这反过来又强化了不良的学习品质特征，使个体的学习行为和学习过程受到进一步的打击，表现出更为消极的学习行为。这种不良的学习品质之间的减力作用是相当可怕的，轻者影响知识的获取，重者导致"学校恐怖症"的产生和极端厌学倾向。这是另一种形式的"累积效应"。

第四，不良的学习品质可以影响优良的学习品质，导致良好学习品质的作用力下降。它主要表现为不良的学习品质行为特征的蔓延和扩展，在学习过程中侵袭了优良的学习品质，结果导致优良的学习品质行为特征的消退和弱化。我们可以称之为不良的学习品质的"腐蚀作用"。比如，由于不正确的学习归因，有些青少年喜欢怨天尤人。一旦学业失败，则一味强调客观原因（题目太难、考场环境不安静、老师没有讲等），从不联系自己，在自己身上找原因。久而久之，对待学习的态度和学习积极性就可能发生改变。原本头脑里还愿意好好学习，现在可能是做一天和尚撞一天钟，破罐子破摔。

总之，学习品质作用互补性的表现形式大致可以概括为两个方面，即正向作用与逆向作用。前者是积极的，是我们所希望的；后者是消极的，是我们应当避免的。两者均通过对学习结果优劣的体验起作用。积极方面品质带来良好的学习效果，引起愉快体验，从而巩固积极品质的行为特征，生发其他积极品质的学习行为特征。同时对原有的消极品质行为特征进行循序渐进的改造和改善。消极方面品质带来差的学习效果，导致挫折体验，从而导致恶性循环。

# 第四节　创新学习的策略

## 一、创新学习策略的结构

创新学习策略就是创新学习过程中所采用的学习策略的总称。创新学习策略应当是在低层次的常规学习策略基础上更高层次的学习策略。因此，创新学习策略就是在一般学习策略基础上的学习策略系统。它是一个多层次、多维度的有机整体。

创新学习作为一种积极的学习方式，其实质是一种高度个性化的学习方式，它是学习者良好的学习品质在学习策略方面的反映和体现。从这个意义上说，凡是有利于青少年个体进行创新性学习，能提高青少年的创新性素质的方法、手段、途径等，都可以称之为创新学习策略，它是在创新学习过程中所使用的策略以及与众不同的新颖独特的学习方式方法系统。

### （一）模仿学习策略

就是在一般学习的基础上，了解前人的创新学习经历和具体过程经验，在自己当前的学习过程中加以应用的策略。它的核心就是通过模仿来体验学习过程，了解学习过程，促进学习内容的自我掌握。模仿学习的途径有以下几种：

1. 动手操作。是指青少年在老师的指导下，利用已有的知识背景和生活经验，通过亲身体验，运用一些工具或器械进行操作，以掌握某种技能，形成技巧，并加深对理论知识的理解和运用的一种学习策略。因为创新毕竟是需要动手制作或亲历所为的实践活动。

在我们的生活中，不管是搞发明创新、技术革新还是进行科学研究，如果只是在脑子里构想而不亲手去实践，那么再好的理论设想也不能转化为实际成果，只能是"空中楼阁"、"海市蜃楼"，没有任何意义。事实上，动手操作的作用是巨大的。首先，动手操作能够发展我们的思维。儿童的思维是从动作开始的，切断动作与思维的联系，思维就不能得到发展。人的手脑之间有着千丝万缕的联系，人的思维总离不开实践活动，离不开动手操作。操作活动既可以开发利用人的右脑，促进左、右脑的协调发展，又能使我们智慧内部的认识活动从形象到表象再到抽象，从而促进认识的内化、知识结构的形成和学习技能的提高，达到智慧的生长和创新力的突显。因此，"知识来源于动作"、"儿童的智慧在他的手指尖上"，都是有道理的。其次，动手操作能够激发我们的学习兴趣。兴趣是最好的老师，要想在学习上获得成功就必须对学习产生兴趣，积极主动地参与到学习过程中。而进行适当地动手操作，在操作中有所发现，就能激发起自己的学习兴趣和学习热情。再次，动手操作可以增强我们的合作能力。使动手操作活动富有成效的必要条件是每个同学的主动参与和班级群体的积极互动。同学们在操作活动中互相观摩，互相启发，加强彼此间的交流，主动参与合作，不但可以增强合作意识，而且能够学会与人合作的方法。最后，动手操作可以培养我们的探索和创新精神。在动手操作的问题情境中，同学们能够亲身经历知识发生发展的过程，认识和掌握探索知识的方法和途径，使我们在操作活动中尽情展现自己的才能，增强实践探究的欲望，从而提高发现问题和解决问题的能力。同时，通过动手操作不但可以丰富同学们的表象储备，巩固所学知识，为创新、想像提供丰厚的"原料"；而且，在动手操作中也常遇到一些困难，产生新的需要，更会激发青少年的创新力。

2. 社会实践。就是结合自己的学习内容，深入到实际生活中，通过各种方法全面、客观地掌握实际情况，获得大量有关学习的信息并进行深入思考，从中把握事物本质和变化发展规律性的一种学习策略。社会实践是一种极其有效的学习策略。"生活是创新的源泉"，通过社会实践不但可以增长我们的见识，培养我们适应社会的能力，还可以把在书本上学到的理论知识运用到具体的实际生活之中，增强运用知识解决实际问题的能力。

3. 角色扮演。作为一种艺术化的学习形式，角色扮演指的是在虚拟的情境中，通过游戏、情景扮演、戏曲表演、课本剧表演、模拟法庭等方式，亲身体验和实践他人的角色，从而更好地理解他人的处境，体验他人在各种不同情况下的内心情感，同时反映出自己深藏于内心的感情的一种学习策略。通过角色扮演，可以使我们发现问题，了解各种冲突的原因，进而能够洞察人际关系；还可以使我们逐渐学会站在他人立场思考问题，想人所想，急人所急，从而促进我们的社会理解能力的发展，改善人际关系。一个人只有获得了与他人相同或类似的体验时，才能知道与别人相处时，应该怎样行动和采取怎样的态度。所有这些对于培养同学们对其他人的尊重、关心和爱护的情感是非常有利的。

### （二）发散思维学习策略

发散思维是创新性思维的重要特点之一，其中讨论学习就是青少年在学习过程中培养和锻炼发散思维最常用、最熟悉的学习策略。

讨论学习，就是指几个学习者在一起围绕某一个问题展开讨论，各自发表意见，从而促进学习获得共同提高的一种学习策略。在我们日常的学习中，经常会遇到一些自己无法单独解决的问题，这就需要几个同学一起进行合作，多听听别人的意见，集思广益。毕竟一个人的思维方式在某种程度上是有一定局限性的，而不同的人在一起，各种思想火花一经碰撞，就会产生新的思想火花，从而能够顺利地解决问题。一般说来，讨论学习具有以下作用：

1. 能帮助我们认真思考来自各方面的不同意见。讨论是我们能够关注到一定思考范围内可能存在的诸多想法的最有效的方法之一。尽管同学们可以通过老师的讲授或自己提前阅读的方式来了解各种不同的观点，但是这些方式都是间接的，不容易引起我们的注意。而同样的观点或内容，让我们的同学来解说则更好，因为当与自己观点相反的看法是由同学很自然地讲出来的而不是通过课本文字或老师的讲解传授时，同学们很容易就注意到这些看法，而且不容易遗漏或忽视同伴所讲的观点。对于那些大家自然碰到的有些"麻烦"的观点，通过讨论，无论是谁讲的，都会有强烈的吸引力。通过讨论，同学们可以发表和解释各自不同的观点，通过多种不同的表达形式可以了解到许多知识都具有争议性，并没有固定的答案。当我们置身于各种不同的观点之中时，就能使我们认识到自己或他人的观点一般来说都具有暂时性，认识到任何问题并非都有唯一的、不可辩驳的解释。同时会引出许多别的看法来，而每种看法又可以提出一些合理的解释。需要注意的是，不是所有解释都是正确的，只有那些能有效驳倒其他人看法的观点，才是可靠的，才能肯定它的正确性，而要得出这样的观点，首先要听完并认真分析讨论中所出现的所有不同的观点。

2. 可以使我们更加关心那些含糊的或复杂的问题。一个好的讨论学习过程会把一些问题留到以后继续探讨，也会在提出许多问题的同时回答许多问题。如果参加讨论的同学在刚开始讨论时认为自己的观点是确定无疑的，随着讨论的进行，就会觉得所讨论的问题很复杂，而自己的看法只是暂时的，理解也具有偶然性，需要不断理解和反思。这样就有助于同学们学会容忍知识探究过程中所带来的诸多含糊性。其实，讨论的本质是通过大家共同探究，来确定那些不可预测的问题。如果预先已经得出问题的结论，这样的行为就应当看成是不诚实的，讨论也是没有意义的。

3. 有助于我们承认并认真地去研究其他同学的假设。在讨论中，我们有许多机会来澄清、审视每个人的假设。这是因为让自己提出许多假设是一个令人头痛和矛盾的问题，若仅仅依靠自己是不会得出太多的假设的，无论我们怎样思考，我们所提出的假设都会陷入一种矛盾境地，就像一只小狗想要抓住它自己的尾巴或是我们在照镜子时想看到自己的后脑勺一样。而通过讨论，同学们就可以互相充当反馈的镜子，讲一讲自己处在对方位置上时对假设的看法。当我们认真地关注讨论中所提出的许多不同观点时，就明白了要用多面镜子来观察世界，要能针对每个人的发言，对其原因、证据以及想法提出疑问，就明白了那些看起来散乱的观点其实也扎根在假设中；同时，也懂得了人们所认为的明显的、肯定的、合情合理的事情都取决于他们所提出的不同假设。

4. 有助于我们学会专心致志、有礼貌地去聆听别人的意见。认真地倾听是对发言者的尊重，相反，若有人发言却没有人真正倾听时，发言者就会觉得自己所讲的话是无关紧要的、无人理解的，甚至是被人怀疑的。因此，同学们在参加讨论的时候，不仅要多讲那些观点新颖的问题，还要认真倾听他人的意见，否则，整个讨论小组就不可能针对一个话题或问题进行持续或深入的分析。而经过专心地倾听，就可以很容易地根据后来的发言内容重新解释前面提出的看法，经过多方面探究以及反复回味思考，逐渐形成深入的分析。

5. 有助于培养我们合作学习的良好习惯。合作是可以通过习惯养成的，越是善于合作的人，越是喜欢寻找机会与人合作。通过讨论学习，同学们可以养成合作学习的习惯，学会认真地讨论小组中每个人的发言，在权衡了鼓动性的语言和批判性的分析之后，就能逐渐明白很少有绝对的、不可侵犯的东西。通过讨论，能够促使我们尽量创新出让每个人的努力都得到承认的空间，并知道作为优秀团体中的一员，不应当只会指正别人或在讨论中一直讲话，也需要沉默和反思。如果同学们要想在讨论学习中养成良好的合作习惯，就应该知道上述这些事情都是很重要的。

6. 有助于提高我们的分析和综合能力。那些具有良好讨论习惯的同学都知道在讨论学习中，他们所要做的几件事就是把表面上互不相关的观点联系起来，使每个人的注意力集中到所要讨论的论题上来，指出复杂观点中所隐含的相似的原因或论据。而且，能够熟练进行讨论的人还能够辩证地进行思维，一方面他们鼓励在最大的范围内讨论各种观点，另一方面他们又努力找出各种观点的共同之处以及最初并没有注意到的联系，过一段时间他们就能记住表面上互不相关的几条线索。有时，这还会导致一种有创新性的、令人兴奋的综合。更加可能的是，这使青少年逐渐习惯了不确定性，他们还学会了接受讨论是开放的、不一定能得出某种结论的事实。

7. 可以使我们的胸怀变得更加博大，且更容易理解他人；促使我们每一个人的想法和体验都能够得到尊重；能够增强我们思维的灵活性；提高我们清晰明白地交流思想和看法的能力；有助于我们对不同意见形成新的理解，等等。

### （三）主动学习策略

主动学习策略是"我要学"的学习动机在学习活动中的体现。青少年在学习过程中，具有强烈的内在学习需要，自觉地负担起学习的责任。这时，青少年会主动投入，展开一种真正有意义的学习过程，青少年会开动自己的脑筋，切实经历一个实践和创新的过程。从根本上说，产生学习的原因不是青少年的感知过程，而是内在的激发过程。

### （四）怀疑学习策略

就是问题意识在学习过程中的体现。学贵有疑，于无疑处生疑，是学习的最高境界，也是古今学者一致的看法。创新学习是一种高素质、高要求的学习活动，只有带着问题意识，不断地询问"为什么"，才能发现新的知识，激发创新本能，才能生民新思想、新方法。问题就是矛盾，它是存在于各种环境下的。只要学习过程中具有问题意识，就会不断地发现新问题、思考新问题并最终采用新的方式方法解决新问题。相反，不具备问题意识、不愿意思考的青少年，只能够充当知识的容器，任凭教师灌输，亦步亦趋，这是谈不上创新学习的。

### （五）个性化学习策略

个性化学习策略是个体的独特性在学习过程中的体现。青少年在教师的指导下，富有个性地学习是新课程改革对青少年学习素质的要求。每个人由于遗传素质、家庭环境和社会生活经历等存在着差异，从而形成了不同于他人的观察、思考和解决问题的方式方法和体验生活的思想观念。学习效果的获取依赖于有效的学习，有效的学习必须是吻合于自己学习风格的学习。而学习风格就是一个人区别于他人的比较独特的个性化学习方式的代名词。因此，在创新学习过程中，青少年应当认识到这种客观存在着的、由于个体差异而形成的学习的独特性要求，找到自己得心应手的学习方法策略，实现学习的个体化，取得学习的创新化。

## 二、创新学习策略的整合模型

一般而言，学习策略就是指一切能有效促进学习效果的方式、方法、体系和规则的总和。这是就学习策略的一般性质而言的。但是，学习策略作为特定个体在学习过程中用以提高学习质量的一种手段，它的有效性还受到多种因素的影响。也就是说，任何一种学习策略发挥作用都不是无条件的。在创新性学习过程中，根据学习情境、学习者特征及其相互作用的心理机制特点的不同，选择最佳的学习策略是非常重要的，其本身就反映了学习策略使用中的创新性水平。

### （一）情境分析是创新学习策略的基础

我们从学习的条件理论出发，认为学习策略的有效性选择取决于学习者对学习情境特异性的分析。任何一种学习都是在一定情境中发生的，离开特定的学习情境，学习就不会发生。同样，学习策略作为一种能有效提高学习成效、被人们认为相对独立的学习心理结构，它的作用的发挥却有赖于对学习者、学习任务以及教学者特征的有效把握。学习情境的特异性主要体现在三个方面，即学习者、教学者和学习任务。进行创新性学习，就必须要对这三个方面进行充分的分析。

### （二）创新学习策略是一个动态自组织系统

我们视创新性学习策略为一个动态的自发组织系统，是从学习策略的心理存在形式而不是从具体内容的角度来分析的。实际上，学习策略是作为一个系统的结构存在于个体的认知结构中的。它是一个不断内化的过程，表现为由简单的学习方法技术的策略到学习者情感调节的策略，最终提升为学习者熟练的反思监控策略的形成；反之，面对学习的具体情境，它又从反思监控的策略开始，经过情感的调节作用从而采用具体的学习方法直接开展具体的学习活动，而且，当具体的方法技术不能取得预期的效果时，这种外化的过程则再次出现，如此反复，学习者内在的学习策略心理结构在动态的运动中得到精确化和熟练化。

创新性学习策略的动态自组织系统也是一个不断修正完善的系统。它要在不断的创新性学习活动中逐渐丰富。

### （三）创新性策略学习者内在的心理调节结构发挥策略整合作用

学习策略的运用是为了直接提高学习成绩，但是学习策略的发生作用并不是直接的。学习策略不能够直接促使学习过程的最优化。要想发挥其作用，我们应当从青少年自身出发，发挥青少年自身的积极性和主动性，包括学习策略运用者的自主性学习品质。关于学习策略对学习的效能信念，以及其他尚未探明的机制都会对青少年的学习过程产生影响。这里当然包括所有已知与未知的能有效提升学习策略有效性的因素在内，因为学习策略的结构是一个开放的、不断发展和充实的系统。

### 三、创新学习策略训练

结合青少年元认知的策略训练能产生良好的迁移效果，单纯的认知策略训练的效果则依个人特点而不同，中等生策略学习的效果较好，而优生和差生的学习迁移效果较差，策略学习只有在学习者的认知结构中具备适当知识的基础上才能有效地促进学习，当认知结构中缺乏适当知识时，策略教学对学习成绩没有显著影响。在对青少年进行学习策略的训练时，一定要考虑青少年的个体差异，紧密结合元认知知识和元认知监控能力的训练，这样才能收到良好的效果。中小学作为孕育创新性人才的摇篮，应大力加强创新心理素质的启蒙教育和基础教育。

### （一）创新学习策略训练模式

教给青少年创新性学习方法、进行创新思维和创新技能训练，培养创新思维品质，以提高青少年学习能力和创新能力的教学活动，称之为创新学习策略训练。

创新学习策略训练属于创新教育范畴。关于创新能力的培养和训练，当前国内外流行两种模式：一种是课程模式，是指通过开设强化思维和问题解决技能的智力开发课程，来培养青少年的创新能力。发散思维是创新力的重要成分。目前许多创新力培养是通过发散思维训练来实现的。另一种模式是创新学习策略教学的渗透模式，它是将创新学习策略技能，通过学科知识这一载体，渗透到课堂教学过程之中，使青少年在学习各种知识的同时，学习和掌握有关创新学习策略的知识和技能。创新性教学作为培养青少年创新能力的重要途径，是从创新学的训练技法中迁移出来的，或是从创新性教学的实践中总结出来的。这类创新教学模式有利于提高青少年分析问题和解决问题的能力，促进创新性思维能力的发展，但实施起来费时、费力，且对教师水平有较高要求，加上目前还缺乏比较理想的创新学习策略与各科知识有机结合的教材，因而学习策略教学难免有主观性和随意性。

### （二）创新学习策略训练与青少年创新能力的发展

创新能力是根据一定的目的，运用一切已知的信息，产生出某种新颖、独特、有社会价值或个人价值的能力。创新能力是智力因素的最高表现形式，它是一种最高水平的综合能力。其中，创新想像能力和创新思维能力是创新能力的两大支柱。以发散思维为主，发散思维与聚合思维相结合，是创新思维活动的基本图示。因此，我们以发散思维能力、聚合思维能力和创新想像能力为指标，来考察创新想像策略训练对青少年创新能力发展的影响。

### （三）创新学习策略训练与青少年创新思维品质的优化

创新力是一种思维品质，是重视思维能力个体差异的智力品质。开设创新学习策略训练课能有效地促进小青少年创新思维品质的优化。

### （四）创新学习策略训练与青少年学习能力的整体提高

创新学习策略训练的目标，不仅要提高青少年的创新能力，还要提高青少年的学习能力，实现创新能力和学习能力的同步超常增长。为了考察创新学习策略训练对提高青少年学习能力的效果，我们比较了实验班与控制班实验前后测试一般学习能力和特殊学习能力的变化。

## 四、关于创新学习策略教学的思考

### （一）有效学习策略教学的要素

现代教学观不仅重视获得有关知识，更重视知识在需要它的时候能够及时有效地提取出来。具有相应的知识并不保证需要的时候就能提取，这种在需要时不能提取的知识称为"僵化"的知识。策略知识若传授不当，也会同一般知识一样处于僵化状态。学习策略教学是否有效，不仅取决于训练内容，也依赖于如何训练，有效学习策略教学必须把握以下要素：

1. 策略教学成分。

（1）认知策略教学主要是传授给学习者提高学习效率的具体策略性知识，包括记忆策略、理解策略、信息编码策略和思维策略等。这些策略知识直接作用于学习，并对学习产生影响。策略性知识的掌握和运用需要大量的实践练习，因此，必须给予认知策略足够的巩固练习。

（2）元认知策略教学是教给学习者元认知知识和技巧，使学习者能够有效地监控策的使用。元认知策略使学习者在学习活动开始时，能够根据学习材料的特点和性质选择不同的策略；在策略使用过程中，能适时地评价策略运用的恰当性，以便能及时调整策略的使用；在学习活动结束时，对策略的使用进行评价，找到失败原因或获得成功体验以激励进一步的学习。元认知策略教学极其重要。

（3）"条件化知识"的教学就是使学习者明确何时何地使用获得的策略。一般来说，不同的策略适用于不同内容和不同任务情境，只有当学习材料与特定的策略有内在契合性时，策略的使用方才有效。因此，"条件化知识"的教学不可缺少。

2. 选择有效策略。学习策略包括不同的因素、不同的层次。策略的有效性和可教程度因受教学时间和条件等的制约而不同，教师不可能教给青少年所有策略，因此，选择并确定有效策略是策略教学中应首先解决的重要问题。选择策略应遵循以下原则：

（1）实用性与理论性相结合的原则。选择策略既要考虑这些策略的潜在作用及教学所需花费的努力程度，又要能够用理论解释它们作用的原因和机制。

（2）具体性和一般性相结合的原则。策略教学既要突出与专业联系密切的特殊策略，又要考虑传授青少年通用的一般策略。一般来说，所选策略应既可用于特殊材料，又有广泛的适用性；不仅可以促进相关专业学科的学习，也可以促进迁移。

（3）有效性和可教性相结合的原则。并非所有的学习策略都具有同等的适用性和可教性，应选择与学习联系较为密切的、并能对其进行结构分析、确定其心理成分及其联系与顺序的重要策略、常用策略，以便使策略教学的步骤具体化、操作化，既利于教师教学，又利于青少年理解。

3. 采用灵活多样的教学方法。策略教学可以采取多种多样的教学方式，如发现法、指导发现法、观察法、模仿法、有指导的参与法、讨论法、直接解释法和预期交互法等。教学方法的选择应根据策略的内容及教学对象来确定。但无论采取何种教学方法，都应能够：

（1）激发学习策略的认识需要。青少年对学习策略的认识需要或兴趣不是天生的，主要是后天获得的，这种对获得知识和能力的认识需要在策略学习中是一种重要而稳定的动机因素，可以对策略学习起很大的推动作用。

（2）选择足够的恰当事例说明策略应用的各种可能性，使青少年能形成概括化的知识以便于知识的迁移。促使学习策略从陈述性知识向程序性知识转化的最重要教学条件是在各种情境下的变式和练习，只有提供丰富的恰当事例（变式），才有可能使青少年对某一策略形成概括化的知识，才能在恰当场合运用。

4. 科学安排策略教学时间和次序。策略教学必须符合知识获得和个体认识发展的规律。新知识的获得是建立在原有知识结构基础上的，因此策略教学内容及目标制定应符合青少年现有的知识基础和能力状况。策略教学所涉及的知识难度必须与原有知识难度相当，在进行学科学习策略教学时，应考虑青少年的原有知识背景。广义的知识学习包括知识获得、知识巩固和转化、知识提取与应用三个阶段。知识的巩固和转化阶段是陈述性知识向程序性知识转化的重要阶段，是不可逾越的。因此，学习策略教学不能采取短期集中突击练习的教学方法，教学不仅应适当地延长训练内容的时间间隔，给予青少年充分的消化和理解时间，实现知识的转化；还要遵循循序渐进的原则，先易后难，先简单后复杂，先学基础的、应用范围较广的，后学特殊的、应用范围较窄的。策略的学习同知识的学习一样，是一个过程，青少年在一定程度上掌握了某种策略后，训练应继续进行，在进行新策略的教学过程中，应注意加强与已学策略的联系与比较，促进青少年对新策略的理解和掌握以及对已有策略的应用。

5. 实现策略迁移。学习的迁移是指已经获得的知识、技能、情感和态度对新的学习的影响。这种影响可以是积极的，也可以是消极的。我们所强调的学习策略迁移是指对其他情境的学习的积极影响。青少年学习策略迁移的产生是衡量策略教学是否有效的重要条件。教师可以通过以下手段帮助青少年实现策略迁移：

（1）提供足够的练习与反馈。学习调节与控制的自动化、学习策略使用的熟练化，是学习策略持续有效和迁移的重要条件。因此，提供足够的策略练习使之达到自动化程度也就十分必要了。提供青少年成功的反馈可促使青少年认识策略运用的有效性，增强其运用的自觉性；提供青少年失败的反馈可使青少年意识到自己使用策略的缺陷，有助于其及时纠正。

（2）激励青少年在不同情境中运用策略。鼓励青少年在各种情境中练习和运用学过的策略，尽可能创新各种条件和机会激励他们去应用。通过大量的实践帮助青少年明确策略的使用条件，并能根据具体任务和情景选择恰当的策略。

（3）引导青少年评价训练的有效性。策略训练的研究表明，仅让青少年记住策略的有关知识并不能改进他们的学习。只有当青少年有改进自己学习的强烈要求并明确地意识到训练的有效性，外在指导的策略才会内化为青少年自己的策略，青少年才会倾向于经常使用习得的策略，迁移才有可能发生。因此，在训练过程中，应经常引导青少年评价训练的价值，增强运用策略的动机。

（4）引导青少年生成新的策略。策略教学的一个重要目的，就是使青少年在策略学习过程中领悟到什么是策略和策略运用的有效性，能有意识地去发现策略，总结策略，从而生成适合自己的新策略。青少年自己能生成新策略也就标志着他们真正"学会了学习"。

**（二）提高教师的学习策略教学水平**

在现行的教育模式中，青少年的学习策略大多是在学校的学习活动中不断形成和发展起来的。教学是青少年学习策略习得的重要来源之一，这就决定了在学习策略的形成过程中教师策略指导的重要性。教师作为学习的引导者和知识的传授者，在课堂中的所做所想对青少年的学术思想、学习行为以及学业成绩都有着巨大的影响。教师对学习策略内容的关注会对青少年的心理产生积极的暗示作用，他们会认为所学内容相当重要而给予高度重视。因此，提高学校教师的学习策略教学素养无疑将有助于促进或加速青少年获得和运用学习策略。教师的学习策略教学素养主要体现在：

1. 善于识别重要的学习策略。在教学活动中，能清楚地认识哪些学习策略对某一年级、学科的青少年是至关重要的，哪些学习策略对某类材料的学习是不可缺少的，从而能够根据青少年的年级、学科和任务的需要，行之有效地教给青少年适宜的策略。

2. 善于选择适当的学习策略训练材料。所选材料不仅贴近青少年的认知特点、个性特点、性别特点和他们所学的学习内容，便于青少年理解和接受；而且具有典型性，既能充分说明所训练的学习策略，又能激发形式的学习兴趣，一看就难以忘却，便于联想和记忆。

3. 善于将教学内容的"隐含"要求，转化为显现要求，将策略明确地、有意识地教给青少年。

4. 善于寻求新的学习策略。随着理论研究的深入和对教学实践经验的总结，学习策略也在不断地被创新、被发现，教师能够根据教学所需不断地探讨、寻求新的学习策略，并及时提供给青少年，使他们掌握更多的高效率的学习策略。

5. 善于针对青少年的学习特点和个性差异因材施教。

6. 善于适时地运用教学的外部要求，提高青少年学习和掌握策略的意识水平。当青少年学习、运用策略处于潜意识水平时，教师能促使其向有意识水平转化，自觉地、明确地运用学习策略，改进、提高自己的学习，进而能自我总结、积累学习策略，自我提高学习效率与效果。

### （三）充分发挥青少年的主体作用，提高青少年的自我效能感

青少年是学习的主体，各种学习策略的教育、训练必须作用于青少年主体，落实到每个青少年身上，其教育的有效性、针对性也只能通过青少年学习策略水平的提高才能得到反映。因此，充分认识青少年的主体地位，调动青少年参与学习策略培养的主动性、积极性，进而培养青少年自我学习、自我训练的能力是实施学习策略教育的重要基础。发挥青少年的主体作用就是要充分发挥青少年的自我效能感、学习动机和学习归因等自身因素对学习策略掌握和运用的影响。

1. 建立积极的归因方式。人都有一种探求自己与他人的行为原因的倾向，并且总是力求对自己和他人的行为产生原因作因果分析，这种对自己或他人行为产生原因的推论就是归因。将学习成败归结于不同的原因会引起学习期待与情感上的不同变化，从而影响以后的学习。将成功归因于能力和努力等内部因素时，会产生骄傲、满意和信心十足；而将成功归因于任务容易和运气好等外部原因时，产生的满意则较少。相反，将失败归因于能力或努力时，则会产生羞愧和内疚；而将失败归因于任务太难或运气不好时，产生的羞愧则较少。归因于努力比归因于能力，无论对成功或失败均会产生更强烈的情

绪体验。

人们往往有一种比较稳定的归因倾向，有人倾向于在成功时作出能力强的归因，有人倾向于在失败时作出任务难的归因，这种稳定的归因倾向就是人们的归因方式。一般来说，青少年的归因主要有内部归因和外部归因两种方式，内部归因的青少年倾向于将成败归因于能力、努力这样稳定的因素；外部归因的青少年倾向于将结果归因于运气、任务难度这类不稳定的因素。青少年的归因方式主要通过学习动机影响青少年对待学习任务的态度和行为方式进而影响青少年的学习。

学习归因方式对学习策略的掌握和运用有着极大的影响。凡是把学习成败归因于努力程度这个可控的稳定的内部因素的青少年，其学习策略水平高；反之，学习策略水平高的青少年，在学习过程中努力归因意识也强。归因研究认为，将个体行为的成功与否归因于努力因素，会提高个体后续行为中的自信心和成功期望率，会促使个体在后续行为中调动自身的能动性和积极性，随时调节和监控自己的学习行为，以期获得成功。那些将成功与否归因于努力的青少年为了在以后学习中取得好成绩，在学习过程中会自觉地努力，并根据学习的需要灵活地调整自己的具体学习方法，或自我激发学习动机，端正学习态度，或寻求外部条件的帮助，或调控自己的学习计划等，表现出较高的学习策略水平；而较高的学习策略水平又会促使青少年努力学习，两者形成良性循环。

建立积极的学习归因方式，就是要使青少年在学习过程中将成功与否归因于努力等可控因素，而不是能力、运气等不可控因素，对学习充满信心，从而自觉、主动地采取各种学习策略促进学习效率的提高。

2. 提高青少年的自我效能感。自我效能感是人们对自己能否成功地达到某一行为结果的行为能力的判断。班杜拉认为，自我效能感具有以下功能：决定人们对活动的选择，以及对该活动的坚持性；影响人们在困难面前的态度；影响新行为的习得行为的表现；影响活动时的情绪。自我效能感属于学习的动机范畴，它对青少年掌握和运用学习策略有较强的影响。一般来说，学习策略的低水平与自我效能感的低水平是并存的。我们也在研究中发现，能力知觉与学习策略呈显著正相关，能力知觉高的青少年其学习策略水平也较高，反之亦然。

青少年的自我效能感对掌握和运用学习策略的影响，主要体现在青少年掌握和运用策略的意识性、学习的兴趣、学习的目标定向差异和对材料的敏感程度上。学习是一种有意识的活动，只有当青少年有改进学习的明确意识，有掌握学习策略的强烈愿望时，才会积极地去发现、总结、学习得以成功的策略，外部训练的策略才能迅速地内化为自身的策略。

兴趣是最好的老师，兴趣是青少年进行策略学习的向导，它可以唤起青少年进行策略学习的动机、激发青少年主动参与学习策略教学的意识和积极性，强化青少年学习的效果，从而激发青少年更强的学习欲望。自我效能感与青少年对某一活动的内部兴趣呈显著正相关，自我效能水平高者常常信心十足、情绪饱满地从事学习，敢于正视困难，并愿意付出加倍的努力，直至达到目的，而自我效能水平低者则相反。

不同的学习目标定向影响青少年在学习活动中的行为表现和所采取的学习策略。以掌握为目标定向的青少年会以积极的态度去对待学习任务，有意识地监控自我对学习材料的理解和掌握度，倾向于采取精加工和组织策略把新旧知识联系起来。以成绩为目标定向的青少年则倾向于使用机械复述的策略。他们只是关注最终成绩，对正在进行的学习过程并不感兴趣。

因此，提高青少年的自我效能感，有助于增强他们掌握和运用学习策略的自觉意识，提高学习兴趣，确立掌握知识的深层学习动机和目标，发挥主体作用，成为主动学习的策略型学习者。

提高青少年的自我效能感，促进青少年创新性学习过程中策略的有效运用是创新学习策略形成与发展的重要途径之一。根据现今的研究成果，我们认为在学校教育情境中主要有三种方式：

（1）尽可能增加青少年的成功经验。学习者的自身经验对效能感的影响是最大的，不断成功会使人建立起稳定的自我效能感，这种效能感不仅不会因为一时的挫折而降低，而且还会泛化到类似情境中去。

（2）通过观察学习榜样示范者的行为而获得间接经验。当一个人看到与自己水平差不多的示范者取得了成功，就会增强自我效能感，认为自己也能完成同样的任务。

（3）言语说服，这是一种最为常用的方法，就是凭借说服性的建议、劝告、解释和自我引导来改变人们的自我效能感的方法。

### 五、学习策略与学习风格

不同类型的青少年在学习态度、学习成绩和创造性程度表现上都是不相同的，学习策略是造成青少年创新学习成分多少，从而形成个别差异的重要原因。因此，创新学习特别重视学习策略的运用，掌握了有效的学习策略，青少年就能够学会创设创新学习的环境，寻找独特的方法，捕捉机会发现问题和解决问题；在学习中就能够意识到学习的内容，懂得学习的要求，控制学习的过程，以便做出新颖、独特且有意义的决定，及时调整自己的学习活动，或者做出恰当的选择，灵活地处理各种特殊的学习情境。

### （一）独立型认知风格

具有场独立型认知风格的青少年一般更具有创造性，偏爱自然科学，更容易采用独立自觉的学习策略，其学习动机往往以内在动机为主。

### （二）场依存型认知风格

具有场依存型认知风格的青少年相对而言则少有创造性，一般偏爱社会科学，更容易采用机械的学习策略，学习易受暗示影响，学习动机由外在动机所支配。

### （三）沉思型认知风格

具有沉思型认知风格的青少年与具有冲动型认知风格的青少年在学习中所采用的学习策略也不相同。沉思型青少年在遇到问题时倾向于深思熟虑，用充足的时间考虑、审视问题，权衡各种解决问题的方法，再从中选择一个满足多种条件的最佳方案，错误较少，在阅读、再认、推理及创造性设计中的成绩都要好于冲动型青少年。相对于冲动型青少年而言，沉思型青少年在学习中表现出更加成熟的问题解决策略，更多地作出不同的假设。

## 第五节　创新型青少年

### 一、青少年是创新学习活动的主体

#### （一）学习是青少年重要的生存方式

学习者是在与学习环境的互动中获得经验的，学习的环境及其互动构成了学校课程的主要内容。因此，学校课堂的教学、学校中的人际关系、学校的精神面貌以及物质环境都体现了课程的价值和功能。青少年在这样的课程环境中理解课程内容、探索自然知识、理解人际关系、发展社会情感、规范社会行为并启发创新意识。

创新学习是学习的最高层次，也是最有效的学习方式。学习是一种经验获得的过程。从个体获得经验的过程来看，它要经历一个继承、发展和创新的过程。继承是在教师的指导下，获得适应社会生活所必需的科学文化知识和人类生存所需要的基本技能。发展是在继承的基础上有选择性的继承，是对原有知识进行改造、重新组合的结果。创新学习，就是结合自身的学习需要和学习内容的特点，产生新颖、独特、有价值的学习成果。

从学习方式的特点来看，可以将学习分为以模仿学习为代表的低层次的学习活动和以创新学习为代表的高层次的学习方式。模仿学习以知识技能的获得为主要目标，尽管模仿之中有创新的成分，但它更强调学习内容的同一性和学习方式的一致性。创新学习是一种个性化的学习方式，它以承认学习内容的独特性和学习者学习心理的差异性为前提，将学习活动看作是学习者与学习环境相互作用的结果。因此，有效的学习活动应该是在系统分析学习内容的特殊性和学习者特定的学习需要、学习动机、学习风格和思维水平的基础上进行的，要充分发挥学习者在学习中的积极性和主动性。在创新学习过程中，教师要准确判断青少年的学习需要，要准确分析青少年发展的"最近发展区"，为创设良好、积极和富有启发的学习环境而努力。教师应该成为青少年自主、合作、探究学习的支架：在学习心理环境上予以足够的支持，在学习方向上予以有效的指导，在学习方法选择上给予及时的建议。

### （二）青少年是创新学习现场的亲身体验者

青少年是创新学习活动的主体，归根结底，是由青少年是创新学习环境的亲身体验者的身份决定的。学习者在学习环境中的互动、对环境的认知和评价乃至于选择适合自身发展需要的学习内容和方式都与青少年自身的现场参与是分不开的，除此之外，任何人不可以代替。从我们的理解来看，创新学习的过程其实就是个体创新性素质与学习环境产生创新性互动关系并产生对自己而言是创新性结果的过程。就创新性学习者来说，创新意向、创新能力和创新人格是其中的三个重要素质。在创新性学习中，创新性学习者总是将学习对象作为一种认知的挑战来看待，将学习环境视为富有创新性的环境并对自我的创新行为充满期待。在这种积极的创新意向的影响下，个体会更加积极地投入到学习活动中，会主动尝试各种问题解决的方式、方法和策略，自主调控自己的认知方向，积极管理自己的心理资源，最终达到对学习环境的主动把握。这个过程其实就是一种"意义生成"的过程。而创新性人格会在学习的各个环节中发挥作用，调节、发动和激励学习者与环境始终保持更积极的联结关系。

总之，创新性学习的心理特点以及青少年在学习过程中的作为都决定了只有青少年才是创新学习的主体。因此，充分尊重青少年在创新学习中的主体地位、培养青少年良好的创新素质是实施创新学习的根本。

## 二、高创新性青少年的心理与行为特征

创新型青少年的培养是素质教育对课堂教学的根本要求，也是知识经济

时代对人才培养的需要。如果一个青少年具备良好的创新心理特征，就可以认为这个青少年是创新型青少年。创新型青少年是具有创新性心理素质，能够进行创新性学习的青少年。创新型青少年是创新性教育的产物，也是创新性教育的目的。

### （一）高创新性青少年的认知特点

创新型青少年在认知方面的特点主要体现在创新性思维上。创新性思维是指有创见的思维。它是在创新性活动中，运用新的方案和程序，创新新的思维产品的思维活动，是智力高度发展的表现。它是在一般思维的基础上发展起来的多种思维的综合。中青少年的创新性思维主要表现为：

1. 强烈的好奇心与求知欲。创新型青少年对个人已有的认知结构是不满足的，对客观事物的矛盾与变化有着强烈的好奇心和探求欲望，这种好奇心与求知欲会发展成为认知内驱力，推动创新型青少年主动去探究、掌握新知识、新思想和新观念，成为推动创新型青少年了解世界的稳定的内在动机。

2. 敏锐的观察力。观察是一种有目的、有计划的比较持久的知觉过程，是知觉的高级状态。当个体的观察表现出稳定、经常的特征时，即上升为观察力。观察力强的个体能够发现观察对象的本质的、典型的却不太显著的特征。创新型青少年具有敏锐的观察力，他们善于抓住事物的重要特征，不放过任何微小的细节。这种观察力来自于创新型青少年相对于非创新型青少年具有稳定持久的注意能力，能排除外界干扰而长期地专注于某个感兴趣的问题上，和较宽的注意广度、适宜的注意分配以及适时的注意转移能力。

3. 灵活机智的发散思维。发散思维是一种寻求多种答案的思维形式，是一种多方向、多角度、多层次的思维过程，发散思维是创新性思维的主要结构成分。创新型青少年具有较强的应变和适应性，在问题解决过程中，较少受现有知识的局限和传统观念的影响，能够突破思维定势的束缚，借助各种具体的思维方式、技法，进行不同方向的思考与探讨，得出新颖的结论。

4. 丰富的想像力。想像是在原有形象的基础上形成新形象的过程。人们对客观现实的反映，不仅能够直接认识事物的具体形象，产生知觉和表象，而且能在已有知觉和表象的基础上，重新组合形象，形成新的形象。创新型青少年想像力丰富，他们善于在已有知识的基础上想像未知世界。这种想像力很有可能是他们未来创新出新的思维产品或物质产品的思想火花。

5. 较强的反省认知和自我监控能力。反省认知也称元认知，是对认知的认知，其核心部分是元认知监控，即对自身各种认知活动的计划、监控和调节。创新型青少年学习的反省认知和自我监控能力较强，灵活性强，能根据学习情境、自我的状态以及学习任务的要求及时调整学习方法或行为。因此，创新型青少年还是策略型学习者。策略型学习者就是能够为自己的学习活动确立明确目标，自觉地运用多种类型的知识和方法，运用执行性控制过程创建学习计划，并有效地对学习过程进行监控和调节，高效地完成活动任务的学习者。策略型学习者具有较强的反省认知和自我监控能力。能够主动选择认知调控策略，进行自我指导、监控和评价，有计划地组织学习活动；能够积极选择动机策略，进行自我强化，具有自我效能感；能够积极地选择适合自己的学习内容和学习策略，自我建构有利的学习环境。

创新型青少年在认知过程中充分发挥主体作用。主体性是学习者作为实践活动、认知活动的学习活动主体的基本特征。创新性思维和自我意识存在高相关。自我认可、独立性、自主性、情绪坦率上高水平的被试，同样也是高创新力者。创新型青少年是学习活动的真正主人。青少年的学习积极性是成功学习的基础，只有青少年主动学习、主动认知、主动获取教育内容、主动吸收人类积累的精神财富，他们才能认识世界，促进自己的发展。创新型青少年在学习认知活动中是积极的探索者和反思者，在创新性学习活动中，青少年不仅要接受教师所教的知识，而且要消化这些知识，分析新旧知识的内在联系，敢于除旧布新，敢于自我发现。

### （二）高创新性青少年的人格特点

有创新力的儿童富有责任感、热情、有决心、勤奋、富于想像、依赖性小、爱自行学习、好冒险、有强烈的好奇心、能自我观察、有高度的独特反应、兴趣广泛、爱好沉思、不盲从等特征。从人格特征上，他将创新性高的儿童归结为以下二个方面：顽皮、淘气。所作所为有时逾越常规；处事待人不固执、较为幽默带有嬉戏。

高创新力的儿童表现出以下人格特征：具有浓厚的认知兴趣；情感丰富、富有幽默感；勇敢、甘愿冒险；坚持不懈、百折不挠；独立性强；自信、勤奋、进取心强；自我意识发展迅速；一丝不苟。

低乐群性和高独立性是创新性人格特征，表现出与创新性活动关系密切，但是怀疑性和紧张性则与创新性活动没有关系。

### （三）高创新性青少年的行为表现

1. 内倾多，外倾少，很少受暗示，有自己的评价标准。

2. 独立性强，有内在的评鉴力，有主见，不轻易听信他人的意见，不随大流，一个人独立地工作，不依赖于某个集体。

3. 有强烈的好奇心和探究心理，不断地提问。

4. 诙谐、幽默。

5. 不善于交际、不乐于助人的举止。

6. 倾向傲慢，觉得自己胜过别人。

7. 思维和行动的独创性、独立性、流畅性、灵活性、个人主义。

8. 想像力丰富、能闻一知十、举一反三、触类旁通。

9. 喜欢搞实验。

10. 顽强、坚韧。

11. 喜欢虚构、敢于幻想。

12. 对事物的错综复杂性感兴趣，喜欢用多种思维方式探讨复杂的事物，能够发现事物之间整体性、相似性、了解其隐喻的关系。

13. 常常没有时间的概念。

14. 对环境的感受力相当高，能觉察别人忽略的事实。

15. 心智活动思路畅通，解答问题敏捷。

16. 能提出卓越的见解，以新奇的方式处理事情，解决问题。

17. 办事非常热心，坚持不懈，不怕挫折。

18. 有自信心，有理想，有抱负。

19. 兴趣广泛而又专一。

高创新性青少年的行为表现是其特殊的认知特点与人格特点综合反映的结果，它主要体现在青少年的学习活动中。

创新型青少年是"会"学习者，重视学习策略。青少年最重要的学习是学会学习，最有效的知识是自我控制的知识，要学会学习，就有一个运用学习策略的问题。所谓学习策略，主要指在学习活动中，为达到一定的学习目标而学会学习的规则、方法和技巧；它是一种在学习活动中思考问题的操作过程；它是认知（认识）策略在青少年学习中的一种表现形式。创新型青少年能够创设创新性学习的环境，寻找独特的方法，善于捕捉机会发现问题和解决问题，懂得运用学习策略以提高认知效率。

创新型青少年擅长新奇、灵活而高效的学习方法。学习的过程是创新型青少年在学习过程中发挥自觉能动性的过程。青少年这种能动性发挥的程度，正反映其创新性学习的水平。创新型青少年能动地安排学习，除了完成课堂作业外，他们自觉能动地把更多的时间花在阅读课外书籍或从事其他活动上，从而捕捉与一般青少年不同的知识、经验与文化，以建构自己的知识结构和认知结构。创新型青少年在选择学习方法时，往往遵循学习的规律，明确学习任务，利用一切可以利用的学习条件，根据学习的情境、内容、目标和特点而灵活地运用。他们表现出强烈而好奇的求知态度，不断地向教师、同学与自己提问；想像力丰富，喜欢叙述；不随大流，不依赖群体公认的结论；主意多，思维流畅性强；敢于探索、实验、发现和否定，喜欢虚构、幻想和独立行事；善于概括，将知识系统化等。这样，不仅提高了学习的效率，而且也发展了创新能力。

创新型青少年在学习兴趣上，有强烈的好奇心，有旺盛的求知欲，对智力活动有广泛的兴趣，表现出出众的意志品质，能排除外界干扰而长期地专注于某个感兴趣的问题。在学习动机上，对事物的变化机制有深究的动机，渴求找到疑难问题的答案，喜欢寻找缺点并加以批判，且对自己的直觉能力表示自信，相信自己的直觉。在学习态度上，对感兴趣的事物愿花大量的时间去探究，思考问题的范围与领域不为教师所左右。在学习理想上，崇尚名人名家，心中有仿效的偶像，富有理想，敢于幻想，用奋斗的目标来鞭策自己的学习行为。创新型青少年追求创新性学习目标，这种学习目标有着与众不同的特点。在学习内容上，不满足于对教学内容或教师所阐述问题的记忆，许多人喜欢自己探索未来世界。在学习途径上，对语词或符号特别敏感，能在与别人交谈中或利用一切机会捕捉问题，并发现问题。在学习目标上，不仅能获取课内外的知识，而且有高度求知的自觉性和独立性，得到不同寻常的观念，分析并批判地加以吸收。

### 三、青少年自我教育与创新力提升

从心理发展的内外因关系来看，创新型人才的培养固然需要创新型教师在创新性的环境和氛围中通过创新性的教学过程来实现，但脱离了青少年内在主观能动性的发挥，任何外在的措施都是徒劳的。因此，发展青少年的创新性不能忽视青少年的主体性作用。青少年创新性的真正提升需要青少年加强自我教育与培养。

1. 发挥主观能动性，开展创新性学习。青少年的主体能动性是指每个青少年都具有对未知事物进行主动探索和发现的愿望和能力。发挥青少年的主体能动性是激发其创新性学习、培养其创新能力的基础。对青少年而言，发挥青少年主观能动性的重要途径是实施创新性学习。在传统的教学环境中，学习对青少年来说更多意味着记忆和反复的练习以求熟练掌握某种既得的知识，而不是一个思考、想像、尝试和发现的过程。结果，青少年的主动性受到压抑和阻碍，无法进行创新性学习。青少年要发展自己的创新性，就必须发挥自身的主动性。具体而言，就是尽可能多地参与到学习活动中去，在教师的引导下，大胆想像，积极思维，主动地去了解、认识新奇未知的事物，探求不同事物的关系，体验探索的艰辛和成功的喜悦，在学习中挖掘自己内在的潜力，培养、发展各种能力，不断提高创新力。

2. 加强反思性学习，提高自我监控能力。反思是一种特殊的思维形式，发生于某种直接经验情境中的疑问、窘迫，由此引起有目的的探究和问题解决。它凭借过去经验中观察到的现象作出推理，这些推理经过检验作为后来进行研究的依据。反思是用批判性考察和回头审视的眼光来看待自己的观念和实践方式，是以一种"研究"、"探讨"、"思虑"的心态投入到自己的生活和工作中。反思性学习就是要求学习者对自己学习过程的"再思考"，从而发现学习过程中的问题。这一过程实际上是与元认知或监控能力密切相关的。

3. 加强健全人格的培养，为创新性的发展提供保障。健全人格是一个发展的、相对的和结构性的概念，它的最简单表述就是人格的正常和谐的发展。健全人格的培养与教育，就是根据社会发展的要求，对青少年良好个性品质的培养与塑造。创新性与青少年的人格品质有关，创新型的青少年往往具有鲜明突出的个性特征，这也是其创新性的一种表现。研究表明，活跃、独立性强、情感丰富是高创新性人才的三大个性特征，而从众性是与创新性呈负相关的人格特征之一。自觉加强健全人格培养，就是要从发展的、相对的和结构性的观点出发，不断加强人格品质训练，努力提升自身的人格素养，而这不仅有利于个体创新性的发展，也是发展创新性的重要内容之一。

4. 加强社会实践活动，锻炼自己的创新才能。实际活动对青少年创新力培养的重要作用历来就为人们所强调。人类认识的形成和发展是在主客体的相互作用中，通过活动发生的一种内化作用。青少年只有自发地、具体地参与各种实际活动，大胆形成自己的假设，并努力去证实，才能获得真实的知识，才能发展思维。

青少年的实际活动对其创新力的开发和培养十分有利。首先，实际活动可以激发青少年广泛和强烈的好奇心。强烈的好奇心是进行创新活动的必要条件。其次，经常参加实际活动有助于培养青少年发现问题的能力。再次，实际活动可以锻炼青少年解决问题的能力。在发现问题的基础上，青少年可以不受书本知识的束缚，积极动脑、动手，寻求解决问题的答案，解决实际活动中遇到的问题，其创新潜能也因此能够得到充分地发挥。最后，通过实际的创新性活动，可以养成有利于创新力发挥的良好的个性品质。如主动探索的精神、敢于独创的勇气、对创新活动的热爱和渴望等。实际活动的内容很丰富，有科技活动、文艺活动、体育活动、工艺活动、劳动性活动、社会活动等等。

5. 发展情感能力，提高创新自我效能感。自我效能感是指个体对自己面对环境的挑战能否采取适应性行为的知觉或信念。一个相信自己能处理好各种事情的人，在生活中会表现得更积极、更主动。这种"能做什么"的认知反映了一种个体对环境的控制感。不同自我效能感的人其感觉、思维和行动也都不同。在思维方面，自我效能感能在各种场合促进人们的认知过程和成绩。自我效能感高的人会选择更有挑战性的任务，他们为自己确立较高的目标。一旦开始行动，自我效能感高的人会付出较多的努力，坚持更长的时间，遇到挫折时又能很快恢复过来。创新过程从来就是一个充满艰苦的发现过程，它需要坚强的意志和不懈的努力，创新自我效能感提高了个体在创新过程中的自信心，维持了较高的动机水平，从而增强了创新性活动的效果。

# 第九章　青少年的创新教育

## 第一节　创新教育的概述

### 一、中学实施创新素质教育的可能性与必要性

科教兴国战略为教育的改革和发展指明了方向。贯彻落实科教兴国战略、深化教育改革中加强青少年创新意识和创新精神的培养，是一项非常紧迫的、意义深远的任务。当前基础教育改革主要是纠正"应试教育"所带来的弊端，全面推进素质教育。素质教育的核心在于充分尊重个体自我发展的需要，重视个体潜能的开发，使每个青少年都能在原有基础上得到发展和提高，使每个青少年的思想道德、文化科学、身体心理等素质都得到和谐发展。创造力是个体潜能的最高境界，培养青少年学会求知，学会创造，成为创造性人才，才是教育的最终目标。

培养青少年的创新精神，必须从基础教育开始。在中学开展创新素质教育，培养青少年的创新素质是完全可能的。

在中学阶段，个体的知识经验正处于迅速积累时期。他们的求知欲望盛，好奇心强；他们思维的不良定式较少，能够在广阔的思维空间里遨游；他们具有丰富的想像力与模仿能力，这些都是培养和发展其创造力的良好条件。

### 二、创新教育的性质

创新教育就是开展以培养青少年的创造性、挖掘青少年的学习潜能为主要目标的一种教育形式。其实质就是培养青少年创造性的教育活动。

青少年创造性的培养是学校开展创新教育活动的主要目标。培养青少年的创造性包括创造精神、创造能力和创造人格的培养等方面。青少年是创新教育的客体也是自我教育的主体，学习活动是青少年创造性培养的着力点和重要渠道。因此，要积极推行学习方式的变革，大力倡导创造性学习，主动优化学习品质，鼓励青少年在自我教育、自我实践中发展创造性。假如教师是一个没有创造性的教师要想培养出创造性的青少年，其结果是难以想像的。

因此，创造型教师的培养也是学校实施创新教育的一项重要内容。

创新教育是崭新的教育观念，它是指导当前的教育改革，深化素质教育的方向盘。这是从创新教育的现实意义来认识的。创新教育是指根据创新原理，以培养青少年具有一定的创新意识、创新思维、创新能力以及创新个性为主要目标的教育理论与方法，使青少年在牢固掌握科学知识的同时发展他们的创新能力。

创新教育是具体的教育方法途径，它强调以培养青少年的创新能力和创新精神为目标导向。这是从创新教育的操作和实施层面来界定的。它将青少年的创造性素质细分，强调各种品质共同构成创新素质。例如，创新教育就是培养青少年的创新意识、创新激情、创新个性、创新精神、创新能力和创新人格，为提高民族的创新素质服务，为培养高层次创新人才打下广泛的、深厚的教育基础，也即培养青少年创新素质的教育。

创新教育是综合性的教育实践活动，它既需要观念上的更新又需要借助于各个领域的最新研究成果和技术，创造性地运用于教育活动领域。把创新教育界定为在基础教育阶段以培养人的创新精神和创新能力为基本价值取向的教育实践，是通过对中小青少年施以系统的教育和影响，使他们作为独立个体，能够着手发现、认识有意义的新知识、新事物、新思想和新方法，掌握其中蕴涵的基本规律并具备相应的能力，为将来成为创新型人才奠定全面的素质基础。

创新素质是从事创新活动所必须具备的人的内在心理品质结构。任何活动过程中的工作效率都取决于工作者素质的高低和客观环境的制约。创新素质的高低必然影响他们创造性活动的开展，它是人的核心素质之一，它体现了人的本质力量。

教育改革在不断深入，从单项的局部改革逐步走向整体的全面改革；从单纯的教学方法、教学环节的改革，扩展到复杂的教学内部的改革；并逐步深入到教育观念、教育思想的改革。学校整体改革的教育实验方兴未艾。本着宏观调控的原则，建立起"自我发展，自我约束"的教育体制，使学校在国家宏观指导下，根据教育规律和法规，自我定向，自主运动，自我发展，自我约束，为创新教育的实施提供制度保障。

创新教育已成为知识经济时代学校教育的主旋律。作为青少年直接接受教育的学校，更应该转变传统的教育价值观、人才观，确立创新教育观念。科学技术的突飞猛进，人们很难将某一阶段学习所获得的有限知识有效地运用于整个人生。学校教给青少年一定的知识，已不再是教学的惟一目标，甚至不再是主要的目标。要通过知识的传授，使青少年具备获取新知识的知识基点，掌握获取新知识的方法，并形成独立判断、独立处理问题的行为习惯和能力。教会青少年学会学习，掌握学习的方法技巧，才是教育的最终目标。教育的个性化就是要充分尊重青少年的个体差异，相信每个青少年都有一定的创新潜能。只要教师在教育过程中注意营造有利于创新的民主氛围，真正做到因材施教，每个青少年的创新潜能就一定能得到不同程度的挖掘与发展。在此意义上，现代教育与传统教育的区别才能得以彰显。现代教育的突出作用正是让每个人在其生命历程中都能充分发展自身，激发全部潜能，提升个人生命的价值，增强学校的自主创新活力。

要深化学校内部的管理体制改革，发挥学校的主体作用，建立政府宏观指导下的校本管理体制，使学校根据教育规律和法规，自我约束，自我发展，为所有学校办特色、提高质量创造宽松的环境和制度保障是当今学校教育改革尤其是创新教育的实施所必需的外部环境和条件保障。

随着学习化社会的到来，知识更新的周期越来越短，从而要求青少年在学习过程中要由被动变为主动，进行创新性学习。传统的应试教育过于注重知识传授，忽视能力培养，致使青少年的创造能力得不到充分的挖掘，出现了高分低能的现象。这不利于未来创造性人才的培养。因此，创新教育是时代的召唤。

青少年的创新能力有发展与培养的最佳时期。在这个时期，如果不能够加以开发与有效地培养，创新能力以及创造素质就会弱化甚至消失。学校在实施素质教育的过程中，努力做好创新教育的启蒙教育，不失时机地培养青少年的创造欲望、创新意识，进而培养青少年的科学创造能力，是基础教育改革赋予学校的历史使命。

在中学阶段实施创新教育，开展创新学习模式，对及时开发青少年的创造潜能，培养创造性人才的基本素质，具有十分重要的意义和价值。青少年创新学习模式，可以提高青少年创造学习的自觉性，培养青少年创造学习的能力与人格品质，充分发挥非智力因素在学习过程中的作用，促进青少年心理素质的优化，促进青少年学业成绩的提高，从而使青少年具备终身学习的素质，带动学校整体办学水平和教学质量的提高，形成具有创新特色的高质量的高中教育教学发展态势。

### 三、对创新教育的要求

创新教育的主要特色在于充分发挥孩子的天性与个性，注意让青少年从社会中、从大自然中获取知识；同时课堂教学的精华就是专题讨论，这种专题讨论课讨论的完全是超前的课题。老师鼓励青少年充分发挥自己的想像力。

学校里举行的专题讨论会，有时请一些权威人士来主讲，然后大家提问、讨论，气氛轻松自由。这种形式使听众有机会接触到自己所研究课题的发展动态，而且主讲人与青少年之间的直接交流，又能够拓宽青少年的思路，激发人的想像力与创造力。创新教育要做到：

## （一）创新教育需要新视角和大视野

创新教育是一种新的教育理念，是对传统基础教育范式的根本转变。实施创新教育，必须不断进行理论创新，从新的视角去审视它。有的人认为，要从改变广大中小学教师的理念入手来推进创新教育。已确立了创新教育理念的教师不仅能够自觉主动地去学习和落实已有的创新教育理论与经验，还能够根据自己的情况创造性地开拓创新教育的新领域，没有形成创新教育理念的教师，不仅行动上被动，而且有形无实，做不到位，口头上说是在搞创新教育，实际上仍沿袭着传授守成式的教育传统。因此，开展创新教育的研究与实验，必须要把创新教育理念的研究与建立放在最重要、最根本的位置上。也有的人认为，要有效实施创新教育，必须确定合理的教育目标。创新教育的目标是分层次的，不同的学龄阶段应有不同的侧重点。在初等教育阶段，要以培养青少年的创新意识、创新精神为主，激发青少年的创新动机、创新欲望，使青少年从小就乐于创新，勇于创新；中等教育阶段要以培养青少年的创新思维和创新人格为重点，要在培养青少年的发散思维、聚合思维、批判思维上下功夫；高等教育阶段要重点培养青少年的创新能力。还有的研究者主张，中小学校开展创新教育实验，它所追求的目标和价值，不是理论上的突破和建树，而是教育理念的更新和教育实践活动的改善。要纠正把创新教育理解为就是培养拔尖人才、高科技人才的教育以及把创新教育理解为就是搞小创造、小发明的片面认识。学科教学实施创新教育，主要表现为青少年学习策略的获得、改造和分析、研究、解决问题能力的提高。

## （二）创新教育的实践需要分阶段、分区域推进

在实施创新教育的过程中，各地应当结合自身的条件和已经取得的成果，制定分步实施的计划，不能够一拥而上，搞齐步走。各地取得的先期性研究成果可以成为下一阶段开展创新教育的基础，也能够给其他地区以借鉴。以"保护天性，张扬个性，完美人生"为宗旨，实现教育目标创新；通过引进新知识、适当对统编教材进行调整、开设自主选择课程、推进课程的综合化等措施，建立必选与自选相结合的课程结构，实现课程教材的创新；适当减少学科课时，建立以自主学习、活动教学、问题探究和情境体验为中心的教学模式来激活课堂教学，使课堂教学成为发展青少年创新才能、焕发生命色彩

的情感场；通过改革传统的"统一化"的教学评价和"工厂化"的管理模式，建立多元化评价和管理模式，为青少年创新才能的成长提供制度保障。

### （三）学校实施创新教育应当整体规划，突出重点

无论是强调课堂教学、课外活动还是强调专门课程，创新教育在学校的开展都必须遵循面向全体青少年、优化整体环境、取得整体效应的原则。因为教育是一个系统工程。例如，从研究学校德育环境、教学环境的互动效应出发，以学校、年级、班级为载体，以班级管理、班级环境、班级精神、班级评价为支撑点来创设德育环境，通过优化课程结构、教学体系、教学方法来优化学校教学环境。在上述两者的构建中，以活动为桥梁，实现学校德育环境与教学环境的融合，发挥其整合优势，最终实现对青少年个体和群体创新能力的培养。着眼于在课堂教学中有效地落实创新教育，研究并发掘每节课学科教学内容中的创新因素，抓住其中具有代表性（学科方面的或创新教育方面的）的因素，配合恰当的创新教学策略，使其扩展为一个相对完整的创新教学过程，同时，改变整节课的教学结构，使其既能完成创新教育目标和学科教学目标，而又不增加教学时间和加重青少年负担。他们借助计算机中的一个术语，把这种扩展而成的、相对独立的创新教学过程称为创新教育模块。这种教学设计思路为在课堂教学中落实创新教育提供了有价值的启示。

随着学习化社会的到来，世界各国综合国力竞争的日益激烈，以及我国社会主义小康社会全面建设的展开，迫切需要教育培养出大批创造性人才，以发挥人力资源优势，实现跨越式的发展。创新教育已是时代发展的必需，创新教育已经是民族强盛的必要保证。当然，创新教育通过教育观念、教育方式、教学内容、教学模式、教师角色转变、教育信息化与网络教学方式、教育教学评价等方面的根本性变革，实现对青少年创造意识、创造精神、创造能力和整体素质的培养。

### （四）将重点放在开发青少年直观的思考和想像力上

创新教育的内容是十分丰富的，形式是多样的。重点从培养青少年的想像能力入手，可以提高青少年思路的开阔性、发散性和独特性。但是，创新教育毕竟是要多方面开发的。我们不仅要训练青少年思维的多维度、多角度，更要培养青少年创新意识和创新学习的行为习惯。后者相对于创新能力的培养来说，可能显得更加重要。只有每个青少年都能够从思想上意识到创新对于国家和民族发展的重要性，他们才会自觉地加强对自己创造力的开发与挖掘；也只有青少年自己有了创新的要求，他们才可能接受教师的教导。

**（五）创新教育要落实到具体的教育教学过程中。**

否则，学校开展创新教育就会成为"无源之水，无本之木"。在具体的课堂教学过程中，要结合学科知识的传授，加强青少年创新能力尤其是思维与想像能力的培养与熏陶。为使青少年在学习过程中主动产生联想，思维能够向多方面扩展，教师的启发式教学包括提问的策略设计都很重要。

**（六）将创新教育的内容有所侧重**

创造的思考力、创造的表现力以及创造的态度等三个方面的教育训练大体上可以作如下安排：数学和理科可以结合教学，以创造的思考力训练为重点；手工图画、音乐、体育等学科可以以创造的表现力为重点；而语文、思想政治课、历史与地理等科目可以侧重于创新意识和态度等的了解与培养。值得注意的是，分工不是绝对的，创新教育要渗透到整个学校的教学、管理和日常生活活动中。我们所要追求的目标是创新意识和创新能力的整体发展，而不是片面地强化某一方面或部分的品质发展。

**（七）学校要积极创设条件**

第一，要鼓励青少年敢于质疑问难。从创设一种宽松、民主的氛围，尊重青少年的主体地位的角度出发，教师应当科学地指导青少年开动脑筋，独立思考，大胆质疑，敢于想像；教师要鼓励青少年大胆地表达自己的不同意见，不束缚自己的创造性思维。第二，为青少年提供新的舞台。学校要全面开放有利于青少年成长的设施、条件，使青少年的创造性活动有资料、有器材、有地方、有指导、有空间。如图书馆、阅览室、科技馆、实验室等等。第三，提高教育教学质量，使青少年从沉重的课业负担中解放出来，有时间和精力去接触自然，参加社会实践活动。因为创造绝对不是闭门造车。第四，要教给青少年创新的方法。不仅创造的欲望、动机是重要的，具体的创造技能方式方法也是必要的。

## 四、创新教育的基本主张

构建教学管三位一体的学校创造学习心理素质教育新模式。

第一，创造性是可以通过学校教育加以培养和训练的，这是构建的立足点。

第二，创造性教学包括教学两个方面，是师生互动的双边活动过程。这是从事学校创新心理素质教育的载体。

第三，师生活动过程的有效性取决于学校管理的合理性，这是外在的制约条件。创造性管理的核心在于为师生营造安全、自由的教学环境，这要依靠使用先进的管理理念和宽松的以人为本的管理制度来实现。

第四，教师创造性教学是学校创造学习心理素质教育的开端。它的核心在于尊重青少年的个性，教会青少年学会学习。主要形式是开展策略性教学。

第五，青少年创造性学习是学校创造学习心理素质教育的归宿。它的核心在于拥有问题意识，具备创造学习能力。主要形式是强化学习策略，塑造创造性学习品质。

### 五、创新教育应注意的问题

解决这些问题，不仅有助于进一步推进中小学创新教育健康有序的开展，也有利于青少年的整体素质的提高和完善。

#### （一）创新教育的表面化

形成创新教育表面化的原因有两方面。其一，研究人员只认识到创新教育的宏观意义，而其相关知识与研究素质还不足以从事这样大的研究课题。其二，研究人员没有足够的时间和精力对课题做深入的研究，这是客观存在的事实。

在中小学开展创新教育，决不能脱离中小青少年最重要而经常的学习活动。学习活动是中小青少年头等重要的大事。当然，学习的内容包括很多，既包括科学文化知识的学习，也包括思想品德、行为习惯以及动作技能的学习，除此之外，还应当包括对未来社会所需要的社会交往、开拓创新能力的学习。但是，无论如何，科学文化知识的学习都是最重要的，摆在第一位的。对青少年来说，创新应当主要体现在学习创新上。一个青少年在学习过程中，能够把所学的知识应用到社会实践的各个方面，能够举一反三，这是青少年创新精神最初步的体现，这就是创新教育的基础性。脱离学习活动，另外搞一套，既影响青少年的正常学习活动，又达不到真正培养青少年创新精神和创新能力的目的。因此，结合学校学科教学、思想品德教育、课外活动，在教育教学中渗透创新精神和创新能力培养，应当成为中小学创新教育的主要途径。

#### （二）创新教育的片面化

受传统观念的影响，在一些学校开展创新教育，一般都是选择有潜质的青少年，给他们充足的时间和条件，让他们"劳其筋骨，饿其体肤"，最终完成有价值的发明创造。在课程设置上，一般都单独开设思维训练课、创造发明课，一味地追求深度、广度。还有的学校把创新教育与研究性学习课程结合起来，鼓励青少年走出校门去进行各式各样的科学研究和发明创造活动。

另外，在培养训练的具体内容上注重创新思维尤其是创造性思维的开发，而忽视对青少年创新人格的培养。每个人都有创造潜能。创造力并不是可望而不可及的，学校开展创新教育可以体现在教育教学的各个环节上，也可以体现在青少年的各项学习活动中。学校开展创新教育的价值取向应当是理智的。要把培养青少年的创新意识，激发青少年的创新欲望和创新热情当做首要的目标与要求，为将来从事创造性工作奠定基础，尤其应当重视创造素质的熏陶，这一点对青少年来说更加重要。否则，学校开展创新教育，就会变成只对少数精英起作用而忽视大多数的"特殊教育"，这与素质教育的要求是背道而驰的。另外，只针对少数青少年的创新教育也与基础教育的目标格格不入，容易成为"空中楼阁"。我们应当牢记著名教育家陶行知先生的教导，"时时是创造之时，处处是创造之地"，这就是中小学开展创新教育的素质性要求。

的确，培养青少年的创新精神和创新能力并不是一件容易的事。每个青少年的先天素质差异是客观存在的，后天表现也有优劣。创新能力的高低确实与创造性思维密切相关，从创造性思维的培养与发展出发，来促进青少年创新精神和创造素质的提高。一些学校、某些同学也能够做出一些科技发明甚至能获得国家专利。但是，培养青少年创新能力与科学创造毕竟还是有很大区别的。科学创造最看重结果，而创新能力的培养却以青少年的创新素质的启蒙与培养为核心。在创新心理素质结构中，不仅存在创新能力素质，也存在创新人格素质。其实，在某种意义上，创新人格素质对创新活动顺利开展的作用比创新能力素质显得更为重要。

### （三）创新教育的形式化

有些学校，他们嘴上讲要抓创新教育、深化素质教育，但落实到行动上却仍然把片面追求升学率作为工作重心。口头上实施的是素质教育，背地里仍然是搞应试教育。有的学校为了在办学水平评估时，多争取一些加分的机会，从不同渠道承担了国家级、省级以及地市级创新教育课题，为了应付课题研究的检查，往往在非毕业班选择一到两个班级，安排一到两个教师配合指导课题研究的理论工作者进行课题研究。创新教育完全成了理论研究工作者的事。这种现象的存在，一方面，说明创新教育如果脱离学校正常的教育教学目标，就会成为一叶浮萍，没有根基；另一方面，也说明在学校实施创新教育还应当从整个教育制度上下功夫，实施教育创新。

创新教育必须与教育教学紧密结合。如果开展创新教育得法，能够将创新教育的要求与教育教学的目标统一起来，能够将创新教育的落实从青少年的学习全过程抓起，从促进青少年的学习品质的优化做起，那么，创新教育的实施就不仅不会影响青少年的学习，而且会促进青少年学业成绩的提高，从而进一步促进青少年整体素质的完善。

## 六、中学创新素质的目标建构

创新素质教育是培养青少年创新品质的教育，是心理素质教育的最高体现。实施心理素质教育，要体现智力因素与非智力因素协同发展，促进青少年素质整体提高的思想，不仅要强化青少年智力因素的培养，尤其要重视创造能力的培养，而且要优化青少年的人格，注重对青少年创新人格的教育。为此，我们建构的创新素质教育目标体系包括创造能力素质与创造个性品质两方面，双管齐下，协同培养。

素质教育不仅要面向全体青少年，更强调要发挥每个青少年各自的特长。因此，制定创造心理素质教育目标体系，还应当从青少年的实际出发，照顾到每个青少年的兴趣爱好，做到全面要求与突出特长培养的协调统一。也就是说，要根据每个青少年的实际情况，有所侧重。

依据青少年的心理发展实际水平各有侧重是学校创新素质教育的出发点。总体上看，低年级应当以创造意识的启蒙训练为主，中年级应突出创造学习心理品质的培养，而高年级则可注重创造实践活动能力的要求。

这样，我们的创新素质教育就构成了一个智力因素与非智力因素相统一，全面发展与个性、特长相统一的相互联系、相得益彰的目标体系。真正使每个青少年都能生动活泼地发展，健康茁壮地成长。现代教育多元化、个性化的要求也可以得以实现。

## 七、创新教育的层次结构

创新活动，从其性质上看可以分为不同的层次：低层次的是模仿，带有模仿色彩的创造；高层次的是超越，在原有基础上的全面革新；还包括中间层次的改造，即在原有继承基础上的部分创造。这三个层次体现了创造活动的发展阶段，只有先模仿、移植，才能实现后来全新的打造。它们也是相辅相成的三个侧面，模仿绝对不可能是原版的临摹，总是会带有学习者自己的理解和创造；改造是在模仿的基础上，根据自身的需要进行一定的调整和补充而形成的；超越也绝不会是空穴来风，总是对原有事物特点和功能的发挥与挖掘。创新教育是一项系统的教育革新，它涉及从内容到方法、从规划到实施的方方面面。因此，我们可以从不同的角度来理解创新教育的层次结构，而这必将有益于创新教育的顺利开展。

### （一）培养目标的创新

就是要依据社会发展和个体成长的实际，适时地调整我们的教育培养目标。要转变已经有的过分注重知识体系和求美求全的心理，真正将青少年创新精神和实践能力的开发，将创新型人才的培养作为教育的终极目标，培养一批优秀的合格人才。

### （二）教育教学观念的革新

教师要转变教学观念，向研究型、专家型迈进。青少年要转变学习方式，运用创造性思维从事学习，要培养自己的勇敢和怀疑精神。

### （三）学校管理创新

创新教育的层次是发现、保护、培养、激发青少年的创新意识与创新能力。所要体现的是现代教育理念，是现代心理学思想在教育教学过程中的要求。只有教师都能够去不断发现青少年的创造力和创新素质，创新教育才有存在的基础和氛围。教师能够树立保护和关心爱护每一个青少年创造潜能的教育意识，才能用新的眼光去看待青少年，去评判青少年的行为表现，去善意地对待青少年的错误和不足。培养和激发是创设活动环境，提供适合于青少年个性特点的问题和方法，促进青少年创造潜能的不断发挥与提高的过程。这些促进措施一定是紧密结合青少年实际的，结合青少年的学习实际的，结合学校教育的目标与创新教育的要求的。因此，学校的各类管理服务人员要围绕创新教育，为师生营造一个适合创新的学校环境氛围；要关注学校的创新发展，理解和尊重青少年。

创新教育是在尊重青少年发展的个别差异和特殊创造需要下开展教育活动。每一个个体都是多种智能要素的不同组合，都是富有创新的个体；学校教育的重要任务就是要发现、挖掘青少年的智慧潜能并为它的发展创造有利条件。因此，个体层次的创新教育就是要以符合青少年智能和个性特点的创新素质的建构为目标。为此，创新教育就要体现学习与活动的个体差异性，为不同青少年的创新活动提供合适而充分的机会。

### （四）班级创新教育

在中小学阶段，由于班级成员间的交往互动是青少年学校环境中互动的主要形式，因此，建设创新型班集体是创新教育的重要途径。

### （五）青少年个体的创新教育

学习是青少年的天职，学习是掌握知识的手段和途径，学习是创造的前提和保障。要进行创造，首先必须学会学习，尤其是学会创造性学习。要动员和调动一切因素，为取得创造性的学习成果，增强创造性学习的能力而努力学习。创造层次的创新教育是在正规的课堂学习之余完成的，它提供了机会与条件，让学有余力的那一部分青少年去提高。

### 八、中学创新素质教育的途径

创新素质的培养，必须以一定的知识基础为前提，以有效的活动训练为核心，以全方位多角度的协调为保障。只有这样，才能真正建立起中学创新素质教育的方法体系。

创新能力的形成与发展是在活动中得以实现的，创新个性的优化与重组也是在活动中得以形成与表现的。因此，创新素质教育应当以开展丰富多彩的实践活动为核心。要培养学生的创新能力，必须使青少年从狭小的学校圈子和书本中走出来，解放青少年的头脑、双手、眼睛、嘴巴、时间和空间。让青少年走向社会，走向大自然，给他们更大的施展才能的空间，让他们在更广阔的天地中一试身手。

开展卓有成效的活动，应当注意贴近青少年的生活实际和心理发展水平，做到内容充实，形式新颖有趣。既极大丰富了青少年的课余文化生活，又培养了科技幼苗。

开展创新素质教育活动，还应当确立青少年的主体地位。要给予青少年以充分的自主选择权，启发青少年独立思考，让青少年尽可能地根据自己的兴趣爱好、个性特长去开展活动。要让青少年经历思维的、能力的、情感意志的体验和磨炼，真正在心理发展上受益。如果我们过分强制、过多指责，就只会扼杀青少年的创新精神和创造意识，而不可能发挥青少年的创新潜能。

开展创新素质教育，必须要努力营造浓厚的创造心理教育氛围，建设以创新教育为主线的校园环境。应当指导教师努力学习，提高认识，自觉地挖掘各科教学中的有利因素，进行创新教育。同时，应当在学校倡导和谐、民主、平等的人际关系，建立新型的有利于创新素质培养的人际环境，使青少年敢于发表不同意见，敢于表达与教师不同的观点，养成不畏权威、独立思考的行为习惯。在学校物质环境的整体规划上，也应当突出渲染教育的创造性，让每一块墙壁、每一个建筑都具有教育意义。

总之，中学创新素质教育的方法体系应当是专门训练与日常渗透相结合，学科课程、活动课程、环境课程与心理教育课程四位一体的新型的主体化教育模式。

### 九、中小学创新教育的实施策略

#### （一）改变教育工作者的教育理念

中小学实施创新教育要紧密结合教育教学的全过程，掌握创新教育的理论知识显得格外重要。只有广大教育实践工作者吸收、内化现代创新教育的理论知识，提高自身的理论修养，创新教育的实施才有可能。只有我们的教育实践工作者头脑里装着创造性、创造力、创造素质等概念，他们才会对青少年在学习、生活以及各种实践活动中出现的创新苗头紧抓不放；他们才会对青少年富有创造性色彩的答案大加赞赏；他们才会为青少年创设一个自由、安全、和谐的学习环境，鼓励青少年脱颖而出，做出创造性的成绩。

#### （二）安排科学的教育实验研究

如果只把创新教育挂在嘴边，不把创新教育安排到具体的教育教学中，落实到每天每学期的具体工作任务中，这样的创新教育达不到任何目的。因此，每个学校都应当结合自己的实际条件，号召教师从事教育科学实验研究，向科研要效益，成为研究型教师。

开展教育实验，从教育实验中探讨教育变量之间的因果关系，从教育实验中提炼、总结出新型的教育模式、教学方法和教育理论，这本身就是教育创新的表现。

实施创新教育应结合具体学科特点进行渗透，对青少年进行创新精神和创新意识以及创新能力的熏陶。但是这对于青少年创新精神和创新能力培养的系统性和连续性来说，随意性较大。

#### （三）选准突破环节

在开展创新教育过程中，如何打动人、吸引人、促使人自我健全创新素质是问题的关键。另一方面，人的一切行动都是在心理活动的调节支配之下发生的。因此，学校实施创新教育，要选准突破，要从心理素质教育和训练入手，先提高青少年的心理素质，再由心理素质的提高带动青少年学习素质和创新素质的提高。决不能就创新而创新，这样创新教育就会干扰、影响学校的正常教育教学工作，创新教育就会成为一定意义上的科技发明活动。

#### （四）循序渐进

心理素质的培养与健全是实施创新教育的突破口，这只是为学校开展创新教育指明正确方向。因为心理素质的内容结构是多层次、多维度、多水平的。将心理素质的培养和训练落到实处的关键，是将创新教育与青少年的学习尤其是课程学习紧密联系起来。这就是我们所提倡的创新学习。研究表明，创新学习的过程具有如下特征：自主性、独立性、探索性以及自我监控、自我调节等。因此，从培养青少年的良好学习品质（人格品质）入手，养成良好的学习习惯，掌握有效的符合个人特点的学习策略，形成独特的学习风格，这应当成为学校实施创新教育的切入点。

开展结合学校实际、联系青少年学习的创新学习教育实验，不仅能够提高青少年学习的积极性、主动性和创造性，而且能有效地促进青少年学业成绩的提高。

### 十、创新教育的重大意义

学校开展创新教育活动，主旨在于激发青少年的意识，培养青少年的习惯，奠定未来从事创新活动的基础，而绝对不是现在就从事伟大的发明创造活动。

教育创新是创新要求在教育领域中的体现。传统的学校教育环境被强调是知识传授的场所。人们过分注重知识的传授，坚持知识的完整性、系统性和延续性。由于过于注重考核的标准化，不能够越雷池半步，致使青少年创造力的发挥受到束缚，造成所谓的"千校一面，万人一貌"应试教育的弊端，此弊端已经受到社会各界的谴责。要彻底改变学校教育的现状，就必须变革当今学校教育的一整套体制。从知识的传授、课堂学习形式到思想品德要求、业务素质的考核评价，甚至到学校的管理体制等，都必须按照现代教育的先进理念，进行"伤筋动骨"的变革和改造。而这其中，创新教育思想的贯彻与实施就成为重要的手段之一。

《关于加强中小青少年心理健康的若干意见》，强调要培养具有良好的社会适应能力的新一代，要把青少年的人格培养放到重要的位置。从提高社会生活质量的要求出发，从综合国力竞争的角度必须要培养具有健全人格的现代人。

从健康心理学的角度来认识，一个具有健全人格的现代人的最重要特征正是具有开拓创新素质。创新人才的素质结构必须靠心理素质教育加以培养和塑造。这样，创新教育与心理素质教育就自然而然地达到了融合。

在学校，创新教育的着眼点在于创新意识和创造兴趣的培养与激发。21世纪所需要的人才，不仅应当具备高深的专业素养、扎实的学术根底、深厚的研究能力，更为重要的是创新素质。只有在掌握大量知识的基础上，不断思考，勤于开拓，才能结合现实社会发展的需要和学科发展的急需创造出富有价值的学习成果。

未来社会所需要的人才素质结构是复杂的、多维度多侧面的、具有创新精神与创新能力的高级专门人才，也就是具有健全人格素质的成熟的人。

　　开展学校创新教育是深化中小学素质教育的重要内容。心理素质教育的宗旨在于培养健康的心理、健全的人格。它的侧重点在于调节青少年的情绪与情感，维护青少年的心理健康，促进青少年的社会适应能力。具体地说，心理素质教育就是要开发青少年潜在的智能，使青少年保持愉快的情绪，养成优良的意志品质，获得协调的行为和适应社会的本领。在当今的学习化社会中，一切素质的核心就是人的创新素质。不能够创新，不能够适应社会的快速多变，就容易被这个社会所淘汰。而学校创新教育的侧重点就在于培养青少年的创新能力与创新精神，使青少年能够适应未来社会发展的高素质的要求。因此，从教育目标层次上来说，学校开展创新教育，鼓励创新学习，与心理素质教育所要求的心理健康发展，完满地适应社会是十分吻合的。当然，从遵循学校教育的原则，促进知识技能的掌握和运用以培养合格的社会所需劳动者的角度来看，两者在培养人才的素质方面则又是交叉的，相辅相成的。创新教育和创新学习塑造的是高素质的拔尖人才，而心理素质教育则是保障，是一个合格人才必备的健康素质的条件保障。

　　学科教育是学校教育教学的主要任务，也是最关键的任务。学科教育的目的是培养青少年掌握最基础的自然科学知识和社会科学知识，训练青少年的学科素养，激发青少年内在的学习兴趣，从而为将来从事某一门专业工作奠定学科专业基础。这就是所谓的"传道"也。然而，学校教育不仅要传授青少年知识更要教会青少年做人。要让我们的"教育产品"成为一个符合当时当地那个时代的要求、且具有全面素质结构的专门人才。当今社会强调知识的更新，强调人们竞争和开拓素质的培养。因此，学科教育中如何贯彻和落实现代社会的种种要求就成为必然。

　　基础教育课程改革的重点之一，就是要减轻青少年的学业负担，强化对青少年学习能力的培养，改变课程内容难、繁、偏、旧和过于注重书本知识的现状，加强课程内容与青少年生活及现代社会和科技发展的联系，关注青少年的学习兴趣和经验，精选终身学习必备的基础知识和技能。而学校创新教育就是通过各种形式、各种类型的教育教学活动，以达到对青少年创新精神和创新能力的培养和熏陶，健全青少年创新素质的目标。这是符合新课程改革的要求的，也是适应未来社会的发展要求的。

　　学校创新教育绝对不是无源之水，它必须通过一定的形式，采用合适的载体呈现出来。学科教育就是最重要的载体。另外，新课程改革的理念也要求各个课程都必须重视对青少年创新精神和创新能力的培养。

# 第二节 学习与教育的基础

学校开展创新教育非常必要，创新教育要从创新学习入手，这已经是大家的共识。但是，学校创新教育的开展能否从创新学习出发，让青少年做到在日常学习过程中采用创新的方式去认识、接受和掌握知识的理论基础何在；青少年的身心发展特点是否符合创新教育的目标，青少年创新学习的心理如何。这些都是学校创新学习心理与教育的理论基础。

## 一、哲学基础

人的本质在于创新，创新是人的本质力量的集中体现。正是由于人具有不断创新的本质属性，才能使人类在认识世界、改造世界的社会实践活动中，激发出无限的潜能，促进时代的进步与社会的繁荣。

学习就是要获取知识，占有知识，并能在原有基础上创新知识。因此，无论什么样的学习首先面对的就是学习什么知识的问题。而什么样的知识观则决定了学习的根本内容和形式。

传统知识观认为知识具有三个特性：一是客观性。真正的知识不是主观臆测或主观思辨的东西，而是反映了事物的本质属性以及事物与事物之间的本质联系的。知识与事物的本质属性和事物与事物之间的本质联系是相符合的，是认识主体对认识对象的本质属性进行反映的结果。二是普遍性。由于事物的本质是惟一不变的，因此对这种本质的客观反映也是惟一不变的，一旦获得就具有普遍的意义，也就是说，知识是普遍可证实的，对于人类来说，是可以普遍接受的。三是中立性。知识是纯粹的经验和理智的产物，是全人类的共同财富，只与认识对象的客观属性和认识主体的认识能力有关，而与认识主体的性别、种族以及所持有的价值观和意识形态无关。由于知识的客观性、普遍性和中立性，知识的外部表征就借助于一些特殊的符号、概念、范畴和命题得以实现，从而表现出知识的固定性、不变性。

尽管西方社会对科学的理解不仅强调科学的结论与价值，而且非常强调科学的方法、科学的态度和科学的精神，但在中国，人们却把这种知识观局限于科学的结论和科学的价值上。在这种传统知识观的影响下，就形成了以知识传授为基本特征的教育观和以学习客观知识为基本特征的学习观。青少年被看成是不成熟的认知主体，是缺乏知识的，因而是需要不断地掌握和积累知识，需要在教师的帮助、指导和训练下来提高认识能力。青少年在学习的过程中，被剥夺了对知识进行独特理解、质疑和批判的权利，他们必须接受课本和教师的观点，所有的学习只是为了牢固地掌握或运用这些所谓的客观知识，从而决定了青少年在学习活动中的被动地位。

在我国中小学的学校教育中，由于教育者的权威身份，所注重的仅仅是青少年对已有科学概念、命题、公理、事实、方法等的接受和理解，却不注重青少年的科学兴趣，不注重创造条件让他们主动地去进行科学实验、讨论、分析和论证等。学习的内容是事先确定的，课堂教学中教师所提出问题的答案在绝大多数情况下也是事先确定的，青少年思考的结果必须符合那些事先确定的答案。在这样的学习中，青少年必然会丧失对知识的好奇、理智的探索和精神上的愉悦。对青少年而言，这种长期被动的学习方式使青少年丧失了对创新的乐趣。而且，这种传统的知识观所强调的是一种客观存在的显性的知识，这种显性知识是可以用语言文字来表达的知识，与概念和知道什么有关。外显知识可以直接从知识库中进行复制（即直接接受教师所传授的知识），却不能对青少年的现实生活起到积极作用，更不能促进青少年未来的发展。正如布鲁纳所指出的，当我们教授一门课程如物理时，所教给青少年的都是概念、概念化的结构以及物理事实等关于物理的外显知识，但这并不能使青少年成为物理学家。这可以说是对传统知识观及其所强调的外显知识的有力的反驳。

后现代主义的知识观主要有三点：第一，知识具有不确定性。知识是存在于实际情境之中的，是主观与客观以及个体与外界互动、相融的过程，表现出多元化、动态生成性和不确定性的特点。第二，知识具有理解性。人的认知并不是主体对客观世界直观的、理性的反映过程，而是主体与主体之间的理解与合作。在自由的共同空间中展开讨论，使得参与讨论的人之间有一种平等而真诚的人际关系。在这种自由的氛围中，青少年不再是被动的知识接受者，而是主动的探求者和合作者。第三，知识获得是个体主动建构的过程。人类的学习是主体的内部结构与外部刺激相互作用的过程，知识既不是客观的东西，也不是主观的东西，而是个体在与环境的相互作用中主动建构的结果。知识获得是同化与顺应相互作用的过程，个体的认知发展始终处于一个"平衡——不平衡——平衡"的动态过程。知识不是静态的结果，而是一种主动建构的过程，学习不应仅仅关注理解了什么、记住了什么，而应当了解知识是怎样探求的。

教师不应当再将青少年看成是不成熟的认识主体，而应该把他们看作是一个有一定知识和能力而且在迅速提高的人；不应当再将青少年看成是缺乏知识并且需要不断掌握和积累知识的人，而应该将他们看作是与成人及科学家们一样有着自己的知识，只不过是需要不断地修正和发展这些知识的人；

教师不应当再将知识看成是"客观的"、"绝对的"和"价值中立的"的，而应该认识到教材知识的社会性、猜测性、价值性，应该认识到青少年将来从事知识创新的真正基础是他们的好奇心、求知欲、批判意识、创新意识和综合意识等。

创新学习的目标是为了在这种新的学习方式中培养青少年的创新心理素质和实践能力。因而，创新学习非常注重实践学习。但这种实践学习的目的不仅仅是为了运用外显知识，体现其价值，克服其与实践的分离，也是为了从中获得在课堂中学习不到或无法理解的相关的内隐知识。例如，在进行小发明、小创造、小实验等实践性学习过程中，青少年不仅仅能把这种"科学"理解为一种静态的、重要的命题和原理，而且也可以从学习的过程中将"科学"理解为一种动态的、包含着各种琐碎事情的行为过程，在这个过程中，人们可能会犯各种各样的错误。这种对"科学"的理解和把握，内化到青少年自身，就是一种内隐性的知识，这种知识无论是对青少年的学校学习生活还是对其将来从事的各种职业工作都是非常重要的。由此可见，后现代知识观是创新学习的出发点，也是对创新学习的必然要求。

## 二、教育基础

当代教育的突出要求就是充分发挥人的自主性和创造性，让青少年在自我调节下自主学习。主体性教育是尊重人的主体地位的社会观念在教育领域的反映，它为创新学习提供了生长点。

作为受教育的青少年的主体地位必须得到确认，其主体性必须受到尊重。青少年既是自然的主体，也是文化的主体，又是历史的主体。虽然人刚生下来的时候是没有知识的，但人在成长的过程中却有内化任何知识的能力，而且这种能力是可以发展的。所以，承认青少年的主体性，确立其主体地位，就成为主体性教育的基本前提。

主体性教育思想的产生是教育培养具有开拓创新型人才的时代所要求的具体体现，是我国实施和推进素质教育的必然结果。在传统教育观念的影响下，许多教育者不把青少年视为主体，不尊重、不关心、不理解与不信任他们。因此，必须把青少年当做主体看待，反对将青少年视为客体。惟有此，才能发挥青少年的主体作用，调动青少年的主体积极性。主体性教育所提出的关于尊重青少年主体的思想、关于促进青少年个性自由充分发展的思想，以及关于发展自主性、主动性和创造性的思想，不仅在教育理论上是一个大的突破，而且为素质教育提供了新的教育价值理念和基本的实施途径，同时也为创新学习提供了理论上的生长点。

主体性教育就是根据社会发展的需要和教育现代化的要求，教育者通过启发、引导受教育者内在的教育需求，创设和谐、宽松、民主的教育环境，有目的；有计划地组织、规范各种教育活动，从而把他们培养成为自主地、能动地、创造性地进行认识和实践活动的社会主体。其核心思想在于把人视为社会历史、实践活动的主体，把教育中的儿童视为活动的主体，尊重青少年在教育活动中的主体地位，并以教育来促进青少年主体性的提高与发展，为他们将来成为社会历史的主体奠定基础。一方面，主体性教育强调要以青少年为主体；另一方面，主体性教育强调要发展青少年的主体性。主体性教育就是在以青少年为主体的基础上，将其作为教育手段，根据社会发展的需要和教育现代化的要求，把他们培养成为自主地、能动地、创造性地进行认识和实践活动的社会主体，从而促进青少年主体性的发展。主体性教育在手段和途径上着重强调以下几点：首先，要增强青少年的主体意识。主体意识作为认识和实践活动主体的人对自身的主体地位、主体能力和主体价值的一种自觉意识，是主体自主性、能动性和创造性的观念表现。其次，要发展青少年的主体能力，使青少年主体能够能动地驾驭外部事件，从而使自身主体性得到发展。最后，要塑造青少年的主体人格，教育不仅要塑造能够掌握现代科学文化知识和智力高度发达的人，而且要重视培养青少年的情感、意志、灵感、信念、直觉等非理性因素。

　　主体性教育是一种以发展青少年的主体性为宗旨的教育活动，它把青少年看成是学习的主体，青少年在与环境的互动中，能够充分发挥自己的自主性、能动性和创造性，能够很好地接受并内化教育者、教材和教学环境所施加的良性影响，能够有效地掌握人类知识和实践成果，成为符合社会需要的个性主体。主体性教育在多层面的统一中最大限度地保证了青少年的主体地位，并为青少年主体性最大程度地发挥和发展创造了最佳条件，以促进青少年向更高层次发展。因此，为了发展青少年以主体性为核心的综合素质，教育者的教育教学方式方法和青少年的学习方式方法都需要发生相应的变化。就青少年而言，如果没有学习方式的转变，就无法发展自身的主体性和创造性。显然，由于主体性教育的发展，人们在一定程度上确立了现代人才观、现代教育观和现代学习观，在客观上为创新学习的普及与推广做了观念与舆论的准备，没有主体性教育的发展，创新学习就不会成为当前重要的学习方式。从这一意义上来说，主体性教育为创新学习提供了现实的生长点，成为创新学习重要的理论基础。

### 三、学习环境

创造作为人类的社会实践活动，它总是在一定的社会环境中生长的。要培育富有创新精神的青年一代，还必须为他们营造一个健康向上的社会环境。

### （一）学校风气

学校风气不仅对青少年长远的发展产生影响，还对青少年的学校安全感、幸福感和行为产生更直接的影响。青少年的抱负与感知的学校风气有关，有较高抱负水平的青少年能感知到更多的支持性校风，尤其是在有指导性、自信和充满刺激等方面。在校风中与青少年学业成绩密切相关的特征是：学校人员、家长和青少年对学习成绩的高度期望；有秩序的班级和学校环境；学校人员和青少年士气高涨；有对青少年高度期望的教学风气；积极对待青少年；青少年积极参与；青少年积极的社会关系。学校风气对青少年发展的作用主要体现在以下方面：

1. 驱力功能。学校风气是学校成员之间由于交往而形成的、具有弥漫性的心理氛围。一旦形成就可以激励向上、振奋精神，成为其中成员心理与行为的推动力。这种驱力的作用不但表现在他们的各种道德观念和价值观的确立、行为方式的选择上，总是参照一定学校风气所包含的价值取向，同时还在人生观、价值观以及社会性发展方面遵循学校的这种不成文的"规范"，从而在道德品质、行为方式以及认知取向上形成巨大的推动力，影响青少年的心理与行为。这种驱力的作用一般是通过"社会比较"和"社会认同"的心理机制来实现的。

2. 发展功能。良好的学校风气具有心理上的凝聚力，在成员之间形成强大的向心力。这种向心力作用的发挥有利于形成个体的归属感，从而发展青少年的责任感、义务感，以及主人公意识和集体荣誉感，使其中的成员积极向上，努力发展自己以不辱集体的荣誉。另外，这种集体的凝聚力还会为学校创新学习提供良好的心理环境，为合作学习、研究性学习和小组探究学习提供心理保障。

3. 保护功能。学校风气还会通过其积极的心理氛围，关心、尊重、信任、平等的环境对心理适应不良的个体提供保护。有研究表明，一个积极、健康的学校风气对美国黑人及社会经济地位较低的白人儿童更有利。

4. 抑制功能。学习风气还是一种无形的行动指南和没有条文的规章。一个充满关爱的支持性学校风气会对学校中的不良行为起遏制作用。学校风气的抑制功能是通过社会抑制作用来实现的。良好的学校风气会对其中不和谐的行为产生无形的心理压力从而迫使其改变行为方式。

### （二）班级环境

班级环境在青少年心理发展中同样具有重要作用。从某种程度上说，班级集体氛围和课堂教学心理环境对青少年发展的重要性比学校环境来得更直接。班级是青少年在学校中社会化过程的基本单元，班级环境是青少年学校经验的主要来源。一个团结向上、积极进取的班级集体不仅对儿童的社会性发展，而且对认知发展都具有重要的作用。而班级环境的作用主要是通过学科课堂的教学氛围来实现的。青少年的发展是一个整体的过程，个体总是在与周围环境的相互影响中发展起来的，而且个体的认知与非认知的发展也是相互影响的，将青少年的发展作认知与非认知的划分只是为了更好地理解这种整体性。

# 第三节　创新教育的内容

创新教育的内容是一种客观的存在，它不是某些所谓的教育专家的"断言"，也不是学校领导的一相情愿，而是由学校教育的特点和创新教育的目标决定的。

## 一、从学校教育的特点来分析

学校教育是一个系统的、专门的教育活动过程，而这就决定了创新教育内容的复杂性和系统性。学校教育的专门性，是就学校教育的育人性而言的，即创新教育要围绕学校育人的总方向、总目标，任何脱离学校育人功能的创新教育必然是失败的。随着现代社会的发展和知识经济时代的到来，社会对未来人才的规格和标准提出了更高的要求，不同的学者分别从不同的角度提出了自己的人才标准，但其中最重要的就是：适应性、发展性、创造性。适应性就是面对社会生活的急剧变化，要具备良好的身心潜能，使自己与时俱进，不被时代所淘汰。发展性是就个体持久应对时代变化的内在潜能而言的，一个适应性良好的人，必然是一个可持续发展的人。一个只会生搬硬套，不会自我教育、自我发展的人，显然不能适应于这个时代。创造性是一个人发展的最高境界，也是最积极的适应性。从某种意义上说，培养青少年的创造性是创新教育的最终目标。毫无疑问，培养创造性的青少年应该成为创新教育的重点内容之一。

学校教育的系统性是就学校创新功能发挥的条件而言的。学校教育的系统性，要求创新教育应是一项系统工程，它需要构成学校系统的各职能部门协调配合，需要全体教职员工、全体青少年以及家长、社区的全力参与。因此，围绕这一系统的各个职能部门的运行机制创新也必然纳入到创新教育的内容体系中来。其中，教学是学校工作的出发点和归宿，因而教学创新应该成为学校创新的重要一环。

## 二、从创新教育的任务来分析

任何一个创新教育的模式都必然包括三个最基本的要素：创新型教师、创造性青少年、创造性教学活动。也就是，创新型教师通过创造性的教学活动，培养具有创造性的青少年。具体而言，创新教育要抓住以下三项工作，这也规定了创新教育的基本内容。

第一，要围绕青少年这个创新教育的主体，将年的创造性培养放在首要考虑的位置。青少年是学校教育的主体，也是创新教育着力关注的对象。创新教育要从青少年心理发展的水平和需要出发，既不随意提高对青少年创造活动的要求，又要充分满足青少年的创造欲望，要严格区分科学技术发明创造与创新教育的启蒙与普及要求之间的差异性，绝对不能够无限制地拔高，以至挫伤青少年创造性的正常发展。因此，当前创新教育在培养青少年创造性问题上，关键在于激发创造动机、端正创造态度、形成创新精神、塑造创造人格、开阔创造视野，重点在于训练青少年良好的创造心理素质和创造性学习品质。

第二，围绕学习创新教育这个切入点，将创新学习作为开展创新教育的中心工作来抓。学习活动是青少年最基本和最熟悉的实践活动。学校开展创新教育研究，坚持创新教育思想，就必须首先树立以青少年为本的现代教育理念。要把青少年创新精神和创新能力的培养和教育，把青少年学习过程中的问题和障碍，作为创新教育最为重要的内容。将创新学习作为学校的中心工作，就要研究创新，研究学习，研究青少年，要从各科知识的学习与掌握、课外社会实践活动的组织和安排、研究性学习的开展、各种各样的教育机会中，体现出学校是把创新放在突出的、优先的地位的。将创新学习作为学校的中心工作，还要研究新情况、新问题，以创新教育的眼光来审视学校的各项教育教学工作。

第三，大力加强创新型教师的培养，将创造性教学工作真正落到实处。培养创造性青少年首先要有创新型教师和学校管理者。没有具有创新精神的教育者、管理者，就没有具有创新精神的青少年。学校管理者要善于营造有利于创新型教师成长的大环境，积极关注教师的发展；必须改变旧有的保守的教育观念，更新教师业绩评价体系，以现代的发展性评价来取代分数至上的单纯的学业评价，鼓励创造性教学的开展。大量的实践证明，学校评价制度的创新是学校组织创新的重要内容，也是创新教育顺利、健康开展的重要保证。同样，教师也要树立全新的教学观和青少年评价观，把创造性人才的培养真正落到实处。

### 三、从创新教育的目标来分析

创新教育有广义与狭义之分。广义上的创新教育实际上就是在学校教育条件下的创新即教育创新，它涉及学校管理和运行的方方面面，它包括办学观念创新、学校制度创新、管理创新、教学创新等。从狭义上看，创新教育就是培养青少年创造性的教育，具体包括青少年创造意识、创造思维和技能、创造人格的培养三大部分。

第一，创造意识的培养。所谓"创造意识"就是使青少年具备推崇创新、追求创新、以创新为荣的观念和意识。创造意识是人们进行创造活动的出发点和内在动力，是创造思维和技能的前提。陶行知先生早在 20 世纪 30 年代就提出了"人人是创造之人"的论断。因此，要让青少年破除创新神秘感，使他们了解每个正常人生来都有创新细胞，关键是能不能发挥它的潜能。学校应创造相应的环境，注重对青少年创造潜能的早期开发，在教学中激发青少年的创新动机，培养青少年的问题意识，解放学习和创新激情。

第二，创造思维与创新技能的培养。创新教育中的创造思维是指对某一思维主体而言，具有新颖独特意义的思维形式，它是整个创新活动中智能结构的关键。创新教育要培养青少年的记忆、逻辑、发散、想像、直觉五大创新思维基本能力。如果说"技能"是创新智能的内在驱动力的话，那么"创造技能"则是在创造智能的控制和约束下形成的，是反映创新主体的外在行为技巧的动作技能。创新技能主要包括创新主体的信息加工能力、一般工作能力、动手能力以及运用创新技法的能力、创新成果的表达和表现能力。学校应加强以基本技能为中心的科学能力和科学方法的训练。

第三，创造性人格品质。人格在创造力的形成和创造活动中也有着重要的作用，人格特点的差异在一定程度上决定着创造成就的不同。创造性人格有五个方面的行为表现，即健康的情感；坚强的意志；积极的个性意识倾向，特别是兴趣、动机和理想；刚毅的性格；良好的习惯。可以说，积极的创造情感和良好的个性特征，是形成和发挥创造能力的基础。当今时代，人人呼吁人文与科学两种文化的融合。在这种形势下，坚持人文精神与科学素养的统一，成为现代教育追求的目标。学会学习，学会做事，学会做人，是时代的基本要求。人文精神是如何做人的基本内涵；科学素养是认真学习、做好学问的基础；创新能力要求既继承前人又有所突破，这是做事的精髓。因此，在创新教育中，注重人文精神、科学素养和创新能力的有机融合，使青少年的创新精神和创新人格有坚实的知识基础和思想基础，最终达到创新教育的理想目标，即把青少年培养成为人文精神、科学素养和创新能力统一的完满人格的一代新人。

# 第四节　创新教育的实施要求

创新教育的实施要求，就是学校开展创新教育活动的基本条件，也就是为实现创新教育的目标而必须遵循的基本规范、原则。

## 一、提高创新教育的科学性和实效性

创新教育工作者要善于创新教育观念，树立正确的教育理念，努力学习创新教育的基本理论、原理和方法。

首先，要认识到创新教育的目标与科学发明、艺术创造之间的区别和联系。创新教育的目的在于培养青少年的创造性，这是集创造态度（意向）、创造思维和技能、创造人格于一体的素质教育的一部分，其最终目标仍然符合人的全面发展的总目标。因此，千万不能够将创新教育狭隘地理解为几次航模活动、几个标本制作、几段话剧的编排，当然这些活动是创新教育的载体与操作手段之一。

其次，创新教育要处理好课堂教学与课外活动之间的关系。创新教育要落实在课内外两个课堂，要各有侧重，互为补充。创新教育首先是一种教育的理念，然后才是教育的实践。纵观当前创新教育的具体实践，目前比较一致的观点是创新教育要真正落实在课堂之中，要通过各科教学进行渗透和熏陶。但课外活动，也应该成为创新课程不可分割的一部分，而不能把它仅仅看作是创新教育的一种补充。要努力寻找学科渗透与课外活动的最佳结合点。

最后，要摆正教师、青少年在创新教育中的位置。创新教育的顺利实施，当然离不开创造型教师的指导。但是，青少年是创造活动的主体，青少年的创造性活动要通过教师的创造性教学与辅导才能得到很好地发挥。师生要在平等、和谐、共同参与的关系中实施创新教育。

## 二、尊重青少年的发展需要

尊重青少年的发展需要，有两层含义：其一，青少年需要的发展具有多层次性。高层次需要的发展有赖于低层次需要的满足；反之，低层次需要的缺失，会成为推动个体寻求低层次需要满足的动力，从而化解青少年积极追求高层次需要的原动力。因此，在创新教育活动中，我们提倡给青少年创设一个安全、和谐、充满关爱和富有激励的学习生活环境，这不仅能够为青少年创造需要欲望的产生提供基础和保障，而且能够更有效地激发青少年创造才能的发挥和提高。其二，创造是青少年自我实现需要的重要内容，而青少年的创造活动本身也是具有层次性的。美国著名心理学家曾提出"小 C"创造性和"大 C"创造性的概念。前者指的是每个人在日常生活中都能够表现出来的一般的创造力；后者指的是只有爱因斯坦之类的伟人才可能出现的罕见的创造力。从青少年创造需要的层次来看，青少年的创造主要指的是小 C 创造或者是一种自我实现的创造，而这才是创新教育所应当大力关注的。对青少年创造力的培养要以青少年创造力发展的"最近发展区"为指导，不能人为地拔高青少年创造活动的要求和期望；只要对于青少年而言是积极的、富有创造性的意向、态度、行为和结果，都应当得到教师发自肺腑的欣赏和最充分的鼓励。

### 三、多层次开展创新教育

多层次开展创新教育，主要包括创新主体的层次性和创新内容的层次性。从创新主体来看，需要个体创新、班级创新和学校整体创新的全力配合。个体创新侧重于发挥主体的自我教育在创造性发展上的作用，使青少年成为自主创新的主体和自我教育的主体，这也是创新教育最终的落脚点和归宿；班级是创新教育最富特色的社会环境，是与青少年发展关联最为密切的生态环境，也是创新教育实施的基本单元。一个朝气蓬勃、开放自主、尊重表达、富有刺激和挑战的班级氛围无疑对青少年创造性的发展是非常必要的。而学校创新主体在创新教育中发挥着全局性的指导作用，它要在创新目标、制度和学校风气方面作出规划，提供保障。当然，家长和社区的参与也是创新教育改革不可忽视的重要方面。

从创新教育内容的层次性来看，我们提倡青少年创新素质的多元化结构，通过对这些构成要素的合理细化来提高创新教育的可操作性。因为，从创造心理成分到创造心理素质的形成是一个需要不断整合和内化的过程，而创造性心理素质各个心理成分的逐步提高，对整合的心理素质的形成是有利的。

### 四、营造良好的学校环境氛围

营造良好的学校环境氛围。首先，要求作为学校领导层和决策层的学校负责人对学校开展创新教育要有正确而充分的认识。校长首先应该是一个锐意进取的改革家。其次，教师作为教育改革的一线实施者，要勇于克服困难，顶住压力，用坚定的信心和决心实施教学改革，用实际的教学效果消除人们的疑虑。一方面教师一定要克服畏难情绪和工作定势，这是当前改革中遇到的最为艰难的问题。另一方面，关键的是，创新教育的评估体系要跟上，要为改革的顺利实施铺平道路，为教师的改革提供制度保障。最后，创新教育的实施离不开青少年及其家长的支持。学校要加强创造性学习，应重视家庭与学校的联系与沟通，使家庭真正成为创新教育的重要支持源。

创新教育是在现行教育体制下开展的一种教育革新，它是对人们惯常的教育方式、方法和观念的批判和发展。在旧的体制下开展革新，本身就是一个挑战，学校开展创新教育必然会受到来自家庭、社会和学校内部的压力甚至阻拦，这些因素可能涉及到观念的、体制的，甚至具体方法上的冲突。没有一个良好的支持性的学校创新大环境，改革是难以成功的。